本书得到了北京东宇全球化人才发展基金会的支持

智库中社 智库丛书 Think Tank Series

CCG 全球化智库 CENTER FOR CHINA & GLOBALIZATION

王辉耀 苗绿 主编

# 全球化向何处去

大变局与中国策

WHAT'S NEXT FOR GLOBALIZATION?

GREAT CHANGES AND CHINA'S PROPOSED APPROACHES

中国社会科学出版社

图书在版编目（CIP）数据

全球化向何处去：大变局与中国策 / 王辉耀，苗绿主编. — 北京：中国社会科学出版社，2019.1
（智库丛书）
ISBN 978-7-5203-2963-7

Ⅰ.①全⋯ Ⅱ.①王⋯ ②苗⋯ Ⅲ.①全球化—文集
Ⅳ.①C913-53

中国版本图书馆CIP数据核字（2018）第179002号

| 出 版 人 | 赵剑英 |
| --- | --- |
| 责任编辑 | 黄　山 |
| 责任校对 | 张文池 |
| 责任印制 | 李寡寡 |

| 出　　版 | 中国社会科学出版社 |
| --- | --- |
| 社　　址 | 北京鼓楼西大街甲158号 |
| 邮　　编 | 100720 |
| 网　　址 | http://www.csspw.cn |
| 发 行 部 | 010—84083685 |
| 门 市 部 | 010—84029450 |
| 经　　销 | 新华书店及其他书店 |
| 印刷装订 | 环球东方（北京）印务有限公司 |
| 版　　次 | 2019年1月第1版 |
| 印　　次 | 2019年1月第1次印刷 |
| 开　　本 | 710×1000　1/16 |
| 印　　张 | 18.25 |
| 字　　数 | 301千字 |
| 定　　价 | 55.00元 |

凡购买中国社会科学出版社图书，如有质量问题请与本社营销中心联系调换
电话：010—84083683
版权所有　侵权必究

# 序

"全球化"是一个格局宏大、源流深远、波澜壮阔的长期进程。托马斯·弗里德曼（Thomas Friedman）在其经典之作《世界是平的》（*The World is Flat: A Brief History of the Twenty-first Century*）中就将全球化的历史划分为三个阶段：由1492—1800年是"全球化1.0"，力量来自国家；由1800—2000年是"全球化2.0"，力量来自跨国企业；而从2000年起，进入"全球化3.0"，力量来自个人。

2017年，弗里德曼在全球化智库（CCG）的演讲中进一步与大家分享了他眼中的全球化最新进展。他指出，当今世界有三大力量以前所未有的方式影响着世界：一是市场；二是自然界；三是摩尔定律。在他看来，日新月异的科技进步推动了数字全球化，数字全球化又驱动着气候变化，进而产生了更多相关问题的解决方案。正是这三大力量之间的互动塑造着这个世界。

作为国内第一家以"全球化"为名的智库，CCG一直是"全球化"的理念先行者和实践推动者。在"全球化"概念远未如今天这般被国人广泛接受的时期，我们便长期研究移民、留学等全球人才议题，探寻中国企业的全球化之路，积极推动全球化理念在中国的传播。

尤其进入"全球化3.0"时代以来，我们始终关注的"人的全球化"呈现出具有划时代意义的新趋势。我们认为，中国在这第三轮全球化浪潮中占据相当分量的优势地位，应该把握全球人才动态流动与联结的时代红利，探索参与新一轮全球化的理想通路。

近年来，针对全球化的大变局，CCG 及时予以回应，并基于对全球化的长期跟踪研究，与世界分享我们对全球化的新想法、新思路。2017 年，我们力邀数十位顶尖学者解读"逆全球化"浪潮下中国乃至全球政府及企业的机遇与挑战，并出版了《全球化 VS 逆全球化》一书，获得积极反响。

然而，全球化与逆全球化的较量仍在继续，全球治理体系的优化仍需集思广益。正如中国社科院副院长蔡昉提出的新颖命题，他用"伊斯特利悲剧"来命名当今全球治理模式的顽疾，作为比"金德尔伯格陷阱"更具有针对性的全球治理议题。并指出，从全球视野观察和分析中国改革开放发展的历程，揭示中国方案的全球意义，可以作为对"金德尔伯格陷阱"和"伊斯特利悲剧"的正面回答。

今年，在中国社会科学出版社的鼎力支持下，我们出版这本《全球化向何处去——大变局与中国策》，顾名思义，正是为了总结目前全球化议题的最新进展，进一步摸清全球化的道路，并提出能够在新时期与时俱进的"中国策"，为优化现有全球治理体系注入活力。

诚如我们所见，"全球化"这股萌芽于大航海时代的洪荒之力，自诞生以来一步步打破地理藩篱、重塑全球格局，通过打通全球市场，连接各国生产、贸易体系，促成资本、技术、人才在全球范围内的流动，极大地提升了生产力，为世界创造了巨大的财富。根据世界银行的统计数据，自 1970 年到 2015 年，全球 GDP 总量从约 2.95 万亿美元增长到约 74 万亿美元，翻了 20 余倍。而贸易方面，世界贸易总额也从 1970 年的 3000 多亿美元，增长到 2016 年的约 15.6 万亿美元，涨幅高达 50 余倍。

另外，相伴而生的科技进步和国与国之间的密切联系，也史无前例地拉近了人与世界、人与人之间的距离。如今，世界比以往任何时候都更加紧密地联系在一起，各个国家和地区之间的相互依赖已经成为国际关系的基本特征。

因而，全球化已成为一种不可阻挡的趋势，这几乎是参与本书的学者们的共识。在书中上篇，赵汀阳尝试把全球化的现状置于历史与文化的背景下探讨，他认为全球化运动正在生成一个世界旋涡模式，有一种无可阻挡的普遍化力量，故即使目前受到一些挫折，但"历史难逆"。而在方晋看来，在前一阶段全球化大发展之后出现一定调整是正常的，如果用一定的概念来描述这一调整的话，那就是"替代型"全球化将回归"互补型"全球化。

然而，即使全球化势不可挡，但历史潮流中的小旋涡同样不容忽视，近几年来，那些全球化的"光辉岁月"里未被重视的伤疤，正在成为这条道路上的不和谐因素。从高举"美国优先"大旗的唐纳德·特朗普入主白宫，到昔日自由贸易思想的滥觞英国不惜与欧盟"划海峡而治"。各国民粹主义与贸易保护主义此起彼伏，最早提出TPP的美国扬长而去，WTO及其代表的多边贸易体制停滞不前，而欧洲一体化的信徒们仍在忧心从柏林、巴黎到罗马的右翼力量崛起和欧盟的进退两难。

正如时殷弘教授在本书所言："以一种大为急剧的方式，全球越来越多的人已经发现，全球治理和全球开明秩序（global liberal order）面对严重挑战。"对此，本书的中篇正是中国学者们对全球化危机的集体反思。

谈到全球化走入大变局的原因，多位学者提及世界范围内的财富分配不均，以及各个国家内部的贫富分化加剧。高飞在分析全球化困境时就首先指出，世界基尼系数已超公认的0.6"危险线"，"富者愈富，贫者愈贫，马太效应显现推动了民粹主义情绪蔓延"。在时殷弘看来，西方跨国精英在这一点上难辞其咎，正是他们对自由主义国内和国际秩序的放肆滥用，以其自私、傲慢、偏狭、盲目和殆无节制的挥霍疏离了他们国内的"草根民众",尤其是"白人草根"以及世界上其他民族,才种下反全球化的祸因。他写道:"2008年秋季爆发非常广泛和严重的金融危机和经济衰退,这已经以经济金融方式对他们发出再清楚不过的警告。"李奇泽、黄平强调,西方发达国家如果不能从自身社会结构出发思考造成贫富分化的制度性根源,而把造成问题的原因引向经济全球化,则会在错误的道路上越走越远。

"今天,全球经济仍然在 2008 年全球金融危机的影响之下。"朱民基于对全球金融市场结构性变化的系统性剖析,进一步提出了他对全球金融风险的忧虑。他指出,由于危机后主要发达国家采取非常规量化宽松货币政策,这种背离的央行货币政策导致货币市场波动。同时,全球金融机构发生巨大的变化,金融的中介功能从银行业走向非银行业。在这个背景下,全球金融整体水平高企,而金融产品同市场的关联和互动性大大增强和提高,因而导致全球金融市场的脆弱性上升。但全球处理和抵御风险的政策空间和市场能力却在急剧地收缩,这是今天全球金融市场面临的最主要的挑战。

黄仁伟则以辩证的精神解释全球化变局,在从四方面归纳当前"逆全球化"的几大表现之后,他总结道:"正面全球化和负面全球化是同时存在的,是全球化的一个整体的两股力量。这两种力量并存的情况下,全球化就不可能是一种不加选择的全面全球化,只能是有所选择的全球化。"

那么,何谓"有所选择的全球化"?因为各个国家发展不平衡,必然会让那些处于全球化得利状态的国家积极赞同并大力推进,反过来又会促使那些全球化得利不足甚至丧失利益的国家,阻止全球化的步伐,催生逆全球化的倒退。显然,这种剧本正在如今的世界上演。

看来,世界政治经济格局的变迁对现有的全球治理体系提出了更高的要求,而全球化何去何从,考验国际社会的集体智慧。达沃斯世界经济论坛执行董事长施瓦布指出："我们必须让全球化变得更加公平,但是,当我们讨论全球化时,不应该只从西方角度来看它,而是应该从全球角度来看它。"

事实上,放眼全球,中国自改革开放以来,恰恰是在参与、互动中深刻影响世界的崭新力量。40年来,中国从最初对全球化的有限认识和保守应对,到逐步接受、全面推动经济全球化。这一历史性剧变既使中国创造了举世瞩目的经济奇迹,也让中国与世界紧密相连、休戚与共。

现今,借庞中英在本书所言:中国要在全球治理中做出更大的贡献,取决于中国能否在全球化危机和世界秩序危机时刻提出真正可被接受的有效的"中国方案",并带头"最佳实践"之。

伴随着中国与全球化的密切互动,也为了实现更理想的全球化,CCG一直致力于凝聚"中国智慧",为全球治理建言献策。在本书下篇,我们就集结了多位学者对于"中国方案"的战略机遇、实现手段等诸方面的洞见。

徐洪才首先对未来10年中国经济将发生的十大变化做了前瞻,他认为,未来10年,甚至到2030年之前,对中国而言仍将是一个和平、发展与合作的战略机遇期,中国通过扩大开放,促进体制改革创新,实现经济可持续发展。但是,如果走封闭的老路,很多改革可能落不了地,中国也可能与战略机遇期擦肩而过。

张蕴岭和屠新泉从中美关系这对世界上最重要的国际关系切入,以把握全球化的新形势与中国的应对。张蕴岭的文章展望了中美关系的宏观未来,他认为中美关系不会破裂,两国也不会发生大对抗,因为两国在许多问题上有重要的共同利益。因此,对新形势下的中美关系不要太悲观,中国的定力主要在自身。屠新泉则从特朗普的贸易政策出发探讨WTO的前景,在他看来,美国可能不会退出WTO,但是反建制力量的贸易保护主义主张一定程度上对WTO机制的运行和争端解决机制裁决的执行造成负面影响。面对特朗普政府的"新贸易政策施政重点",中国应该积极面对,运用贸易争端解决机制维护自身的利益。

王义桅和黄剑辉则对具体的"中国方案"加以论述。王义桅在文章中提出,"一带一路"倡议将来可能或正在开创"中式全球化"。这表明中国从参与到引领全球化角色转变,通过倡导文明的共同复兴、开创文明秩序、实现陆海联通和全球化的本土化,建设绿色、健康、智力、和平丝绸之路,共商、共建、共享利益、责任、命运共同体,"一带一路"倡议扬弃了西式全球化,打造开放、包容、均衡、普惠的合作架构,给全球化注入中国色彩。黄剑辉借鉴中新"苏州工业园"模式,提出组建中国与亚非拉互利合作的实体经济端区域性或国家级合作平台、促进亚非拉国家基础设施发展等战略设想。他认为中国应该积极扩大对亚非拉国家的开放,加快构建与发达国家、国际组织共同促进亚非拉发展中国家基础设施发展的新型投融资模式,以促进与各国的平等合作、优势互补、互利共赢、共同发展,这对提升中国作为全球负责任大国的软实力和硬实力均具有重大意义。

周晓晶与丁一凡分别从宏观层面讨论新时期中国的全球化战略,并同时强调了发展中国家,或说新兴国家的作用。周晓晶表示:"随着整体经济实力的进一步提升,新兴市场国家必将取代美国,成为新一轮全球化的最主要推动力量,并主导全球化的进程与方向。"作为新兴市场国家领头羊的中国,正在提出"一带一路"倡议、"金砖+"等新理念,为新兴国家推动、参与全球化以及全球治理模式的优化与改善提供重要机遇。在周晓晶看来,只有抓住机遇,积极推进经济贸易全球化进程成为所有新兴市场国家和西方主要国家的共同责任,加大力度积极推进新型全球化,才能够真正带动全球经济走出10年萧条。

对此,丁一凡所见略同,他认为中国要借助当前的历史机遇,与新兴经济体及广大发展中国家更加密切合作,拯救全球经济合作框架及多边自由贸易机构和机制。与此同时,在控制好中国国内金融泡沫的基础上,中国可以利用发达国家"逆全球化"的时机，扩大自己在国际体系中的话语权，利用投资与贸易扩大自己在广大发展中国家的影响，重塑对中国发展有利的国际体系。

的确，面对全球化遭遇的时代难题，作为全球化最大受益者之一的中国正在担负更多责任，提出更多主张，迅速成长为全球治理的重要一环。"中国方案"这些年来不断吸引国际目光。"一带一路"倡议的"共商、共建、共享"原则和开放包容的精神，为经济全球化提供了更为公平的选项，也为世界经济的复兴开发新动源。而"人类命运共同体"的构想，更是中国传统智慧中"以人为本"思想对"全球化3.0"——"人的全球化"时代之义的生动诠释。苏浩在其文中写道："人类命运共同体"的提出植根于"大道之行也，天下为公"的中国传统思想精髓，这也算得上是农耕文明时期中国观念式的全球化的一种螺旋式回归。而用全国人大外事委员会主任委员傅莹女士的话说，中国正在"以自己的能力和方案，反哺全球化和世界"。

习近平主席在2017年达沃斯世界经济论坛上说道："经济全球化确实带来了新问题，但我们不能就此把经济全球化一棍子打死，而是要适应和引导好经济全球化，消解经济全球化的负面影响，让它更好惠及每个国家、每个民族。"2018年博鳌亚洲论坛上，习主席再次强调："综合研判世界发展大势，经济全球化是不可逆转的时代潮流。正是基于这样的判断，我在中共十九大报告中强调，中国坚持对外开放的基本国策，坚持打开国门搞建设。"而时任联合国秘书长安南在2000年4月发表的《千年报告》中早已指出："很少有人、团体或政府反对全球化本身。他们反对的是全球化的悬殊差异。"

正如其在历史长河中遭遇几次进退循环，又最终走到今天一样，"全球化"当下面临的种种逆流始终难以改变其无可逆转的大势所趋。这些汹涌的逆流恰为我们敲响警钟，催促我们提出更公平、正义的全球化。

在此关键时刻，CCG于2017年4月在北京主办了第三届"中国与全球化圆桌论坛",我们把这届论坛的主题定为"十字路口中的全球化:中国的机遇与挑战",正是为了让政、商、学界精英代表汇集一堂,深入探讨全球化发展的新形势,研判全球化进程中的新挑战,共同为促进包容性全球化贡献中国智慧。参与该论坛的各界人士包括陈启宗、陈永龙、崔洪建、丁一凡、傅成玉、何宁、黄剑辉、黄仁伟、霍建国、贾文山、焦涌、金灿荣、金鑫、李学海、刘燕华、龙永图、吕祥、茅忠群、庞中英、时殷弘、宋志平、苏浩、孙杰、孙永福、汤敏、屠新泉、王琳达、汪潮涌、王石、王阳、王义桅、王直、魏建国、徐洪才、薛澜、薛永武、易珉、查道炯、张首晟、张醒生、张燕生、郑永年、周华龙、周晓晶、朱锋等。他们在论坛上的真知灼见,也将收录于本书的附录,与正文互为呼应。

本书荟萃中国"智库之智",涵盖对全球化的系统阐释、反思与期待,并囊括了国内全球化领域学者们眼中的"中国方案"。期待它成为我们在为世界、为全球化贡献"中国智慧"与"中国方案"的漫长道路上踏出的坚实一步,也助力我国的全球化战略在"人的全球化"时代历久弥新。

全球化智库(CCG)主任　王辉耀博士<br>
全球化智库(CCG)秘书长　苗绿博士<br>
2018 年 8 月

# 目　录

## 上篇　不可阻挡的全球化

2017年1月美国总统特朗普以"美国优先"的论调开启了总统之路，颁布多国"旅行禁令"、退出TPP和《巴黎协定》……时隔一年，特朗普却开始表示，美国将重新考虑和TPP 11国进行单独或集体的谈判；2018年新年伊始，英国首相特雷莎·梅正式访华，提出打造"全球化英国"，推动中英"黄金时代"加速发展的访华意图……全球化大潮能否继续？全球化的第三次浪潮又会以何种形式兴起？

为什么全球化之势无可阻挡？ ………………………………… 赵汀阳 /003
人类历史循环维度中的全球化 ………………………… 苏浩　梁萌 /009
全球化：从替代型回归互补型 …………………………………… 方晋 /021
"逆全球化"现象的实质与应对 ………………………………… 高飞 /040
中国与全球化的第三次浪潮
　　——全球人才动态流动与联结 ……………………………… 苗绿 /054

## 中篇　全球化的危机与反思

从历史上看,全球化自哥伦布发现新大陆以来,已经走过500多年的发展历程。它在带来巨大利益的同时,也产生了严重的问题。今天,全球化正在生成一个世界旋涡模式,出现多种互相抵抗的流向,虽然全球化势不可挡,但历史大潮中的小旋涡,亦不可忽视。全球化面临哪些困境?给我们带来何种挑战?在危机之中我们又能寻求何种出路?

经济全球化与发达国家收入不平等 ………………………… 李奇泽　黄平 /075
全球治理和开明秩序面对的严重挑战 ………………………………… 时殷弘 /085
从全球化、逆全球化到有选择的全球化 ……………………………… 黄仁伟 /091
全球化的风幡将如何飘拂? …………………………………………… 庞中英 /098
全球金融市场的结构性变化 …………………………………………… 朱民 /104

## 下篇　全球化的中国方案

2018年年初,瑞士达沃斯世界经济论坛将"在分化的世界中打造共同命运"定为主题,这是对中国"构建人类命运共同体"倡议的全球共同认可与延伸传承,不可阻挡的全球化已是世界共识,世界各国需要一个崭新的全球化框架,在维持全球化效益的同时进一步推动普惠性增长。2018年中国迎来了改革开放40周年,在过去40年里"中国奇迹""中国经验"成为世界各国关注和学习的对象。曾经作为全球化受益者的中国,将在新一轮全球化的进程中身处何种位置,又将为世界提供哪些思路和良方?

"金德尔伯格陷阱"还是"伊斯特利悲剧"?
　　——全球公共品及其提供方式和中国方案 ………………………… 蔡昉 /121

中国如何引领新一轮全球化 .................................... 丁一凡 /135
以"中国分担"和"全球共治"突破全球化两大陷阱 ................ 王辉耀 /145
着力推进新型全球化　带动全球经济走出十年萧条 ................ 周晓晶 /156
"一带一路"倡议能否开创"中式全球化"？ ...................... 王义桅 /165
全球化大趋势与特朗普执政下的中美关系 ........................ 张蕴岭 /180
特朗普的贸易政策与WTO的未来 ................................ 屠新泉 /187
未来十年中国经济将发生十大变化 .............................. 徐洪才 /194
积极构建促进亚非拉国家基础设施发展的战略性、国际化、公司化投融资及
　运营主体
　　　——借鉴中新"苏州工业园"模式，组建中国与亚非拉互利合作的
　　　　实体经济端区域性或国家级合作平台的有关设想 ......... 黄剑辉 /201

附　录 ........................................................ 217
后　记 ........................................................ 279

# 不可阻挡的全球化

[上篇]

2017年1月美国总统特朗普以"美国优先"的论调开启了总统之路,颁布多国"旅行禁令"、退出TPP和《巴黎协定》……时隔一年,特朗普却开始表示,美国将重新考虑和TPP 11国进行单独或集体的谈判;2018年新年伊始,英国首相特雷莎·梅正式访华,提出打造"全球化英国",推动中英"黄金时代"加速发展的访华意图……全球化大潮能否继续?全球化的第三次浪潮又会以何种形式兴起?

# 为什么全球化之势无可阻挡？

文 / 赵汀阳[1]

近年来出现的英国脱欧、美国特朗普当政、欧洲多国的右倾势力上升，以及中东乱局等事件引起了所谓全球化受挫的讨论。但是，由此类事件就推出全球化受挫，恐怕是过度诠释了。事件的媒体效应总是大于事实的效果，远不足以解释历史的生长方式。事实上，夸大事件的意义，经常赋予各种事件"划时代的"意义，在历史中是比较晚近才出现的事情，如果我没有理解错的话，这应该是现代传媒时代的产物，是传媒这个行业的经济产品，就是说，事件的"事件化"是传媒的生产和收益方式。在有事无事都嚷嚷的传媒时代之前，人们会以遥远的眼光去理解历史变迁，会以太阳底下无新事的"渔樵"态度去体会星移斗转。当然，传统生活里的新事确实也不太多，兴衰成败主要是循环性的变迁，因此"渔樵们"能够处事不惊地静观风浪和沧桑。而现代以来确实有更多划时代的事情发生，因此，现代人会有更多的时间断裂感。可问题是，那些所谓全球化受挫的事件恐怕算不上风浪，微波而已，只是全球化博弈中各地

---

[1] 赵汀阳：中国社会科学院哲学研究所研究员。

为了自身利益所做的某些策略调整，其中的冲突难以改变全球化游戏本身，无非是些"未及道"之有限变化而已。

事件与其说是历史的发生方式，还不如说是历史的流失方式。事件在时间中消失，历史之道却不会因此流失，所以布罗代尔建议必须以超越一时事件的长时段去理解历史。不过，最早以长时段去理解历史的应该是司马迁，所谓"究天人之际，通古今之变"。司马迁的"究天人之际，通古今之变"原则暗含两个长时段问题：（1）如果一种历史能够展现一种长久连续成长的方式，人之道与天之道就必须达成一致，所谓配天。以当代语言去理解，大概意味着，人所建立的文明游戏规则必须符合存在能够不断存在的存在之道。（2）古今之变易必来自"作"，即开拓了可能生活的制度、技术和精神的创作，通过创造历史而继续存在的创作。

如果没有创造新的历史游戏，一个异常事件就只是波动而已；或者说，如果不能真正改变游戏规则，一个事件就只是对某个局面的策略性反应，往往根据形势而反复。通常真正触动游戏本身的变化，总是由某种长期持续的历史运动所导致的，而事件只是一些表现。如果利益分配格局改变了（比如当年英法德的列强体系转为美国体系），而利益分配方式却没有改变（仍然是霸权体系），就只是"局面"的变化而不是"历史性"的变化。兴衰意味着沧桑，却未必是变天，游戏中的胜负情况并没有改变游戏本身，正如胜败乃兵家常事，而兵法乃兵家常理，策略的变化并不等于游戏规则的改变。

在我们的世界里，上一次发生本质变化，即建构新游戏而导致游戏本身的改变，是现代社会的形成，当下正在发生而尚未完成的全球化又是一次时代巨变。事实上每次时代巨变都始于无形的演变，并非轰动性的事件。现代性的形成可以追溯到中世纪的酝酿，全球化运动则始于现代的中期的殖民地运动和资本主义的全球扩张，而那时现代性尚未达到顶峰，马克思就已经意识到现代性的世界扩张所蕴含的全球化运动。全球化的结果会是什么？这个问题至今仍然具有很大的想象空间。马克思期望的是一个国家消亡了的共产主义世界，这个想象存在许多疑问，但不失为一个深刻的思想。比如说，人的彻底解放是否真的可能？彻底解放会是普遍幸福还是灾难？或者说，自由王国的彻底自由和平等是否导致生活意义的丧失或者灾难性的人性变异？这些都是未知数，但马克思理论至少有一条原则是非常可信的：生产力是一切变化的最终动力。有两个需要进一步思考的问题：

（1）什么是无可选择的可能世界？（2）什么可能生活是可取的？

关于（1），按照生产力的概念，我们有理由相信，创造历史的能力从根本上说是技术。只有技术才能创造新的物质世界和新的因果关系，所以，技术是创造新的可能世界的根本原因。可能世界是可能生活的物质条件，改变物质条件的技术便是生活变化的前提。其中有个关键问题：技术是所有人普遍需要的物质条件，而只要是被普遍需要的事物就几乎必然会被普遍化，或者说，只有被普遍需要的东西才能够普遍化。简单地说就是，人人赖以生存的东西必定会普遍化，反过来，能够拒绝而无负面结果的事情就难以普遍化。历史上，技术革命正是创造普遍生活的原因。可以想象，假如人类早期没有出现重大的技术革新（农耕、冶炼、工具等），各个自然群体大概就各过各的，老死不相往来，无须与远方交流，完全没有必要引入他人的生活。换句话说，只有能够改变生活水平的技术才是值得学习模仿的。就今天世界的情况而言，技术的普遍化显然是最显著的特征，电脑、互联网、物流网、金融网，以及几乎所有方面的通用技术标准决定了世界必定发展全球化，历史难以违背技术的普遍化力量。技术的普遍化造成了普遍互相依存、互相需要的全球化游戏，这是超越了任何人的主观意志的力量。其残酷性在于，不论技术发展是否有风险，谁也无力改变这个以普遍技术为存在条件的游戏，除非自愿成为被技术所抛弃而陷于困境的地方和人群。任何一种价值观，无论属于激进左派还是守旧右派，都无力抵抗普遍技术所引导的全球化，因为精神终究无力对抗物质力量。这很可能是个悲剧，也是唯物主义的一个悲剧性原理。

技术蕴含的危险性也是众所周知的。技术所定义的可能世界容纳多种可能生活，也因此存在着可以选择的可能性，我们就仍然有希望选择某种良好的可能生活，这件事情落实为游戏规则的建立，于是就有了问题（2），这是一个取决于思想定位的问题。思想将决定做什么和不做什么，决定选择某种可能生活，主要是为给定的可能世界选择某种制度。一个无法回避的事实是，到目前为止，全球化并没有发展出适合全球化的新规则，而仍然沿用现代性的旧规则。在一个新游戏里却仍然沿袭旧游戏的规则，这正是全球化的真正难题所在，也是全球化之所以导致经济利益冲突和文化冲突的症结所在。世界经济利益的冲突正是现代理性概念及其逻辑的结果，如果每个人、每个国家都追求自身利益最大化，利益冲突就是一个显然而必然的后果。追求利益最大化的现代逻辑与全球化游戏之间的不协调，正是目前世界最为显眼却又难以改变的根本困境。于是，按照追求利益最大化的现代逻辑而行事的既得利益者一旦在全球化博弈中利益受挫，就转而反对全球化，试图退回到与现代思维比较一致的现代条件。这是一种自然反应，但也是非理性的反应。因为历史难逆，正如覆水难收，而且代价难以承受，唯一符合"经济学"的出路是建立与全球化相配的新游戏规则。

问题的另一面是，与普遍技术不同，文化、宗教和历史却几乎不能实现全球化，因为文化、宗教和历史是各地的特殊产品，不是世界的公共产品，也正是在这个意义上说，真正的世界史尚未开始。同样，能够与全球化相配的跨文化或曰超文化（transculture）尚未存在，因此，文明的冲突也难以避免，这一点同样导致了部分人或地区对全球化的不满。关键在于，一种能够形成同心同德效果的跨文化不可能只是某种既定文化的推广，而只能是一种世界共同创作。假如世界能够成为一个与全球化运动相配的世界共同体（community），就需要共同创作一种通用文化而形成共通意（communion）。而且，一种可能的跨文化并非取消各地文化，而是在各地文化之外，共同创作而成的一种通用文化，用于建立世界性的兼容性。因此，通用的文化断不可能是某种文化的推广——尽管其构成因素与各种文化有关——而只能基于理性选择。

既然通用文化的目的在于建立世界兼容性，那么，唯有基于普遍可行关系的理性原则，即关系理性，才能用于建立作为世界公共产品的全球游戏规则。简单地说，关系理性意味着：互相伤害最小化优先于各自利益最大化。其中的理性考虑落实于两个理由：（1）互相伤害最小化是各自利益最大化的现实主义条件和保障；（2）同时也是世界整体的长期利益的保证。可以说，只有能够通得过关系理性的证明，或者说，能够满足关系理性条件的思维模式，才是普遍可行的。我认为，关系理性正是与全球化游戏相配的思维模式，也是全球化游戏的规则建构的基础和标准。

全球化是一个以新技术为主导的世界网络化运动，远远不只是互联网，而是由新技术所定义的各种要求普遍合作的网络。在技术网络化的基础上，政治也会网络化，世界秩序会成为一种网络化的秩序。其中会有许多可能性，比如说，或许国家会发生转型，由现代的边界内主权转变为世界网络的一个运作枢纽，因此成为世界主权的一个股东。这意味着，未来世界的权力可能超越现代的政治实体形式，而演变为政治网络形式。网络化的世界秩序因其网络性质而趋向于以关系理性为准则。一个理由是，在网络化的世界秩序中，摧毁他者等于摧毁自己的存在资源，因此，维护他者成为自身利益的一个条件，于是，世界政治的原则就可能以关系理性为准而从敌对模式变成化敌为友模式。很显然，如果在作为共在条件的网络中试图使他者成为敌人，他者就成为致命的报应，而不再是资源了。假如以关系理性为准的未来政治能够建立可以普遍模仿的存在秩序，就非常接近新天下体系的概念了，其根本意义在于使一切技术成为普惠的，因此使世界秩序成为无人愿意退出的共在秩序。

所以说，全球化运动正在生成一个世界旋涡模式，尽管目前存在多种互相抵抗的流向，但普遍技术是一种无可阻挡的普遍化力量。假如关系理性能够成为世界之道，那么，充满冲突和矛盾的世界终将汇成一个完成世界内部化的旋涡。

# 人类历史循环维度中的全球化

文/苏浩 梁萌[1]

全球化是人类历史发展的一个宏大历史进程。自人类文明在世界上产生以来，人类就在思索世界与宇宙，探索地球上人类在自然界中的地位与作用。因此，从哲学维度上看，全球化从人类文明的诞生之日起，就开始了它的进程。第二次世界大战的进程使得人们感到全球已经连为一体，全球化的认知开始为人们所接受。[2] 当然，1983年，美国学者提奥多尔·拉维特在其文章《市场全球化》中首次明确用"全球化"的概念，来分析经济的全球化现象。[3] "全球化"一词开始真正成为一个学术概念，进入各学科的研究视野。虽然，全球化理念至"冷战"结束后国际社会才成为普遍讨论的一个议题，同时也成为国际关系演进的重要事实。也就是说，全球化既是一种理念，也是一种现实。但我们需要从更高学理层次来观察全球化现象，而不应拘泥于一种视角去狭义地定义和分析全球化现象。本文试图从人类历史循环的维度去解释人类社会的全球

---

[1] 苏浩：外交学院外交学与外事管理系教授、博士生导师；梁萌：外交学院外交学专业博士生。
[2] 高放：《"全球化"一词的由来》，《拉丁美洲研究》1999年第6期。
[3] Theodore Levitt, "Globalization of Markets", *Harvard Business Review*, May–June 1983, pp.249-267.

化演进，指明全球化内涵在人类大历史进程中由来已久，曾历经农耕时代的观念的全球化，再到工业文明时代的国家的全球化，并正在朝着信息文明时代人类的全球化的方向演进。

## 一　古代中华文明的观念全球化

一般来说，"全球化"一词在第二次世界大战结束后开始出现，而在"冷战"结束后才开始作为一种现象为国际关系学界所明确认知。但从抽象角度看，全球化作为一种理念应该是古已有之。研究依赖理论的欧洲经济学家安德烈·冈德·弗兰克认为，自公元前3000年苏美尔文明和印度河流域文明的贸易联系兴起以来，一种全球化的形式便已经存在了。[1] 其实，中华文明自其产生以来，就有一种"以天下观天下"的境界和情怀，显现出农耕文明时代的东方文明所存在着的一种观念上的全球化的认知。也就是说，中国传统文化中的"天下观"，具有一种全人类社会的认知内涵。

由于古代地理技术与认知水平的有限，中国古代对世界的认知运用了"九州四海"的概念表述，对所谓"天下"给予了具体概括。大禹铸九鼎划九州，"九州"指代诸夏的中原地区，而"四海"则泛指蛮狄夷戎的领域。世界由此而分为"王化之地"和"化外之地"的二分世界。但鉴于"普天之下，莫非王土"的原则理念，诸夏与蛮夷二者都可归于一体化的"天下"之内。也就是说，中国传统世界观中，将"他者"的存在视为是一种天道，即"我"（华夏）和"他"（蛮夷）的共存是自然秩序。

---

[1] [荷]安德烈·冈德·弗兰克，[英]巴里·K.吉尔斯主编：《世界体系：500年还是5000年？》，社会科学文献出版社2004年版，第355—369页。

基于这样的世界观，历史上中国历代统治者尽管将自己统治的国家视为高高在上的天朝上国，将周边其他民族列为藩属，但也接受周边其他民族存在的合法性，甚至认为"王化不及与外"。中国统治者奉行《中庸》中所提出的"素夷狄，行乎夷狄"的思想观念，[1]秉持明清之际大儒王夫之提出的"王者不治夷狄"的主张。事实上，中国肯定文化多元性，尊重民族自主权，认为各民族之间应该各自保存其习俗、文化和制度，各安其居，彼此尊重，互不干涉，和平共处。[2]因而对四周"未开化的民族"并没有必须征服和直接统治的意图。在基于"天下观"所建立的封贡体系之下，中国历代君王向来都是秉持着一种"德广可以附远"的心态，不去追求兼并四夷的领土，而是谋求对其输送高度发达的核心区文明，强调文化传播而非领土兼并。

这种承认"他者"的多元一体的中华文明具有极强的开放性和包容性。在中国版图内部能够保留各种族群的不同语言文化、生活方式和地方治理；对外则能够接纳异样的宗教和文化，如自南亚传入的佛教可与中国本土儒家和道家思想相结合而成为中国传统文化中的重要组成部分，伊斯兰教也能在中国落地生根。可见，在中国的"天下"体系下，各种文明、宗教、人种都能够共生共存共荣。

除此之外，在中国古代"天下观"指引下的观念上的全球化，最终还将体现在"天下观"的社会终极理想之上，即"大道之行，天下为公"的"大同"社会。儒家认为："大道之行也，天下为公。选贤与能，讲信修睦。故人不独亲其亲，不独子其子。使老有所终，壮有所用，幼有所长，矜寡孤独废疾者皆有所养……"强调的是"天下"应为全人类所共有的天下，认为"故圣人耐以天下为一家，以中国为一人者，非意之也，必知其情，辟于其义，明于其

---

[1] 也就是说，既是夷狄之人，就按夷狄之礼行事。见《礼记·中庸第三十一》。
[2] 郭沂：《从古代中国的天下一体化看当代全球化趋势》，《哲学动态》2006年第9期。

利，达于其患，然后能为之。"[1] 这是孔子为世人所描绘出的最远大、美好的社会愿景。尽管认知有限，但这里的"天下"始终包含着中国圣贤认知范围内的所有人类，此时，不分诸夏各族亦不分蛮狄夷戎。正如历史学家吕思勉先生所说："中国人总愿意与天下之人，同进于大道，同臻于乐利。有什么办法，可以使天下的人，同进于大道，同臻于乐利，中国人总欣然接受"，而"压服他人，朘削他人，甚而至于消灭他人的思想，中国人是迄今没有的"。[2] "四海之内皆兄弟"，来自于五湖四海的人们都应生活在"共生、共长、共存、共融"的"天下"，[3] 也只有这样的"天下"才是真正应为全人类所共有的天下，且是真正的"道"。这也正是洪秀全在《原道醒世训》中所说的"天下一家，共享太平"的境界。

可以说，"天下为公"的思想是中国人最为天然的全球化观念的体现。这样一种观念上的全球化早已超越了当今时代对全球化的种种定义，它直接站在一种战略的高度，去思考人类社会最终的进化目标。而中国人自古便以这种心怀"天下"的情怀去指导政治、社会实践。"天下为公"而非"天下为私"的血液自千年来不曾流失。直至今日，中国领导人仍在不同场合强调"天下为公"的意义，以维护世界和平、促进共同发展为中国的历史任务，并在此基础上衍生出"人类命运共同体"的概念。

古代中国以"天下观"为框架的观念式的全球化，不管是建构"天下礼制"的理想，还是追求"天下为公"的境界，都给当今全球化所面临的种种挑战提供了解决问题的新思路。如何去构建一种兼容并蓄的新型全球化，我们或许可以从古老的中国智慧中找到答案。

---

[1]《礼记·礼运篇》。

[2] 林存光：《大道之行也，天下为公》，《光明日报》2016年11月23日第6版。

[3] 林安梧：《一道一路是"天下为公"的王者精神》，2017年3月17日，凤凰网（http://guoxue.ifeng.com/a/20170317/50791007_0.shtml）。

## 二 西方文明主导下的国家全球化

近代以来随着西方工业革命的开展，世界各个区域真正相互连接起来，欧洲国家建构了一个以民族国家为国际关系行为体的所谓"威斯特伐利亚体系"，西方主权国家凭借其强大的工业能力和军事实力，将其存在向全世界扩展，建立了全球性的殖民统治，国际社会由西方所主宰在全球范围内形成了一个大系统。在此基础上，全球化开始了它的实际的进程。

欧洲的"文艺复兴"及"启蒙运动"的发展为工业化时代的到来奠定了基础，而更重要的是17世纪中叶基于欧洲国家签订的《威斯特伐利亚条约》所建构的主权国家为行为主体的国际关系体系正式形成，国家间和民族间的关系开始在全球范围内展开。西方国家之所以能够通过殖民扩张，征服和统治了世界，靠的便是其发达的科学技术基础上建构的强大工业能力，依据的则是近代化的国家管理体制和以主权国家为基础的强权政治系统的支撑。

工业革命为西方国家向全世界的扩张奠定强大的实力基础。1764年珍妮纺纱机的发明，1765年瓦特改良蒸汽机，1802年英国人赛明顿以蒸汽机为动力制造出了世界上第一艘蒸汽明轮船"夏洛特·邓达斯"号。伴随着蒸汽机与蒸汽船的发明，人们通过对动力的获得，将人类活动的触角及工业文明散播到世界上各个地方，乃至人迹罕至之处。马克思早在100多年前就曾对这种由工业化所导致的全球化予以了精辟描述："不断扩大产品销路的需要，驱使资产阶级奔走于全球各地。它必须到处落户，到处开发，到处建立联系。资产阶级，由于开拓了世界市场，使一切国家的生产和消费都成为世界性的了。……新的工业的建立已经成为一切文明民族的生命攸关的问题；这些工业所加工的，已经不是本地的原料，而是来自极其遥远的地区的原料；它们的产品不仅供本国消费,而且同时供世界各地消费。旧的、靠本国产品来满足的需要,被新的、要靠极其遥远的国家和地带的产品来满足的需要所代替了。过去那种地方的和民族的自给自足和闭关自守状态,被各民族的各方面的互相往来和各方面的互相依赖所代替了"。[1]"大工业仍使竞争普遍化了……大工业创造了交通工具和现代的世界市场,控制了商业,把所有的资本都变为工业资本,从而使流通加速(货币制度得到发展)、资本集中。它首次开创了世界历史,因为它使每个文明国家以及这些国家中的每一个人的需要的满足都依赖于整个世界,因为它消灭了各国以往自然形成的闭关自守的状态。"这是马克思对全球化起源的最直接的一个论述,虽然没有直接指出这一现象就是全球化,但是显而易见,马克思认为,工业时代的到来不仅通过技术革新打破了人们在空间上的隔绝状态,更通过影响市场、商业与资本,把全世界范围内的人们真正的纳入到一个世界体系中。[2]

近代全球化发展的进程体现为两波全球化浪潮。第一波全球化浪潮是以权力的追求和掌控来实现的,是一种西方统治的全球化世界。全球殖民化以西方大航海的发现为起点,伴随着殖民主义的扩张与帝国主义的侵略,是一种单向的全球化。西方殖民主义列强在资本主义发展的驱动下,疯狂地用坚船利炮开辟海外市场,抢占原材料,殖民地与列强之间基本不存在所谓经济与文化上的互动,只是单纯地沦为了原材料的供给地,工业商品的倾销地,被动地接受宗主国的掠夺与安排。这种情况下,作为附属财富的殖民地在列强之间的分配便体现着列强之间的利益分配。可是,国家只有那么多,市场只有那么大,随着列强实力对比发生变化,由争夺殖民地所引发的利益冲突

---

[1]《共产党宣言》,《马克思恩格斯选集》第1卷,人民出版社1995年版,第276页。
[2]《德意志意识形态(节选)》,《马克思恩格斯选集》第1卷,人民出版社1995年版,第114页。

成为必然，战争避无可避，最终导致了两次世界大战的爆发。近代以来的工业文明时代前期的全球化是一种基于权力的全球化，实现了有欧洲列强对遍布世界的殖民地的帝国主义式的直接征服和统治，是一种源自西方国家的单向的全球化进程。

第二波全球化浪潮则源起于第二次世界大战结束。战后美国通过建立以联合国为代表的涵盖全球的政治、安全、经济、文化等全方位的全球性国际制度，以其强大的投送世界的军事实力，主宰全球的货币金融体系，形成了以西方国家主导建构的制度和规范来管理国际社会。直到"冷战"结束后的 20 年里，西方社会仍自负地认为世界应该以其模式来建构。全世界掀起寻求解放的浪潮，殖民地与半殖民地人民争取民族独立的斗争此起彼伏，殖民体系开始逐步走向瓦解。但是，这并不意味着西方国家放弃了对这些较为弱小的国家的另类掠夺。本着生产成本最低、效益最高以及国内产业结构升级的原则，西方国家开始将本国工业生产的低级、耗能环节逐渐向资源密集型及劳动密集型国家转移。发达国家与发展中国家的分工定位得以确定：发达国家是消费与标准的制定国，而发展中国家被定义为资源、生产及商品的输出国。与此同时，一种新型的殖民化——"制度殖民"兴起。这一阶段，为了更好地确保资本在已经解放了的民族国家内的自由流动，美国开始在世界范围内将西式民主制度与自由市场经济捆绑输出。直到 21 世纪初，全球化很大程度上是由总部设在美国的跨国公司向其他国家扩张以及美国通过电影、电视和录制音乐等新媒体向全球输出其自身的制度、文化所推动的。

这样一种全球化分工实际上形成了一种西方发达国家之间与其他发展中国家之间的双向"互动"。经济利益从发展中国家流向发达国家，而军事、政治及文化的控制由发达国家输向发展中国家。其本质归根结底仍是西方发达国家对不发达国家的变相掠夺和主宰。时至今日，我们仍处于这种不平衡的全球化之中，它是属于西方强权国家的全球化，弱国没有太多的话语权。因此，第二次世界大战后以美国主导的全球化，是以制度为核心的全球化。国际社会的权力核心由西方国家主宰，全球性的制度由西方国家主导，国际规则由西方国家制定，全球性资源由西方国家掌控。

总体而言，近代以来工业文明时代的全球化是以西方国家为核心，以其自私的民族利己主义基础上的全球化，它超越了地域的程度，变成了单向或者是双向的方式，以发达国家对发展中国家的剥削、不平衡的关系建构起来的全球化，这是平面的全球化。这是一种失衡的全球化，但今天世界依然处于这一全球化的末期。

### 三 走向信息时代的人类全球化

值得庆幸的是，人类社会正在超越工业文明所决定的全球化进程，并准备开启一种新型全球化的进程。这一进程将会脱离近代以来由西方国家所主导的框架，摆脱由国家权力的扩张和主宰以及受西方文明所支撑的全球化样式。20世纪末，信息革命带来的信息技术的迅猛发展，使人类开始真正地突破地理空间的局限，与他人、他物、他地紧密地联系在了一起，这正如托马斯·弗里德曼在其著作《世界是平的》中所强调的那样，以互联网为最基本动力的信息时代正在抹平一切疆界，也就是说直至信息时代，我们才最终实现了一体化的世界。这种一体化的世界，不需要坚船利炮去开辟，不需要舟车劳顿地去体验，信息技术就如同人体血液一样向全世界畅通无阻地输送资本、商品、服务、信息、知识与文化。这种比喻虽然不甚恰当，但足以表明，当今的人类社会确实可以去做到"坐地日行八万里，巡天遥看一千河"。

现如今，我们可以说已经迈进了信息时代的全球化的门槛，这个时代的全球化核心即人类作为一个整体去推动全球化。它不同于工业文明时代的全球化，主要依靠资本主义与西方发达国家去推动，而是开始视推动全球化为全人类的共同的事业。没有一个国家可以主宰信息技术所编织的全球化网络，这种全球化网络相比以往更加的趋于无形及牢固。"人类命运共同体"的建构将决定正在来临的新型全球化进程将是一种"人类的全球化"。

人类在深度相互依存的地球村中，各种全球性问题从不同的角度和不同的层次上冲击着我们赖以生存的地球空间。因此中国领导人在世界上首次提出"要倡导人类命运共同体意识"。[1] 这一饱含着对于全人类关怀的倡议便已在全球范围之内引起了广泛的共识。它的提出体现着中国领导核心对信息时代特征的准确把握，既然不同肤色、国别、信仰、宗教的人们，不论国家大小、强弱与否，都已经毫无选择地你中有我、我中有你生活在这片浩瀚宇宙之中，那么何不以更加长远的眼光、站在全人类社会共同发展的高度去思考工业文明的全球化所遗留的种种问题。2015年，中国国家主席习近平在庆祝联合国诞生60周年大会上正式提出了建构合作共赢的"人类命运共同体"的倡议。[2] 事实上，面对各种复杂的全球性问题的挑战，作为一个整体的整个人类应在新型全球化进程中不分彼此，团结合作，携手共进，让"经济全球化进程更有活力、更加包容、更可持续"，真正在世界范围内实现不同世界各国间以及东西方文明间的"再平衡"。[3]

近年来，中国政府在世界舞台上提出了建设"一带一路"的倡议，积极

---

[1] 胡锦涛：《坚定不移沿着中国特色社会主义道路前进 为全面建成小康社会而奋斗——在中国共产党第十八次全国代表大会上的报告》，2012年11月20日，新华网（http://news.china.com.cn/politics/2012-11/20/content_27165856.htm）。

[2] 习近平：《携手构建合作共赢新伙伴同心打造人类命运共同体——在第七十届联合国大会一般性辩论时的讲话》，《人民日报》2015年9月29日。

[3] 习近平：《担时代责任共促全球发展——在世界经济论坛2017年年会开幕式上的主旨演讲》，新华社（http://www.china.com.cn/opinion/theory/2017-01/18/content_40126943.htm）。

与各国在区域和世界范围内实现和平与发展的战略对接，努力推动区域共同体的建设，跨区域和区域间合作的网络化世界的建构。[1]事实上，"一带一路"倡议揭开了新型全球化进程的序幕。[2]2017年10月，中共十九大召开，在其报告中，"人类命运共同体"的理念得到了进一步的强调，在这里我们可以看到一个清楚的逻辑，为什么要"要坚持推动构建人类命运共同体"，是因为"中国人民的梦想同各国人民的梦想息息相通，实现中国梦离不开和平的国际环境和稳定的国际秩序"，也是因为"没有哪个国家能够独自应对人类面临的各种挑战，也没有哪个国家能够退回到自我封闭的孤岛"，更是因为"中国共产党是为中国人民谋幸福的政党，也是为人类进步事业而奋斗的政党。中国共产党始终把为人类作出新的更大的贡献做为自己的使命"。[3]从国家自身的利益出发，到将全人类的利益纳入国家发展的考虑范围，从中可以看出，"人类命运共同体"的提出植根于"大道之行也，天下为公"的中国传统思想精髓，这也算得上是农耕文明时期中国观念式的全球化的一种螺旋式回归。

鉴于目前发展中国家的群体性崛起，西方国家出现了一股所谓"逆全球化"的声浪，出现了一些"反全球化"或"去全球化"的行动，如英国脱欧、美国特朗普政府的贸易保护主义行为。这些逆向行为是正在到来的新型全球化的前奏。[4]事实上，在新型全球化浪潮的冲击下，西方国家过去的不公平合理的优势地位受到抑制，过去受到剥削和压制的发展中国家的地位被推高了。我

---

[1] 苏浩：《世界体系网络化：全球产业分工的未来发展》，《人民论坛·学术前沿》2016年第8期上，第68—80页。

[2] 陈文玲：《"一带一路"倡议建设开启新全球化伟大进程》，《人民论坛·学术前沿》2017年第4期下，第6页。

[3] 习近平：《决胜全面建成小康社会 夺取新时代中国特色社会主义伟大胜利》，人民出版社2017年版，第25页。

[4] 周志强：《反全球化：新全球化的前奏》，《社会科学报》2017年9月14日第6版。

们在界定国家在地球村中的地位和作用时，需要有一种"计利当以天下利"的认知和当担。这就需要有一个"以全球观全球"的维度来处理国际事务，从而真正推动一种"全球治理"。事实上，今天的世界所推动的全球治理正从西方一统天下到东西方共同治理发展，其方向是多元化的，结构是多极化的，经济是全球化的。[1]"人类命运共同体"是中国向世界贡献的环球治理的中国方案，它所指代的是全球化的一种新的转型，这种转型是一种再全球化的过程，旨在构建一种更为包容、平衡、可持续化的全球化。这种再全球化将以信息技术的发展为依托，强调从面的全球化变成立体的全球化，空间角度的全球化，而再全球化的结果应该形成一个全球网络化人类社会的建构，也即真正的"人类命运共同体"。这就给人类提出了一个命题，即人类在推动新型全球化进程中，需要一种"全球治理"的理念和行为。而中华传统文化中的那种"天下礼制"的理念和"天下为公"的情怀[2]，需要通过"第二次文艺复兴"的过程，进行升华和抽象，形成一种超越西方主导的传统全球化范式，建构一种全新的全球化的体制。

## 四　结论

人类文明历经了农耕时代，正处于后工业时代，而一只脚已经迈入信息时代。与此相对应，从这一人类历史循环的维度来看全球化，全球化历经了以中国的"天下观"为代表的观念的全球化，到以民族利益为基本推动力的国家的全球化，而现在即将跨入以"人类命运共同体"为载体的重塑全球化、再全球

---

[1] 何亚非：《全球化大趋势不会改变，因为没有人想退出去》，全球化智库（CCG）（http://www.thepaper.cn/newsDetail_forward_1807923）。

[2] 林存光：《"大道之行也，天下为公"》，《光明日报》2016年11月23日第6版。

化的阶段。历经千年，全球化从线、面的全球化到今日我们所追求的立体的全球化，可以说，它变得更为灵动、健全，真的就像一个生命体一样，像需要组成生命的每一个器官、组织、细胞去协调地工作，去维持其运转一样，需要我们每个国家，每个个体身体力行地去改造、去推动，不为别的，就为我们已经"血肉相融"，任何民族和国家都无法"与世隔绝"和"独善其身"。

当前，我们仍身处于工业文明时代以南北发展不平衡为特点的国家的全球化进程中，其弊端日益凸显，以致在西方国家出现了去全球化呼声。然而，全球化作为一种历史发展的必然趋势是不可逆转的，但它需要通过转型升级而重新塑造。信息时代的全球化，其核心是人类作为整体推动全球化"，人类命运共同体"就是出于这个维度，目前全球化已经到了这个门槛。在新型全球化浪潮中，国家将全球化、公司将全球化、社群将全球化，人类将真正成为一个整体。[1] 值得庆幸的是，"人类命运共同体"的理念在这样一个背景之下应运而生，它汲取了传统的中国智慧，充分认识到了当今时代的本质，即人类只有一个地球，各国共处一个世界。

---

[1] 《中国经济重塑全球治理模式》，《参考消息》2018年2月9日第14版。

# 全球化：从替代型回归互补型

文 / 方晋[1]

英国"脱欧"和美国特朗普政府着手实施"美国优先"政策，引发了关于逆全球化的三个悖论。首先，如果说全球化是生产力发展和技术进步的产物，而且极大地促进了世界各国的紧密联系，对人类生产和生活方式的改变和改善有目共睹，为什么这时候会出现逆全球化？其次，过去反对全球化的力量主要来自发展中国家，原因就在于发达国家主导全球化并从中获益，为什么现在曾长期倡导和引领全球化的美国和英国等国却率先实行逆全球化之举？最后，为什么英国一边脱欧，一边又说要成为一个"全球的英国"（Global Britain）？[2] 为什么特朗普退出跨太平洋伙伴关系协定（TPP），却提出今后要推进双边贸易协定？

通过对上述问题的思考，笔者提出，无论是从全球化发展的历史还是现实、理论，甚至是实践来看，在前一阶段全球化大发展之后出现一定调整是正

---

[1] 方晋：中国发展研究基金会副秘书长，国务院发展研究中心研究员。
[2] Speech by Theresa May, Lancaster House, 17 January 2017.

常的。如果用一定的概念来描述这一调整的话，那就是"替代型"全球化将回归"互补型"全球化。换句话说，全球化产生的替代效应会减弱，互补效应得以维持甚至增强。

## 一 全球化的互补效应和替代效应

全球化，就是生产要素，或是生产要素构成的产品和服务，在全球范围内流动程度不断加深的过程。这样的流动，对不同的国家和地区当地的生产要素、产品和服务可能会产生互补或替代的效应，并造成不同的福利影响。

当一个国家缺乏某些国内生产和生活所需的要素以及产品和服务的时候，国外要素、产品和服务的输入会弥补当地的不足，在提高消费者以及下游生产者福利的同时，并不损害国内生产要素的拥有者以及相关产品和服务提供者的福利，这就是经济学中所说的"帕累托改进"——在增进自身福利的时候不损害他人福利。比如说，日本不产石油，而科威特不生产汽车，日本从科威特进口石油，科威特从日本进口汽车，对双方都是福利改进，而两国没有人因此受损，这就是全球化带来的互补效应的体现。

但是，如果本国存在相当规模的生产要素拥有者及产品和服务提供者，那么外国生产要素、产品和服务的进入则会在本地产生一定程度上的替代。20世纪70年代日本汽车大量出口美国，使美国本土汽车销量显著下滑，造成美国汽车生产企业经营困难，工人失业。17世纪时，物美价廉的印度纺织品畅销英国，给英国相关行业带来很大冲击。但工业革命爆发后，英国机器生产的纺织品大量出口印度，使当地织工大批破产甚至饿死。尽管美国、英国和印度的消费者从物美价廉的进口产品中获益，但进口产品对当地产业和就业的影响显然是负面的，这是全球化带来的替代效应的体现。

按照国际贸易理论，一个国家应该进口不具有比较优势的产品和生产要素，但这一进口是产生互补效应还是替代效应，取决于在封闭条件下，国内供给满足国内需求的能力。国内供给满足国内需求的能力越弱，进口带来的互补效应就越强；国内供给满足国内需求的能力越强，进口带来的替代效应就越强。如果国外供给能力在数量上大于国内需求，且相对于国内供给存在质量或价格优势的时候，完全替代国内供给也是可能的。

例如，19世纪中叶美国修建西部铁路和淘金热时期，因为缺乏劳动力，曾经从中国输入大批劳工，有力地支撑了相关项目和产业的发展，这时候中国工人的到来显然是发挥了互补效应。但是到后期，中国劳工的不断增加开始威胁到美国本土工人的生计，替代效应逐渐压倒了互补效应，最终美国出台了歧视性的《排华法案》，驱赶华工。再如，18世纪的英国农业非常发达，农业革命为后来的工业革命奠定了坚实的基础。进入19世纪以后，来自欧洲大陆以及新世界的粮食价格优势日益明显，因为其替代效应很强，影响了本国地主的利益，英国一开始限制外国谷物的输入。但随着自由贸易理念占据上风，英国废除了《谷物法》，最终英国粮食主要依赖进口，国内生产大幅萎缩，当初的替代效应已经转化为现在的互补效应。

若一个国家某种要素相对丰裕，在密集使用该要素的产品上具有比较优势，该国应该出口这种要素或是产品。但如果这种要素投入处于规模报酬递增阶段，互补效应仍然发挥主要作用，而不会产生替代效应，则该国也会进口这一要素。发达国家高科技人才相对于发展中国家更多，但由于许多高科技产业和相关人才的投入存在规模报酬递增，发达国家仍然积极输入高科技人才。

尽管本国的生产要素和相关产业有可能被进口替代，但总体上国家的福利仍然是增加的。一方面，消费者的需求得到更好的满足，因为进口会从供给质量、价格以及多样性方面带来好处。另一方面，不具备比较优势的要素和产业被淘汰，本国的专业化与分工能力进一步提升，参与国际竞争的能力增强。这两方面的收益足以抵消部分生产要素和产业被替代的损失。理论上讲，全球化的获益者可以拿出自身收益的一部分补偿受损者，实现"帕累托"改进，但在现实中，受益者有时候不好识别，或是识别后难以建立有效的转移支付机制。

米什金（2007）认为，除了产品和服务之外，生产要素也可以在全球范围内进行布局和流动。这是因为，产品和要素流动是可以相互替代的。任何一种产品和服务，都是生产者通过一定生产技术将不同生产要素组合而成。进口一种产品，等于是进口了蕴含在产品之内的生产要素。进口农产品，等于是进口了生产农产品所必需的土地和水资源；进口劳动密集型产品，等于是进口了劳动力；进口资本密集型产品，等于是进口了资本。因此，一个国家既可以出口密集使用本国富裕生产要素的产品和服务，进口密集使用本国稀缺生产要素的产品和服务，也可以选择直接出口或进口相关生产要素。

不过，在现实中，不同生产要素的跨国流动性是不一样的。土地基本上是无法流动的，而水资源的跨国流动也受地理条件限制，因此直接进口农产品更加现实。资本流动性强，因此一个国家可以选择进口资本密集型产品，或是吸收资本自己生产。受当前各国移民制度的限制，劳动力的流动性要弱于资本，因此在制成品方面，多数国家也选择直接进口。而在服务业方面，一些劳动力缺乏的国家会选择进口劳动力，如在建筑业和家政服务业。因此，生产要素的全球化同样会产生替代效应和互补效应，下面对此可以做进一步分析。

由于地质条件的不同，矿产资源的分布在全世界分布是不均衡的，在绝大多数情况下，矿产资源的国际贸易带来的是互补效应。而其他一些自然资源特别是农业（农林牧渔）生产所需要的自然资源虽然在不同国家间也有差异，但这种差异要小于矿产资源的分布差异，而且如前所述，这种资源往往是难以贸易的，如土壤、水分、日照等，因此只能进行产品的贸易。农业是第一次产业，世界上所有国家都是从农业社会发展而来，即使是最发达的国家，都会保持一定规模的农业生产，何况当今世界仍然是发展中国家占多数，不少发展中国家农业仍然是主导产业。再加上大部分工业化国家都对本国农业实行保护，因此农产品贸易往往会产生替代效应，而且这种替代效应往往还很强。

自从工业革命之后，资本就成为最重要的生产要素，任何国家要想实现工业化、现代化，都需要资本积累。发展中国家资本相对稀缺，外国资本的到来总体上会带来互补效应。发达国家资本相对丰裕，但由于长期投资往往附着专业知识，且有利于实现规模经济和促进本地就业，因此一样欢迎外国资本流入。事实上，由于发达国家产权保护好，投资机会多，在相当长时期内曾出现发展中国家资本净流入发达国家的现象。[1] 这也是为什么，资本流动主要出现在发达国家之间，资本密集型产品的国际贸易也主要出现在发达国家之间。由于流动性好，在全球化条件下，资本能够得到更好的配置，因此无论是发展中国家还是发达国家的资本拥有者总体上都是赢家。[2]

劳动力是不可或缺的生产要素。任何其他生产要素都必须和劳动力相结合才能进行生产，这是其他生产要素所不具备的特点。不同的产品和不同的技术，决定了劳动要素相对于其他要素在生产中密集使用的程度。在工业革命前，纺织业是一个劳动密集型产业，工业革命后变成资本密集型产业，今天

---

[1] 诺贝尔经济学奖得主罗伯特·卢卡斯曾经问：按理说，发展中国家资本更稀缺，投资回报率应该更高，为什么发达国家资本不流向发展中国家？见 Lucas(1990)。

[2] Milanovic (2016) 的研究清晰地显示，在过去 30 年中，不论是发达国家还是发展中国家，收入最高的 1% 的人群占总收入比重都显著上升。

又成为劳动密集型产业，未来随着智能制造的发展，可能又变成资本密集型产业。正因为劳动的这一特点，当其他要素被替代的时候，和这些要素共同生产的劳动要素也会被替代。如果进口农产品产生了替代效应，首当其冲的是土地的拥有者，但是种地的农民也会受到影响。如前所述，在劳动力缺乏的时候，输入劳动力不会造成替代效应。如美洲、大洋洲因为地广人稀且土地肥沃、资源丰富，曾长时间吸引外来移民，甚至从非洲贩卖奴隶。但在本地居民达到相当规模之后，大规模移民停止了，而技术移民仍然在一定程度上保留。但进口劳动密集型产品，仍然是对本地劳动力特别是低技能劳动力的替代。在工业化时期，被替代的农业劳动力可以转向工业就业，在后工业化时期，被替代的工业劳动力可以转移到服务业就业。由于多数服务业是不可贸易的，在服务业就业本来是可以避免全球化竞争的。但移民的涌入，意味着这部分就业也不再安全。全球化的另一个表现就是基于商务、旅游、留学、就医、购物等原因跨国流动的人员也大幅增加，这部分流动可以看作是服务贸易的一部分，其影响和货物贸易类似。在一定数量范围内，服务贸易可以带来互补效应，超过了这一界限，可能会演变成替代效应。

除了土地、自然资源、资本和劳动之外，技术、知识、信息、甚至企业家精神都可以看作是重要的生产要素，我们可以将这部分无形的投入统称为知识。在新经济时代，知识作为生产要素的重要性日益提高，可能已经超越了其他几种传统的生产要素。由于知识具有规模报酬递增的特性，知识的全球化带来的基本上都是互补效应。绝大多数国家都欢迎知识的传播，以及蕴含着知识的资本和人才。

米什金（2007）认为，短期资本的跨国流动是全球化的重要标志之一，甚至有人认为，金融全球化是全球化的高级形式。但长期以来，许多发展中国家饱受"热钱"大规模进出引发的金融危机之苦，这也是部分发展中国家反对全球化的重要原因之一。约瑟夫·斯蒂格利茨（2011）、丹尼·罗德里克（2011）认为，尽管美英等发达国家长期积极倡导和推动金融全球化，但迄今为止的证据都显示，短期资本的自由流动带来的收益很小，潜在的危害却很大，其积极作用远不能和其他生产要素的全球化配置相比。这里，互补和替代效应就谈不上了。

全球化除了经济影响之外，商品、人员、资本、信息的流动也会产生社会影响，包括不同文化的冲击。在一定程度上，外来文化对本地文化也会产生互补和替代效应，互补效应受欢迎，替代效应受排斥。文化蕴含在有形的产品和服务中，也蕴含在无形的人员和信息的流动中。例如，麦当劳和好莱坞电影在一定时期和一些地区曾经受到欢迎，也有可能在同一时间的其他地区或是同一地区的其他时刻受到抵制。受欢迎和被抵制的往往不仅仅是麦当劳这种食品或好莱坞电影这种娱乐产品，而是这些产品中代表的美国文化、美国的生活方式和美国的价值观。今天，随着发展中国家的产品和移民涌入，发达国家的不满，同样不仅仅是因为经济机会的丧失和替代，而是包含着对外来文化的替代效应的警觉和排斥。英国"脱欧"和美国这样一个移民组成的国家开始在边境建围墙，很大程度上也是为此。

## 二 全球化替代效应的不断增强

回顾历史，可以发现随着生产力发展、技术进步和政策调整，全球化就是一个替代效应不断增强的过程。如果我们按照替代效应和互补效应的强弱作为参考标准的话，全球化可以分为三个阶段。第一阶段，从15世纪末期地理大发现开始为标志，到工业革命爆发，这一阶段的全球化基本上是互补效应。第二阶段，从工业革命爆发到第二次世界大战，全球化的替代效应开始显现。第三阶段，是第二次世界大战后至今，替代效应显著增强。

全球化第一阶段应该从 15 世纪末期葡萄牙经非洲开辟亚洲新航线以及西班牙发现美洲新大陆开始。MacGillivray（2006）认为，在此之前，跨洋和跨洲的国际贸易不是没有，如亚洲与欧洲通过陆上和海上"丝绸之路"进行的贸易，但一来美洲和撒哈拉以南非洲地区没有纳入这一贸易体系当中；二来当时的跨洋跨洲贸易并不具有全球化的意图，而西班牙、葡萄牙以及后来的英国、法国、荷兰等国有意识地在全球建立贸易网络，将全世界纳入整体的贸易体系之中。

这一阶段的贸易，基本上是互补性的。西欧国家开辟新航线，一是要打破意大利沿海城市以及阿拉伯商人对东方贸易的垄断；二是要获取欧洲缺乏的香料。在发现美洲新大陆之后，更多的贸易机会涌现，特别是贵金属和农产品。此时无论是欧洲还是亚洲仍然是农业为主的生产方式，在部分经济发达和人口稠密地区虽有一定水平的手工业存在，但受生产能力限制，剩余产品很少，因此互通有无是这一阶段国际贸易的主要特点。替代性的贸易不多，当然也不是没有，如印度向欧洲输出的棉布对英国的纺织业带来了很大压力，导致英国采取了相应的贸易保护措施。此时的贸易政策是重商主义的，鼓励出口，限制进口。但由于互补效应如此强大，重商主义政策未能阻挡全球化的发展。

全球化的第二阶段与工业革命紧密相连。人类首次进入工业时代，生产力出现飞速提升。机器生产代替了手工生产，西方国家的制成品相对于其他地区取得了绝对优势，开始对外输出大量产品。同时，西方国家在全球范围内大肆掠夺甚至通过武力抢占各种矿产资源和原材料，以满足工业生产所需。而交通和通信技术的发展，显著降低了贸易、投资和人员流动成本，全球化出现前所未有的繁荣景象。到第一次世界大战前，整个世界都被纳入西方主导的全球生产和贸易、投资体系之中，世界市场最终形成。

这一时期的全球化，替代效应开始显现。一方面，以西方国家为主建立了全球的垂直分工体系，工业品、资本和移民涌向殖民地并输入大量原材料，这是一种明显的互补作用。另一方面，西方工业产品的输入对部分发展中地区的手工业带来毁灭性影响，只不过由于力量对比的悬殊，发展中国家无法扭转这一不利局面。而交通和通信技术的不断进步，以及老牌和新兴资本主义国家领先地位的交替，也对西方国家之间彼此的产业带来很强的替代效应的威胁。尽管自由贸易的概念在此一时期得到提出并率先由英国付诸实践，但总体而言，实行自由贸易的时间要远远短于实行贸易保护的时间。在第一次世界大战前，技术进步和工业革命所释放的生产力和所降低的贸易成本是如此巨大，保护主义并没有减缓全球化的步伐。但在第一次世界大战后，由于经济不景气和技术进步放缓，贸易保护的恶果终于体现，全球化陷入困境，并最终成为第二次世界大战的导火索之一。

有感于第二次世界大战前贸易保护主义和国际政策协调失败带来的灾难性后果，第二次世界大战后以美英等国为首的西方国家建立了一整套推动自由贸易、金融稳定和经济发展的国际经济体系，这是全球化第三阶段的开始。这一阶段，贸易自由化在理论和政策上取得了主导地位，总体上也被多数国家先后付诸实践。在20世纪五六十年代，人类迎来了有史以来经济增速最快的时期，不能不说上述体系在其中发挥了重要作用。发达国家与发展中国家之间总体上仍然是垂直分工体系，但许多发展中国家采取了"进口替代"策略，没有积极参与全球化。Krugman（1979）认为，发达国家之间的贸易存在一定的替代效应，特别是在日本和联邦德国国际竞争力不断提升以后，但由于垄断竞争和规模经济的存在，替代效应仍在可接受范围之内。

自20世纪70年代起，情况发生了变化。一是布雷顿森林体系的崩溃以及美英等国放松国内管制，使得世界进入了一个金融危机的频发期，全球化尤其是短期资本流动带来的负面影响开始显现。二是交通和通信技术的不断改进，特别是互联网信息技术的广泛运用，使得产品、资本、人员和信息流动成本进一步降低，流动速度进一步加快，跨国公司主导建立的全球生产链逐步形成，公司内贸易和产品内贸易重要性不断增强。三是以日本以及"亚洲四小龙"为代表的新兴经济体实施"出口导向"策略取得成果，其他发展中国家也先后实行对外开放政策，参与到全球分工体系当中。上述因素使得全球化的替代效应显著增强。

其中最主要的替代效应是发展中国家劳动对发达国家劳动的替代。部分发展中国家有丰富的自然资源，和其他发展中国家与发达国家的贸易均是互补关系为主。而另一部分发展中经济体劳动力资源丰富，它们融入全球分工体系之后，以出口劳动密集型产品为主，而由于全球生产链的出现，它们甚至可以从事资本或技术密集型产品中的劳动密集环节。这方面竞争力最强的先是"亚洲四小龙"，然后是东南亚国家以及中国。东亚经济体劳动密集型产品的优势不仅对发达国家的低技能劳动力造成了替代，而且对其他发展中国家的低技能劳动力也造成一定替代。Scott（2015）认为，本来，发达国家制造业流失的低技能劳动力可以转向服务业就业，特别是不可贸易的生活服务业，但这些服务业的工资一般都低于制造业，而且这部分就业机会也因为来自发展中国家的合法与非法移民的涌入而逐渐减少。在这种情况下，发达国家低收入和中等收入的劳动者成为反全球化的新生力量，并且爆发出强大的政治影响力。

需要说明的是，尽管本轮全球化带来了巨大的替代效应，特别是对部分发达国家的劳动力带来了替代效应，但这并不意味着这些国家的整体利益受损。实际上，全球化带来的福利改善仍然是成立的。发达国家资本、技术和高端人才相对丰裕，这些要素流动性比其他要素更强，恰恰是本轮全球化的最大受益者。何况，当前的国际经济秩序由发达国家所主导，它们建立的规则往往都有利于其自身。比如说，很多发展中国家农业具有比较优势，但农业是多数发达国家保护最严重的部门，因此全球化的好处并没有惠及这部分发展中国家。此外，美英为首的发达国家力推金融全球化，从中获取巨大利益，却给很多国家带来了金融危机。

因此，发达国家整体上依然是全球化的获益者，只不过其收益在内部没有合理分配和使用。理论上而言，让全球化的受益者补偿受损者，实现帕累托改进，这是应该的，也是必要的。政府可以通过税收、强化社会安全网、投资基础设施和公共服务等方法，让全球化的受损者，特别是失业的劳动者有所保障，并获得重新就业的能力和机会。但美国和英国信奉自由放任的政策理念，反对政府对经济、社会发展做过多干预，因此在这方面做得不够。[1]此外，美国为了维持自己作为唯一超级大国的霸权地位，多次发动对外战争或进行武力干预，也挤占了本可以用于提升公共服务和加强社会安全网的财政资源。

此外，Fajgelbaum and Khandelwal（2016）认为，所有国家的消费者都从更多的进口产品和服务中获益，而且，有研究表明，低收入群体从更便宜的进口产品中获益最大。但具体到个体而言，物价再低也不能弥补因失业带来的收入损失。由于消费者更分散，获益也更分散，而失业者集中，受损也集中。在这种情况下，反全球化的力量更容易动员，其影响也就更大。例如，Lincicome（2016）认为，美国对糖种植业的保护相当于使美国消费者每年损失

---

[1] 由经济合作与发展组织（OECD）实施的国际学生评估项目的数据显示，2012年美国15岁学生的数学素养在OECD33个成员国中排第28名，科学排第20名，阅读排第17名，英国分别是第19、13和16名。OECD 2013年的一项研究显示，发达国家中向上社会流动性最差的就是英国，倒数第二差的就是美国。

35亿美元，平均到每个美国人身上是11美元。如果美国政府撤除这一保护，美国四千多家甜菜和甘蔗农场可能因此破产。农场主为了保住饭碗，有很强的动力组织起来要求继续保护。而美国的消费者则基本上没有什么动力为了节省11美元组织起来支持糖的自由贸易。

劳动作为一种生产要素是抽象的，但在现实中其拥有者是活生生的人。对于大多数中低收入群体而言，劳动仍然是最主要的谋生手段。一个劳动者一旦失业，不仅本身生计会成问题，整个家庭也有可能陷入困境。虽说失业之后可以再就业，但劳动者原有的技能可能无法适应新的工作岗位，收入水平也会因此下降，特别是年纪较大、学历较低的劳动者学习新技能再就业往往比较困难。尽管发达国家的社会安全网已经比较健全，但仅仅依靠社会保障难以维持工作带来的体面生活。[1]即使有工作的人，面临进口产品和移民的竞争，就业机会也受到威胁。因此，因全球化而被替代或面临替代威胁的劳动者成为反全球化的主力也就不足为奇了。

在发达国家，由于实行代议民主制，劳动者可以通过投票选举反全球化的政治家来实现自身的诉求。而全球化的受益者，如资本的拥有者和知识精英，尽管可以通过操纵舆论和提供资金来影响选举结果，但他们毕竟是少数，在一人一票的制度下，如果受损者是多数，受损者将会取得胜利。这就是美国哈佛大学教授丹尼·罗德里克所提出的国家主权、民主政治和深度参与全球化的三角悖论，即三者不可兼得。一个国家如果想保持民主政治和国家主权，就不能深度参与全球化；或是一个国家想要保持民主政治并深度参与全球化，就不得不让渡国家主权；或是想维持国家主权，又想参与全球化，那就不能实行一人

---

[1] 美国的劳动参与率在2000年达到67.3%的历史最高水平后一直下降，当前只有62.9%。尽管危机过去8年，美国的长期失业率仍显著高于历史平均水平。关于失业对劳动者的长期影响，参见Applebaum（2012）。

一票的民主制。罗德里克认为，对于西方国家而言，民主制是不可动摇的，因此只能在国家主权和全球化之间进行权衡。英国为了拿回加入欧盟时让渡的国家主权，毅然选择"脱欧"。同样，特朗普退出TPP，在边境修围墙，也是要实现"美国优先"。

因此，全球化实际上就是一个替代效应不断增强的过程。之所以到现在爆发出来，一方面，是因为量变导致质变；另一方面，是因为过去经济繁荣时期，创造出来的新增就业机会可以吸纳因全球化受损的群体，而国际金融危机后，发达国家经济低迷，新增就业机会减少，已经不足以弥补全球化的替代效应。回顾历史可以发现，经济不好的时候，贸易保护主义最容易抬头。19世纪70年代以及20世纪30年代贸易保护主义的全面上升，都与当时西方国家的经济和金融危机有直接关系，今天也是如此。事实上，中国参与全球化同样面临替代效应，同样存在受损者，但因为改革开放释放的增长潜力足以弥补这些损失，所以反全球化并未成为主导力量。如果有一天，中国经济增速显著下降，参与全球化造成的替代效应更加突出，反对开放的声音就会越来越强。

## 三 回归互补型的全球化

如果上述分析是成立的，那么全球化调整方向就比较清晰了，那就是从替代型的全球化回归互补型的全球化。带来互补效应的全球化还会坚持，因为全球化带来的好处还是很明显的，没有人会完全关紧国门，走向封闭和孤立。但是，产生替代效应的全球化政策可能会被收紧，尤其是对劳动替代效应强的政策都会出现某种程度的调整。不同国家要具体情况具体分析。

以美国为例，其农业有一定国际竞争力，将会成为未来美国打开其他国家市场的重要领域，美国政府也会继续补贴和支持这一行业。而美国不会对自然资源的贸易作太多限制，因为总体上互补效应仍占主导地位。而在制造业，美国会采取更多的贸易保护措施，以维护和扩大就业。比如说，对进口产品征边境税，迫使其他国家汇率升值，惩罚将本国工厂搬迁到海外的企业等，同时吸引资本回流和欢迎外来投资。在服务业，可贸易部分美国有较强国际竞争力，美国将继续要求其他国家开放市场。不可贸易部分，为维护本国就业，将采取严格限制移民的措施。但是，美国会继续吸引高端人才，因为其互补效应仍然明显。为什么特朗普退出TPP，但却提出今后以双边自由贸易协定为主？因为在多边贸易协定中，为了降低谈判成本，兼顾多方利益，必须建立统一的贸易规则和框架，缺乏足够的灵活性，单个国家的利益难以完全体现。而在双边贸易协定中，无论是在贸易伙伴的选择上，还是在具体领域的开放上，双方都可以最大限度地发挥互补效应，减少替代效应。

英国体量比美国小很多，农业和制造业都不发达，因此非常依赖国际市场。这就是为什么英国虽然"脱欧"，但将继续维持和欧盟国家的自由贸易关系。同美国类似的是服务业，英国将继续推动金融全球化，但将严格控制移民。在此基础上，英国提出成为"全球的英国"，意味着该国将和欧盟之外的其他贸易伙伴积极开展双边合作，甚至是自由贸易关系，其目的同样是要最大化互补效应，最小化替代效应。法国大选中，极右翼候选人勒庞的竞选纲领也类似，如关闭边界，退出欧元区等，目的也是要拿回国家主权。

但是，上述措施是否真能达到理想的效果存在很大不确定性。这是因为，逆全球化违背经济规律，即使短期内能取得一定效果，但长期内将损坏经济效率，最终可能无法持续。而且，贸易保护会导致贸易伙伴采取贸易报复，上述措施的效果也会大打折扣。总体而言，贸易保护是治标不治本，要想真正解决全球化带来的替代效应及其他一些不利影响，可能需要建立全球化受益者对受损者的补偿机制，确保全球化能惠及最广大的人群，使全球化能健康、可持续地向前发展。在一国之内，识别全球化的受益者，以及建立和执行补偿机制，只能是具有立法、执法以及在不同群体之间实行转移支付能力的政府来完成。具体的做法可以是根据受益者参与全球化的程度和获益情况征税，当然，这种征税必须考虑可行性的问题。比如说，对国内企业的对外投资额以及海外投资收益征收一次性总赋税，[1] 对短期资本流动征收托宾税，对出入境旅客和移民征收离境税或入境税等，力争实现"谁获益、谁付费；获益多、付费多"的原则。正如税收是为了维护一个文明社会所付出的代价一样，对全球化活动征税，也可以说是为了让全球化收益在更大范围内的共享并因此获得更广泛的支持。[2]

对全球化的受损者可以采用普遍和特定两种方式予以补偿。普遍方式指的是普惠性政策，但客观上使受损者获益。一方面，政府应该加强有利于人力资本提升的公共服务，比如说教育，包括基础教育、职业交易和高等教育，还有培训，如失业培训、在职培训等，建立终身学习系统，提升国民素质，使其能更好地适应全球化竞争。另一方面，加强社会安全网建设，使得全球化竞争的失利者有所依靠。特定方式指的是仅针对全球化受损者给予的补偿措施。这里需要建立一个专门机构，对全球化受损者身份、受损事实和受损程度予以认定。基本上每个国家都有劳动仲裁和贸易仲裁机构，适当改造就可以成为履行这一认定职责的机构。一旦认定，既可以在上述普惠性政策中叠加对全球化受损者的支持，如培训和失业救济时限可以延长，也可以将从全球化受益者中征税所得成立专门基金，直接对受损者予以现金补偿。此外，常规贸易救济手段

---

[1] 比如说，皮凯蒂（2014）曾提出要对资本征税以消除收入不平等，但由于资本的跨国流动性强，他又认为单个国家这么做只能是个"乌托邦"。因此，美国特朗普政府最近提出的对美国企业海外投资征收一次性总付税的做法似乎更加可行。

[2] 即使是全球化最坚定的捍卫者之一，美国哥伦比亚大学教授贾格迪什·巴格沃蒂也很早就提出，要对发展中国家外流的高技术移民征税，以补偿这些国家的损失。见 Bhagwati(1976)。

也可以合理运用。需要说明的是，补偿不是补贴。全球化竞争的失利者获得补偿的另一个前提条件是不得从事原来的工作，否则补偿就变成补贴没有竞争力的劳工或企业，这是必须反对的。

不同国家，可以根据自身比较优势、发展阶段、政治体制，确定参与全球化哪些方面产生了互补效应，哪些方面产生了替代效应，互补效应是否应该鼓励，替代效应是否需要建立受益者对受损者的补偿机制。对于多数国家而言，资本和高技能劳动力是全球化受益者，而且存在互补效应，特别是长期投资和专业人才，对于这两种要素流入会继续鼓励，对流出可以征税，用于补偿中低技能劳动力被全球化替代的损失。对中低技能劳动力的流入应通过行政、法律和经济手段加以控制，除非是劳动力缺乏的国家。发展中国家对于短期资本流入和流出仍然要加以管控。

如在自然资源、初级产品领域有比较优势的国家，参与全球化互补效应显著大于替代效应。但从长远来看，资源可能会有枯竭的那一天，因此应善用资源收入，除了做好投资实现资产保值增值，应大力投入公共服务，提升人力资本，吸收外国资本和高端人才，发展初级产品加工业和现代服务业，提升产品附加值，塑造新的国际竞争力。如果是农业领域有比较优势的国家，还应该敦促其他国家开放农产品市场，减少对农业的补贴等。而对于在中低技能劳动力具有比较优势的发展中国家而言，参与全球化可以吸引资本和技术，同时扩大就业，提高收入，因此也是互补效应大于替代效应。

全球化调整的幅度还取决于技术进步和经济增长的速度。Bernstein（2009）认为，如果交通和通信技术能够出现重大突破，大幅降低全球化的成本，那么贸易保护的作用会被抵消，替代效应仍然会不断增强。如19世纪末期主要发达国家纷纷采取贸易保护主义措施，关税水平大幅上升，但由于同期爆发了第二次工业革命，交通运输成本显著下降，抵消了贸易保护主义带来的不利影响，因此全球化仍然实现了大发展。同样的道理，如果今天人类发明了新的交通运输工具，从北京到纽约的飞行时间从十二个小时下降到两个小时，那么再严格的移民政策也挡不住人员的跨国流动。目前，有不少人在讨论新一轮科技革命和工业革命的可能性。总体而言，Baldwin（2016）认为，交通技术还没有显示出革命性的前景，而信息技术仍然在不断发展，智能制造、3D打印、虚拟现实等技术的发展有可能强化全球化的替代效应，特别是在原来一些不可贸易的服务业部分。但是，上述技术在制造业的应用有可能提升发达国家在这方面的竞争力，缩短全球供应链。因此，信息技术进一步发展对全球化的总体影响还不确定。

当经济不景气的时候，贸易保护主义更容易抬头，而在经济繁荣期，对全球化的反对不会那么强烈，因为进口竞争带来的压力可以在一定程度上被国内的经济增长所抵消。在短期内，经济增长会呈现周期性的波动，国际金融危机爆发至今已逾10年，不排除当前世界经济出现周期性的复苏。但从长期来看，经济增长取决于技术进步。尽管当前信息技术发展很快，但Gordon（2016）认为，总体上技术进步的速度在放慢，信息技术革命对经济增长的作用远远不能和第一次工业革命与第二次工业革命相比，因此，西方国家将陷入长期的低增长期。如果这种判断是正确的，那么回归互补型全球化的趋势仍然成立。

回归互补型全球化，意味着第二次世界大战后建立的全球经济治理体系也会出现调整。布雷顿森林体系建立的多边国际机构如世界银行、国际货币基金组织、世界贸易组织的作用将会进一步弱化。国家主权将重新获得尊重，大国协调将成为解决国际事务的主要机制。多边贸易谈判已经多年没有取得进展，今后可能也很难取得突破。在美国退出TPP和英国脱欧之后，区域贸易自由化进程也会放缓。在互补效应明显的贸易伙伴中，区域和双边贸易和投资的自由化还有可能。对金融全球化的支持会越来越弱，对跨国移民的控制将日趋强化。

在这种情况下，中国提出的"一带一路"倡议有可能为全球化的发展注入新的动力，并成为引领未来全球化发展的新方向。首先，"一带一路"倡议是一个开放的系统，所有国家和地区以及国际、地区组织均可参与，这和一些排他性的机制形成鲜明的对比。其次，"一带一路"倡议不刻意追求强制性的制度安排，不单方面设立时间表、路线图，而是从项目合作出发，逐步夯实合作基础，沿线国家可以根据自身需要，灵活选择加入的时间、领域和方式，为实现"一带一路"建设的目标而共同努力。最后，"一带一路"倡议不以贸易和投资自由化为单纯目的，而是致力于弥补发展短板，提升增长动能，为全球和区域经济发展做贡献。可以说，"一带一路"倡议这种开放、务实、包容、共赢的国际合作模式最大限度地发挥了全球化的互补效应，因此在提出来之后，获得了许多国家和国际组织的热烈响应。

近40年来，中国抓住了这一轮全球化的契机，积极参与全球分工，不仅从外部获取了宝贵的资金、技术、人才和市场，也有力地促进了国内的体制改革和经济发展。总体而言，中国参与全球化产生的主要是互补效应，替代效应当然也存在，但由于中国自身存在的比较优势、后发优势和规模优势以及政府坚定不移地融入全球经济，这些替代效应更多地起到了对中国发展的促进作用，即使有负面影响，也因为经济的飞速发展而不显。毫无疑问，中国从参与全球化中获得巨大收益，但随着中国从"世界工厂"转向"世界市场"，并成为净对外投资国，我们也为全球化和全球经济发展做出了巨大贡献。

面对全球化可能出现的调整，我们要认清这一变化。在生产力发展和技术进步的作用下，全球化向前发展的大趋势是不变的，但在一定时期内出现调整也是正常的。要充分认识到全球化调整可能对我们产生的不利影响。一方面，发达国家不再积极推动全球化，削弱了对这一全球公共产品的提供和维护；另一方面，发达国家是中国参与全球化的重要伙伴，其政策调整直接影响中国参与全球化的收益。对此我们要做好准备。

但是，我们仍然要坚定信心。一方面，我们不怕封闭。全球化的倒退是多输，没有赢家，但受资源禀赋和技术条件限制、更加依赖于国际市场的小国损失更大，而像中国这样国内市场需求大、产业门类齐全的国家损失相对小，美国这样的大国也同样如此。如果全球化真的出现大幅倒退，中国是最有条件适应这一变化、将损失减到最小的国家之一。另一方面，我们更不应该惧怕开放。不能因为我们对国际市场依赖相对较小，内部回旋余地大，就可以对全球化的退潮和调整无动于衷、无所作为。自助者，天助之。习近平总书记在2017年达沃斯世界经济论坛上指出，中国将坚定不移地推进对外开放，更深更全面地融入全球经济当中。过去近40年的实践表明，越开放，中国就越发展，国际竞争力就越强。事实上，由于中国的开放远远没有到位，进一步对外开放将更多地给我们带来互补效应。即使存在替代效应，我们也能够像习总书记所言，"在游泳中学会游泳"。

最后，我们要顺势而为。第一，在国际贸易谈判中，守住多边贸易体系，维护世界贸易组织权威；争取促成亚太地区的区域内贸易自由化；加快推进双边的贸易和投资自由化安排，特别是中美投资保护协定的签署。第二，力保货物贸易自由化，必要时，可以在某些领域主动开放，以"开放换开放"。第三，加大服务业开放力度。第四，继续坚定不移地吸收外商直接投资，并支持中国企业走出去。第五，加强对短期资本流动的管控，必要时开征托宾税。第六，加大力度吸引高技术人才，对于低技能劳动力的输入，应在保证国家安全、社会稳定的基础上严格限制，对于非法滞留的境外人士应依法清理。第七，以"一带一路"倡议引领中国新一轮对外开放乃至全球经济治理。

# "逆全球化"现象的实质与应对

文 / 高飞[1]

## 一 从"反全球化思潮"到"逆全球化现象"

"全球化是政治的、技术的、文化的以及经济的全球化",而且它使我们所生活的社会组织发生了巨变,影响着生活于其中的我们的方方面面,甚至可以说"它是我们现在的生活方式"。然而,全球化也是一把双刃剑,它在全球范围优化资源配置、促进经济增长、传播新技术新文化,但也冲击着传统经济模式、侵蚀传统文化、威胁社会稳定。

自20世纪90年代以来,反全球化的声浪就不断涌现,代表作如《全球化的十大谎言》《全球化与现代资本主义》《全球化的陷阱——对民主和福利的进攻》《全球化的威胁》《全球化及其不满》《资本主义全球化的疯狂逻辑》《不纯洁的全球化》《全球化冲突》等,它们批评了全球化带来的负面效应。时任联合国秘书长安南在2000年4月发表的《千年报告》中指出:"很少有人、团

---

[1] 高飞:外交学院外交学与外事管理系教授、博士生导师。

体或政府反对全球化本身。他们反对的是全球化的悬殊差异。"

第一，全球化的好处和机会仍然高度集中于少数国家，在这些国家内的分布也不平衡；第二，最近几十年出现了一种不平衡现象：成功地制定了促进全球市场扩张的有力规则，并予以良好实施，而对同样正确的社会目标的支持却落在后面，无论是劳工标准，还是环境、人权或者减少贫穷。更广义地说，全球化对许多人已经意味着更容易受到不熟悉和无法预测的力量的伤害，这些力量以迅雷不及掩耳的速度造成经济不稳和社会失调。甚至在最强大的国家，人们不知道谁是主宰，为自己的工作而担忧，并担心他们的呼声被全球化的声浪淹没。如吉登斯在《失控的世界》所说，全球化带来了"新问题和紧张感"。

随着全球化进程不断加快，反全球化的浪潮也不断高涨。1999年11月30日到12月初，美国西雅图发生了举世震惊的示威运动，开启了大规模反全球化示威的先河。2001年6月9日，世界社会论坛国际委员会在巴西成立，反全球化运动本身开始走向"全球化"。2002年，在西雅图反全球化风暴中成名的杰里·曼德和他创建的全球化国际论坛出版了一部《经济全球化的替代方案：一个更好的世界是可能的》，集中系统阐释了他们对全球化的理解。从政治立场上看，反全球化力量有左翼、右翼、自由主义者，也有保守主义者，有各地的工会组织，也有无政府主义者、社会主义者、生态主义者、女权主义者、和平主义者，等等。由此可以看出，人们经常使用的"反全球化运动"只是一个现象，它既没有坚实的反全球化内核，也不是单一的运动。

全球金融危机爆发以后，"反全球化运动"逐渐发展成为"逆全球化现象"，从民间走向政府，其思想和主张在一些发达国家成为政府的政策，这一变化不是偶然的。

第一，在一些国家内部，全球化加剧了贫富差距，富者愈富、贫者愈贫。诺贝尔经济学奖得主施蒂格利茨曾撰文批评美国社会阶层的严重分化现象，认为其"1%的人所有、1%的人治理、1%的人享用"。根据瑞信研究院发布的2016年度《全球财富报告》，全球财富金字塔底层的35亿成年人人均拥有的财富不到1万美元，这个群体拥有的总财富仅占全球总财富的2.4%。而3300万的百万富翁仅占全球成年人口的0.7%，却拥有着全球45.6%的财富。2016年麦肯锡全球研究所的报告指出，过去10年来，全球25个发达经济体中，70%的家庭5亿多人口收入下滑。中产阶级的"崩塌"改变了橄榄形的社会结构，年轻人和穷人缺少了机会和希望。据有关统计，现在世界基尼系数已经达到0.7左右，超过了公认的0.6"危险线"，主要发达经济体贫富差距也在加大。富者愈富、贫者愈贫，马太效应显现推动了民粹主义情绪蔓延。

第二，在全球层面，全球化使得资本摆脱了民族国家的控制，在全球范围内优化资源配置。由于经济发展水平、资源禀赋、技术经验、产业结构的不同，一些国家和地区处于全球化进程的优势地位，另一些处于从属或"边缘"地位，发展不平衡的现象日益显现。2015年卢森堡的人均年GDP达到10.1万美元，而布隆迪的人均GDP仅为277美元，二者相差近365倍。新兴大国同发达国家的经济差距在缩小，但新兴国家同后进的发展中国家之间的差距却在拉大，造成发展中国家内部的分化。一些国家经济快速发展，而另一些国家由于种种原因沦为"失败国家"。

第三，从观念层面来看，全球人口加速流动进一步触发众多群体的认同危机。全球化不仅仅是商品的自由流动，也带来意识形态、观念和文化的摩擦和冲突。以美国为首的西方发达国家通过全球化输出其民主、自由、人权等价值观。在欧洲国家，移民族群难以融入欧洲本地社会，恐怖袭击频仍，右翼排外势力抬头。中东等地区和国家的部族、教派矛盾日趋严重，宗教极端主义蔓延。美国等西方国家同伊斯兰世界的矛盾加剧。"文明的冲突"如同自我实现的预言，以不同形式不断呈现出来。

第四，从传播手段来看，社交媒体迅猛发展，草根阶层大规模卷入高层政治，改变了传统政治生态。困扰世界的很多问题并不是经济全球化造成的，然而信息技术无疑连接和放大了分散和既存的问题。网络成为社会舆论的放大器，它既加强了教派、族群、国家内部的向心力，也加剧了社会里思想的分化和群体分裂。形形色色的民族主义、民粹主义和极端主义思潮通过网络迅速传播扩散，冲击着传统的政治逻辑和国家权力界限。在矛盾被放大的同时，许多传统的路标不复存在，许多人不得不接受陌生的规则，焦虑情绪加大。

客观来看，信息技术革命和全球自由贸易是推动过去一轮全球化的主要动力，两者在推动世界经济成长的同时，也加剧了财富分配的差距。当世界经济处于下行期时，全球经济"蛋糕"不易做大，增长和分配、资本和劳动、效率和公平的矛盾就会更加突出，反全球化的呼声更加明显。在反全球化思潮的冲击下，发达国家的公众把对现实的不满归咎于社会精英的背叛、外来移民和发展中国家的崛起。发展中国家的公众将社会不公问题归咎于美国等西方国家的压制和腐败。以反对全球化分配不均、反对维护现存的国际金融和贸易秩序、反对以跨国公司为代表的全球资本主义等为目标，民粹主义、民族主义以及宗教极端主义汇集成全球化的逆流，开始强烈冲击原有的国家和世界秩序。

## 二 逆全球化现象的实质

反全球化思潮的产生和逆全球化现象出现在主要西方国家政府层面不是偶然的。逆全球化的实质是国际治理制度的危机，是反全球化思潮在国际政治经济层面的反映。"冷战"结束后，全球化成为世界经济增长的重要引擎，推动了世界各国的发展进步。然而，随着全球化进程的不断深入，国家之间的相互依存不断加深，全球性挑战不断增多，治理机制与国际国内发展需求的差距不断加大。

在全球化的推动下，过去20年全球财富从1996年的16.6万亿美元增加到2015年的58.7万亿美元，增长了4倍。根据联合国统计数据，全球极端贫困人口从1990年的19亿降至2015年的8.36亿，超过预期减半的目标。总的来看，全世界的中低收入阶层在全球化条件下境遇改善，说明经济全球化整体上是有益的。在全球的财富总量迅速扩张的同时，国际的各种合作机制也得到空前发展。1992年，旨在推动资本自由流通，建立欧洲统一市场的《马斯特里赫特条约》正式签署，1999年欧洲统一货币欧元诞生。伴随北美自由贸易区和东盟一体化进程的推进，在北美和东南亚等地区的区域合作进程也明显加快。1995年涵盖货物贸易、服务贸易以及知识产权贸易的世界贸易组织取代关贸总协定（GATT）正式成立，中国和俄罗斯分别在2001年和2012年成为世界贸易组织成员，世界贸易真正成为全球贸易。跨区域的国际经济合作步伐也显著加快，1995年至今，全球跨区域经济合作自贸协定从38项增加到282项。全球化是人类社会发展的必然趋势，代表着世界前进的方向，"把困扰世界的问题简单归咎于经济全球化，既不符合事实，也无助于问题解决"，明显开错了药方。逆全球化问题的核心是全球治理机制的失灵。

全球治理机制失灵是指国际规则体系不能有效实现治理，导致全球层面秩序紊乱的现象。全球化使生产要素在全球范围得到优化，推动权力重新分配，导致一些国家内部的社会阶层开始重新分化，国际权力加速转移。与此同时，在全球化的条件下，国家间相互依存日益加深，全球性挑战也不断增多，对全球治理的需求日益升高，要求对原有的规则和制度进行改革和重构。然而，从全球层面看，全球治理遇到了深刻的制度阻碍，难以对全球财富分配做出新的、有效的制度安排。

在国际经济金融领域，第二次世界大战后建立起来的国际货币基金组织、世界银行发挥着重要作用。"冷战"结束以来，国际金融危机频发，表明原有的制度安排难以适应全球化快速发展的需要，没能反映发展中国家集体崛起的国际现实，既不公平，也不合理，亟须进行改革。2010年国际货币基金组织推动了份额改革，以中国为代表的发展中国家份额有所提升，然而，由于担心改革后新兴市场国家获得更大话语权，美国国会对改革法案一直不予通过，直到2015年改革才得以落实。

在国际安全领域，"9·11"事件以后，恐怖主义成为国际安全的严峻挑战。以美国为首的西方国家，采用"以暴制暴"的方式，借口人道主义干预，拓展自己的利益，世界面临"越反越恐"的局面。2003年美国发动的伊拉克战争最终以失败告终，伊拉克局势至今难以恢复平静，恐怖组织"伊斯兰国"（ISIS）的诞生与伊拉克战争带来的地区创伤密不可分。

在大国关系方面，美国等西方国家希望长期保持在世界经济领域中的主导地位，通过复兴七国集团小圈子，遏制新兴市场国家在世界经济治理舞台发挥更大作用；新兴市场国家则建立了金砖国家领导人峰会机制，通过加强在国际事务中的协调予以抗衡。在政治领域，"冷战"结束后，美国等西方国家坚持"冷战"思维，设定假想敌，把俄罗斯视作地缘政治对手，通过北约东扩和"颜色革命"压缩对手的地缘政治空间；为了保持自己的领导地位，美国极力在亚太地区扮演"离岸平衡手"的角色，通过"制造""介入"和"协调"区域国家之间的矛盾，发挥自己的领导作用。大国博弈不断升温，"新冷战"之声四起。

总体上看，现有的全球治理体系及其相应的制度安排严重滞后，用国际关系的老方法解决全球治理的新问题，常常会带来改革停滞、治理无力、热点频发等问题，并助推了反全球化思潮的兴起，是逆全球化现象出现的根本原因。

## 三 逆全球化的负面效应

作为一种思潮，反全球化在一定意义上是全球化的"安全阀"，有益于推动全球治理机制完善，实现全球化的长期健康发展。同时，反全球化在认识上具有一定片面性，容易导致一些国家政府和民众趋于保守，滑向孤立。作为政府政策，"逆全球化"不仅影响经济全球化的深入发展与合作，也将导致全球增长遇阻。

从15世纪的地理大发现，到19世纪的工业革命，再到21世纪的信息技术革命，西方对于世界经济技术的发展做出了重要贡献，也是全球治理的最早倡导者。然而，必须看到，在推动全球一体化进程中，美国等西方国家不仅通过其资本、技术优势建立经济优势，而且通过国际制度安排，把自身的经济优势转化成制度优势，通过推销西方价值观确立自身的观念优势，以期长久保持自己在全球化进程中的主导地位。

进入21世纪后，随着中国等一大批发展中国家共同崛起，西方的主导地位发生动摇。根据联合国贸易和发展会议的统计数据，从1990年到2015年，发达国家占全球GDP的比重从78.7%降至56.8%，而新兴市场国家占比则由19.0%上升至39.2%。与此同时，从20世纪90年代末开始，强调小政府、公民社会、自由竞争的新自由主义意识形态开始退潮，以此为基础的"华盛顿共识"在全球金融危机的冲击下趋于破产。这一巨大变化使美国等一些西方国家不惜开历史倒车，采取逆全球化政策，以维护自身的既得利益。这些政策包括：

一是采取贸易保护主义，强调本国利益优先。从2008年到2016年，美国对其他国家采取了600多项歧视性措施，仅2015年就采取了90项。在美国的"带领"下，根据全球贸易预警组织的资料库，2015年各国实施的歧视性贸易措施比2014年增加50%,而中国是全球受贸易保护措施伤害最重的国家。在贸易保护主义的影响下,全球贸易已经跌入近10年来的低谷。根据世界贸易组织统计,自2012年以来,世界贸易增速连续4年低于3%,2015年世界贸易额从2014年的19万亿美元大幅降至16.5万亿美元。

二是采用规则修正主义,以制度维护权力。自1648年民族国家体系在欧洲开创以来,"国家利益至上"一直被奉为西方国际关系的圭臬。在他们看来,国际规则本质上是为国家利益服务的。为了应对国际气候变化,1997年12月联合国气候变化框架公约参加国通过了《京都议定书》,2001年3月布什政府以"减少温室气体排放将会影响美国经济发展"为借口,全然不顾国际社会的反对宣布退出《京都议定书》。2017年6月,美国故伎重演,再次退出应对全球气候变化的《巴黎气候协定》。在经贸领域,为了保持自己在贸易领域的优势地位,2009年11月14日,奥巴马政府正式宣布美国将参与跨太平洋伙伴关系协定(TPP)谈判,强调为设定21世纪贸易协定立标准定规则,试图"另起炉灶",绕开或取代世贸组织(WTO)相关规则,打造超越国家主权的资本运作体系。奥巴马总统曾直言不讳,"美国不能让中国等国家书写全球贸易规则,美国应该制定这些规则"。尽管美国特朗普政府上台后已宣布退出TPP,但是脱离多边主义,强调美国第一的政策仍然使人担心美国对待国际规则的功利态度不会改变。

三是摆向政治孤立主义,逃避国际责任。作为西方世界的领头羊,第一次世界大战、第二次世界大战前后,美国国内都曾出现强大的孤立主义思潮。孤立主义思潮近年在美国再度兴起。美国对外关系委员会主席理查德·哈斯在《外交政策始于国内:办好美国国内的事》一书中,系统地阐述了对美国减少国际义务,放弃扮演"世界警察"角色,专注解决国内经济与社会问题的看法。这些看法与特朗普的诸多理念一脉相承,这也可以解释为什么哈斯会频频收到来自特朗普团队的"橄榄枝"。特朗普上台后在美墨边界筑墙、颁布禁穆令、退出国际气候变化《巴黎气候协定》等,一定程度展现出美国新政府政策的孤立主义倾向。如同美国在军事上不负责任的干预一样,美国不负责任地政策收缩也会给世界带来新的威胁和震动。

长期以来,西方国家是全球化的引擎。西方国家出现的"逆全球化"潮流对世界产生的影响不容小觑,一定时期内将成为影响国际关系变化的重要因素。

## 四 全球化趋势与中国的应对

从长期来看,全球化是大势,"逆全球化"只是现象,"逆全球化"实质是平行层面的全球化。尽管国家的本质在全球化时代已经出现了深刻的变化,但国家在促进和维系目前的全球化进程中依然发挥着不可或缺的作用。全球金融危机、国际恐怖主义、气候变化、网络安全、新传染性疾病等新挑战,很难依靠个别国家独自解决。关键是要提高国家的适应力,加速全球治理体系改良,在危机中探索建立以合作共赢为基础的新型国际机制。

改革开放以来,中国主动融入国际体系,已经成为当今国际体系的重要参与者、建设者和贡献者。正因为如此,美欧发达国家因为经济相对衰退而启动的自我保护程序也会影响中国的经济发展。全球权力结构的变化导致领导缺位,放大了发展理念上的差异。在公平、公正、合理的基础上推动全球化进一步发展呼唤中国等发展中国家发挥更大作用。

当前中国已经成为世界第二大经济体,中国经济占世界 GDP 的比重达到 15.5%;是世界第一大货物贸易国,出口市场份额升至 13.4%,并成为世界 120 多个经济体的最大贸易伙伴。中国经济的成功在于将自身的改革与全球化进程联系起来,将中国的发展与国际体系联系起来。全球化进程保证了中国得以通过和平方式获得世界的资金、技术、市场和原材料，是中国实现可持续发展的关键。换而言之，只要全球化的进程不中断，中国改革开放的外部经济支撑就有保障。

在逆全球化大潮面前，中国高举合作共赢的旗帜，主动谋划，积极引领世界变革潮流，在完善全球治理进程中发挥着重要作用。2016年9月的二十国集团杭州峰会提出，推动创新世界经济增长方式，推动完善世界经济金融治理体系，推动重振国际贸易与投资，推动包容和联动式发展，不仅为世界经济指明了方向，而且充分展现了中国参与全球治理的能力和意愿。在2016年11月的亚太经合组织利马会议上，中国直面"逆全球化"浪潮，强调要反对一切形式的保护主义，建设开放型经济，引领经济全球化向更加包容普惠的方向发展。在2017年1月的达沃斯世界经济论坛上，中国领导人明确提出"人类已经成为你中有我、我中有你的命运共同体，利益高度融合，彼此相互依存。每个国家都有发展权利，同时都应该在更加广阔的层面考虑自身利益，不能以损害其他国家利益为代价"，"要坚定不移发展全球自由贸易和投资，在开放中推动贸易和投资自由化便利化，旗帜鲜明反对保护主义"。中国致力于成为世界和平发展的实践者、共同发展的推动者、多边贸易体制的维护者、全球经济治理的参与者和引领者，这不仅符合中国发展的需要，也符合国际社会对崛起中国的期待。

尽管目前的全球化遇到明显的挫折和挑战，但全球化带来的全球治理进程不会中断。2017年2月在国家安全工作座谈会上，中国领导人讲话强调，"世界多极化、经济全球化、国际关系民主化的大方向没有改变，要引导国际社会共同塑造更加公正合理的国际新秩序"。在中国看来，经济全球化是一个客观进程，不以人的意志为转移，尽管面临各种问题，经济全球化仍将持续；世界的多极化本质上是与经济基础相联系的权力转移，世界的权力结构将走向更加均衡；国际关系的民主化代表了世界各国在相互依存的背景下，依靠自身的能力，为应对全球性挑战发挥各自责任的方向。在新的形势下，避免重复别人的错误，中国关键是做好三个"避免"：

一是要避免民粹主义。民粹主义是造成"中等收入陷阱"的根本原因。民粹主义在政治上盲目主张民主化，导致决策效率低下，无法集中力量办事，在经济上支持过度福利化，造成成本高企、生产停滞。因此，既要重视民意，也要积极引导，避免极端化倾向。同时也需要警惕网络民粹主义的蔓延。

二是要避免消极的民族主义。民族主义可以是积极的，也可以是消极的。积极的民族主义对于团结民众，抵御外侮具有重要意义。然而，消极的民族主义过度强调本民族的优越性或历史记忆，通过牺牲其他国家的利益寻求本民族的利益。自明清以来，中国的民族主义常常与"闭关锁国""盲目排外"紧密联系，这些对中国都是有害的。"中国发展绝不以牺牲别国利益为代价，我们绝不做损人利己、以邻为壑的事情"，"中国发展的根本出路在于改革，中国开放的大门永远不会关上"。

三是避免盲目自大。改革开放以来，中国取得的成就是有目共睹的，但是不能因此盲目自大，认为中国可以包打天下。满招损，谦受益。中国当前仍然是发展中国家，参与国际组织和国际机制运作的人才也还很不够，别国的许多发展经验依然值得我们学习和借鉴。在承担国际责任方面，中国依然需要量力而行，依靠学习不断提升自身的能力。"中国无意去领导谁，也无意去取代谁"，中国要的是与世界各国共担责任，合作发展。

解决逆全球化的影响，只能通过完善全球治理予以解决。在美国等西方国家领导力缺位的情况下，中国可以通过积极参与全球治理，在学习中补齐短板。关键是做好以下三个方面：

一是坚持发展是硬道理，坚定扩大对外开放。当今中国正处于新型工业化、信息化、城镇化和农业现代化过程中,"面对复杂形势,最根本的还是要办好我们自己的事情"。国际竞争的实质,是以经济和科技实力为基础的综合国力的较量,要坚持以经济发展为中心,集中力量办好自己的事情,不断增强我们在国际上说话办事的实力。自2008年全球金融危机以来,世界经济诸多领域复苏乏力,国际贸易低迷,全球债务水平攀升,国际金融市场动荡。全面推进和落实创新、协调、绿色、开放和共享五大发展理念,坚持以推进供给侧结构性改革,实现我国经济社会的平衡、包容和可持续发展,中国参与全球治理的基础才会更牢,底气才会更足。同时,要继续扩大开放,坚持"以开放促改革"。目前,中国已经在上海、广东等地设立了11个自贸区,与12个国家和地区签署了《双边自由贸易协定》(FTA)及一个升级协议,并正在谈判8个双边和区域FTA,国内改革和对外开放正在形成深层次的良性互动。

二是坚定合作共赢,树立包容自信的心态。和平、发展、合作、共赢是当今世界的潮流。不能把世界长期发展建立在一批国家越来越富裕,而另一批国家却长期贫穷落后的基础上。中国未来的发展需要统筹国际国内两个大局,继续坚持合作共赢,包容自信和扩大对外合作。2014年8月22日,中国领导人在蒙古国国家大呼拉尔发表题为《守望互助,共创中蒙关系发展新时代》的演讲,提出"中国愿意为周边国家提供共同发展的机遇和空间,欢迎大家搭乘中国发展的列车,搭快车也好,搭便车也好,我们都欢迎"。2015年11月7日,中国领导人在新加坡国立大学发表演讲时再次强调,"中国的发展进程得到周边国家帮助和支持,中国发展成果也为周边国家所分享。中国愿意把自身发展同周边国家发展更紧密地结合起来,欢迎周边国家搭乘中国发展'快车'、'便车',让中国发展成果更多惠及周边,让大家一起过上好日子"。具体来说,中国积极参与全球治理就是要把所谓的"中国威胁"转化成"中国机遇",通过合作成为连接发达国家与发展中国家的纽带,在新型全球化进程中发挥引擎作用。

三是积极参与全球治理，提出中国方案。针对西方发达国家的"卸责战略"，中国倡导并积极推进"一带一路"倡议建设，努力寻求同各方利益的汇合点，得到了国际社会的普遍欢迎。迄今已有100多个国家和国际组织表达了积极支持和参与的态度，中国已同70多个国家和国际组织签署共建"一带一路"倡议合作协议。2016年11月，第71届联合国大会决议欢迎"一带一路"倡议等经济合作倡议，呼吁国际社会为"一带一路"建设提供安全保障环境。

在逆全球化声浪中，"一带一路"倡议不仅开启中国新一轮的改革开放，也推动了世界新一轮的全球化进程。作为负责任的大国，中国在联合国维和、推动世界贸易组织谈判中都发挥了积极作用，成功参与完成了世界银行和国际货币基金组织份额改革，促成签署国际气候谈判《巴黎气候协定》，推动国际互联网等领域的规则制定等。在新的国际形势下，中国积极参与全球治理，引领国际机制的改革和国际新规则的制定，勇于承担与国际地位相匹配的大国责任。更加积极地参与全球治理，将是崛起中国对世界的新的贡献。

总的来看，逆全球化与全球化相生相伴，形影不离。当代世界是一个相互联系、深度依存的世界，解决全球性危机、发展全球正义只能通过多边合作。面对民粹主义和保护主义抬头等问题，在2017年2月的慕尼黑安全会议上，与会人士和观察家普遍表示，维护国际秩序、应对安全挑战，必须坚持多边主义和全球化。全球化的活力来源于竞争，而竞争必须建立在差异上。有差异并不可怕，重要的是国家必须在差异中寻找自己在国际竞争中的比较优势，使差异形成积极的竞争而非绝望的对抗。"历史没有终结"，全球化进程仍将继续。

逆全球化现象恰恰体现了当代世界的全球化进入了"换挡"期，西方发达国家主导的全球化陷入停滞，新兴市场国家推动的"发展的全球化"成为新的动力。以和平发展为导向，以合作共赢为条件，以共商、共建、共享、共管为支撑，新型的全球化正在形成。深入理解逆全球化现象对于我们把握世界大势、完善全球治理，推动完善"发展的全球化"进程，更有力地发挥中国在世界舞台的积极作用具有重要意义。

# 中国与全球化的第三次浪潮
## ——全球人才动态流动与联结

文 / 苗绿[1]

15世纪似乎是一个神奇的历史节点，从西方的哥伦布发现新大陆，到东方的郑和下西洋，航海技术的发展推动了全球货物贸易流动，掀起了全球化的第一个浪潮，在大航海时代之后，货物流动催生了全球化的资本流动。当时，西班牙王室的巨额资金汇聚于尼德兰金融地带，而17世纪荷兰股票市场发展，也是为了支持货物的流动。因而，资本开始流动起来之后，全球化的第二个浪潮开始出现——全球资本流动。

综观人类历史，每一次全球化似乎都比前一次更深入、规模也更宏大。20世纪60年代，美国心理学家米尔格伦提出了著名"小世界原理"，又称作"六度分隔"理论，也即"与任何一个陌生人之间所间隔的人不会超过六个，最多通过六个人就能够认识任何一个陌生人"。可见，随着全球化的发展，人的社会关系开始在全球范围链接，开始从一个个点到面、到线、再到网络，逐渐将

---

[1] 苗绿：博士，博士后，研究员，全球化智库（CCG）联合创始人兼秘书长。

不同国家、地域、民族之间的人内在地链接、联通在了一起，人们的活动领域和交往范围极大地拓宽，人与人的社会关系产生了全球链接。这时，全球化的第三个浪潮——"人本全球化"开始显现……

## 一　中国在新一轮"全球化"下的困境与迷思

2018年，中国的改革开放迎来第40个年头，顺利度过了国际全球化的前两个浪潮。2001年，中国加入WTO（世界贸易组织），调整管理外商投资的《中华人民共和国外资企业法》《中华人民共和国中外合资经营企业法》等政策和法律体系；消除货物流动的壁垒，开放了零售业、电信业、金融保险业、物流业等服务性行业，减少保护措施，降低行业的准入门槛，从而拓展了外商进入中国内地的产业领域。全球化智库（CCG）《中国企业全球化报告2017》研究表明，中国企业对外直接投资流量连续10年持续增长，2016年达到了1701.1亿美元，是2006年的8倍。如今，中国从加入WTO参与世界贸易体系，到成为全球最大外汇储备国、最大贸易国，中国经济开始井喷式发展。

中国参与全球化发展至今，成绩可圈可点。但是否在前两场"全球化"浪潮中占据绝对主动权，还需讨论。多年来，WTO在平衡国际贸易关系，减少贸易摩擦等方面发挥了重要的领导作用，但外界对WTO"边缘化"的质疑声却不绝于耳——随着新兴国家从全球的边缘走向中心，成为国际贸易和世界经济不可分割的一部分，新兴经济体和发达国家存在的不同利益诉求又成了束缚WTO进一步发挥作用的因素之一。从2011年开始的多哈回合谈判之后WTO的发展一直停滞不前，新的发展模式迟迟没有出台。就地区性的自贸协议来看，一直以来，中美两大国长期在跨太平洋伙伴关系协议（TPP）与区域全面经济伙伴关系协定（RCEP）之间博弈，但随着美国退出 TPP，带来了新的发展机遇，日本则抢占先机率先牵头推出了全面进步的跨太平洋伙伴关系协定（CPTPP），中国仍被排除在体系之外，这在一定程度上使得中国在世界经济形势中趋于被动。

总结来看，中国在第一波"货物全球化"中取得了较大优势，成为全球第二大经济体、第一大贸易国、第一大吸引外资国、第二大对外投资国；在第二波"资本全球化"中，我们与西方发达国家棋逢对手，但世界经济形式和格局仍然不太明朗；因此，如同三局两胜的比赛一样，中国是否能在未来全球化发展中赢得先机，关键在于是否能够在第三波"全球化"中占据优势。

## 二 "全球化"学理分析——全球化的研究层面

学术界对全球化宏观理论的系统研究始于 20 世纪 80 年代，90 年代达到高潮，由此各式各样的全球化思潮才开始如雨后春笋一般相继产生——宏观与微观、唯物与唯心、辩证与形而上的精巧构思层出不穷。

20 世纪 70 年代中年后期，世界经济日趋一体化，全球意识不断增强，人们开始用体系的观点来审视整体世界及其各个部分的发展与变化。伊曼纽尔·沃勒斯坦的"世界体系论"研究世界体系历史发展特征与规律的新的发展理论，是全球化理论的前身。加拿大传播理论家马歇尔·麦克卢汉在《传播探索》中提出"地球村"的概念，这被认为是全球化理论的萌芽。此后，安东尼·吉登斯主张"全球化是现代性的后果"，认为全球化是现代性从社会向世界的扩展，是现代性的基本制度特征向全球范围转变的必然结果；罗兰·罗伯森用"全球场域"（global field）来代替通常使用的"全球体系"（global system）提出了"全球化模型"；乌尔里希·贝克用自反性现代化来解答全球化的问题和面临的困境；福山的"历史终结论"认为目前的世界形势不只是"冷战"的结束，也是意识形态进化的终点；爱德华·W.萨义德的东方主义借用福柯的权力理论对西方文化现象进行解构；塞缪尔·亨廷顿认为当今世界冲突的主要根源不再是意识形态或经济因素，而提出"文明冲突论"；哈贝马斯进一步明确地把全球化界定为"世界经济体系的结构转变"。

在全球化的微观理论层面，米瑞姆·仪埃雷兹和埃弗拉特·盖缇在其《一种动态的、多层次的文化模式：从个人的微观层面到全球文化的宏观层面》中提到：社会文化变迁可以从人们日常行为的变化开始，通过个人层面"自下而上"的变迁过程，使得某种文化标准成为共同的行为规范和价值观，进而在文化的宏观层面得以改观。克诺尔·塞蒂纳和布洛格则创新性地提出了全球"微结构"（microstructure）的概念，这种全球微结构体现在：虽然活动主体在地理上存在着遥远的距离，却可以通过某种形式的联系相互关联和互动。

一直以来，国内学者对于"全球化微观视角"的研究只零星见诸跨国界关系网的研究。在《全球联结与地方转型》一书中，学者孙嘉明概括提出了"全球化的微观研究"，开始微观研究关注个人的全球联结。[1]他认为是微观联结把生活在不同国度的人们联系起来，从而产生对地方社会发展的一种重要影响和机制。他在《"人本全球化"：全球化研究的新领域》一文中，给出"人本全球化"的理解——"宏观上人的个体或者集合在全球范围的流动和联结，也即人们各种各样的超越国界、跨越文化和社会关系以及各自生存空间的联系的一种交往和互动过程"。[2]

---

[1] Jiaming Sun,"*Global Connectivity and Local Transformation: A micro Approach to the Effect of Globalization on Shanghai* ", UPA, 2008.

[2] 孙嘉明：《"人本全球化"：全球化研究的新领域》，《探索》2017 年第 4 期。

## 三　人本全球化的具象反映——全球化的微观研究层面

由于全球化，世界日益经历着前所未有的变局。各国在全球化市场的合作与竞争中，催生了一个全球范围的巨大人的流动磁场。在今天的世界，全球移民人口流动，留学生热潮方兴未艾，国际化人才正在全球培养，在全球工作，也被全球争夺，加速全球人口流速……人的关系网开始实现全球链接，人与人的社会联系与交往正在穿越国界、文化和时空的界限，人本全球化的序幕早已铺开。

### （一）全球移民流动图景

互联网、电子邮件、卫星电视、手机等现代通信手段，使全球的互联互通性进一步增强，催生了全球范围人才市场的竞争与合作，带动了日益显著的大规模国际移民现象。移民不仅给移入国带来了人才和资金流，也促进了移入国的就业和消费，激发了移入国的经济多元化和文化多元化发展。随着大规模国际移民现象日益显著，人的迁徙和移居将人的社会联系从一个个点连接成线，在纵横交错链接中，编织成一张人本全球关系网。

在这张网背后，是一场看不见硝烟的全球人才争夺战，各国陆续推行吸引力十足的移民政策，力图在这场战争中抢得先机。美国前总统奥巴马未通过国会，直接颁布"移民改革计划"，针对高技术移民、在美留学的毕业生和企业家提供更多移民机会[1]；2014年，多数美国大学也开始推出了面向中国学生的

---

[1]　美国白宫政府网（http://www.whitehouse.gov/the-press-office/2014/12/16/fact-sheet-president-s-immigration-accountability-executive-actions-thei）。

"移民桥梁计划",帮助中国留学生快速融入美国社会,毕业求职。加拿大"快速移民"计划将有助于引进雇主需要的移民人才,审批时间将缩短到3—6个月,包括联邦技术移民计划、加拿大经验类别、联邦技工移民计划,以及部分省推荐移民计划[1]。新加坡建立了"国民融合理事会",目的在于推动和促进新加坡公民与外来新移民和外国人的融合,鼓励和期望新移民去分享其价值观与经验,以促进共同建设美好家园[2]。法国提出了"支持移民融入与防止歧视纲领"的计划,帮助移民学习法语,颁布禁止移民歧视等28条措施,并设立融入的"部际代表"职务,负责内政部、教育部、就业部等部门工作的协调措施的执行[3];德国部长会议通过新的移民法案。只要在德国生活满八年、正确使用德语、没有严重犯罪记录,自食其力的外国人就能够获得合法居留权;而针对年轻人以及带孩子的家长,只需在德国居住满四年、六年,就能申请获得合法居留权[4]……

2017年12月18日,根据联合国经济与社会事务部在发布的《2017年国际移民报告》,全球目前共有2.58亿移民,比2000年增长了50%。移民占全球总人口比例也从2000年的2.8%增长到目前的3.4%。从移民年龄层面来看,近70%的国际移民处于20—64岁,正处于工作年龄的黄金时期,这无疑弥补了移民目的国当地的劳动力缺口,同时也极大地贡献了税收,促进了文化多样性的发展。

然而,随着世界移民潮流兴起,以及恐怖主义猖獗所激发的社会矛盾,以

---

[1] 《加拿大公布移民新配额 将推出"快速通道"》2014年4月24日,中国新闻网(http://www.chinanews.com/gj/2014/04-24/6101284.shtml)。

[2] National Integration Council 2013年10月16日(http://app.nationalintegrationcouncil.org.sg)。

[3] 《法国拨款助新移民学法语 推移民新政促融入》,2014年2月12日,新华网(http://news.xinhuanet.com/world/2014-02/12/c_126122912.htm)。

[4] 柳阎:《德国酝酿通过新移民法案》,《法制日报》2014年12月9日(http://epaper.legaldaily.com.cn/fzrb/content/20141209/Articel11005GN.htm)。

"保护主义"和"民粹主义"为核心的反移民情绪也有所增长,多数国家开始收紧移民政策,通过提高申请标准来限制移民数量。2017年,新西兰政府以吸收优质移民为目标,将技术移民打分政策从140分提高到160分,2018年又将4.9万年薪调成了硬指标,随着打分系统的改革,新西兰移民政策趋于严格。澳大利亚移民部采取"推动和拉动"的动态机制,便利化临时和永久移民的入境和管制、执法和制裁,取消"457"工作签证,并对雇主担保永居签证的申请条件做出修改,严格把控高技能人才的引进,加强对永久移民申请者的把关和制裁。美国总统特朗普上任后,进一步改革移民政策,除了在投资移民政策上进行调整外,H1-B签证改革将在提倡"留住最聪明、最优秀的人才"的基础上日趋苛刻。

严格打分系统、提高申请条件等一系列的移民紧缩政策,使得西方国家对于移入人口的质量有了更加严苛的把关和限制。此举乍一看上去是限制了"移民潮"的发展,但实则进一步提高了移入人口的素质和质量,成为全球人才争夺战中关键的一环。可见,随着人口全球流动的加快,全球移民也开始产生了新的模式转变——从体量上的大规模迁移进化为质量上的优中选优,这样的变化无疑向我们传播着一个讯号:全球人口流动下产生的人才红利已经成为共识,人本全球化也将随着全球人才争夺战而进一步演进。

### (二)留学群体与全球人脉网络

子女教育是影响人才流动的一个重要因素。教育程度的提高,使越来越多的人能够熟练地使用英语,同时催生了全球另一大流动群体——留学生。2015—2016学年世界八大留学目的国接收国际学生总数达3322792人。其中在美接受高等教育的留学生总数达1043839人,是美国高等教育总学生数的

5.2%，占全球国际学生总量的1/4。[1] 现阶段，国际留学群体已经产生了人口流动的规模效应，与此同时带来了庞大的人才效应和经济效应。

美国英特尔公司政府事务部主任迈克尔·麦巴什曾说过："如果美国的大学造就了世界上最为优秀的人才，那么美国的公司就应该在他们的文凭后面贴上一张绿卡。"2007年，美国政府专门建立了面向理工科博士课程的新的奖学金制度，并从全世界严格选拔和破格录用了第一批约30名留学生，每人每年享受奖学金16万美元，为期5年，学成后将被挽留在美国工作。英国政府也规定全球50所顶尖MBA学院的毕业生，可以直接申请英国高技术人才移民计划。新加坡政府甚至规定，公立政府学院录取的国际学生可接受政府助学金资助，但需要签订毕业后留下来工作数年的服务协议。在德国毕业的国际学生，可以通过申请欧盟蓝卡留在德国工作，来自第三国家的留学生如果在毕业后已获得与专业资格相称的工作但工资收入没有达到欧洲蓝卡的最低要求，还可以申请在德国的临时居住权。

此外，留学生红利资源不仅在于高水平教育下的人才优势，还建立国内外人际关系网。CCG学术委员会专家、香港科技大学中国国际关系中心主任David Zweig教授与同事做过一项海归回国创业的研究，结果显示19%的海归在海外拥有自己的公司，25%的人在海外拥有合伙公司，67%的人宣称在海外拥有关系网。

其实各国政府和大学利用它们接纳的外国留学生，来构建自己的海外人际关系网络的现象早已十分普遍。1998—2006年，韩国首尔大学1000多名学士、硕士、博士学位中，来自中国、东南亚等地区留学生占90%，他们之中很

---

[1] 根据IIE《2016年门户开放报告》IIE "Project Atlas" 数据。Institute of International Education, Project Atlas Info graphics June 15, 2017（https://www.iie.org/Research-and-Insights/Project-Atlas/Tools/Current-Infographics）。

多人回国担任高层干部、正副级部长、市长等重要领导职位。由此，首尔大学将制定"外国校友优待项目"，推进"全球网络工程"提上日程；[1]哈佛商学院有60000多名活跃的校友在世界各地，其校友网络遍布167个国家，全球85个校友俱乐部与协会之间建立了广泛的人脉关系；凯洛格学院的校友会遍及全球80多个国家；沃顿拥有世界上最大的商学院校友网络，规模超过69000人，分布在130多个国家……

世界名牌大学在全球的校友网络，已经成为它们储存在全球的一笔财富，它们也由此通过留学群体优势，在母校和相关国家之间建立起了全球人际关系网络，纷纷开始建立全球人才数据库和人才网，进一步推进了人本全球化的发展步伐。

### （三）人才国际化与国际猎头

移民潮和留学潮的背后，弥漫着世界各国的人才争夺战的硝烟。随着全球化的深入发展，越来越多的跨国公司开始建立起来，国际人才流动打破了国家间的界限，挣脱了区域的束缚，人才国际化流动屡见不鲜。

20世纪八九十年代，光辉国际、海德思哲、史宾沙等公司开始为IBM、可口可乐和迪士尼等大型公司物色CEO，这种专门为企业寻找管理人才和科技人才服务的中介机构——"猎头公司和猎头顾问"开始进入大众的视野。20世纪90年代后期，一些大型猎头公司开始公开募股。21世纪之后，猎头公司的经营范围开始纵深发展，不再局限于高级人才的搜罗与举荐，开始为企业提供人力资源管理诊断及咨询，甚至可以为企业提供人力资源服务方案。

著名猎头公司光辉国际的负责人英格索尔曾说，现在谋求在母国以外发展

---

[1]《首尔大学欲建"外国校友会"培养"亲韩派"》，《朝鲜日报》2008年10月29日。

的国际管理人才队伍正在日益扩大，同时，国际化的企业主管可以成为公司的宝贵财富。与一些美国主管相比，他们能够更自如地与不同族裔和民族的人一起工作，到不同的国家生活。此外，即使那些没有外籍高层主管的公司，现在也往往要求新聘用的本国经理到另一个国家去走马上任，获得国际经验。

猎头公司的崛起和发展，是人力资本理论的崛起、经济全球化浪潮的来袭以及高端人才资源的短缺三大主要因素使然。由此，国际高端人才之间的交流置换开始成为潮流发展，大型跨国公司的高管人才和人脉资源开始全球联结与共享。与此同时，随着新一轮全球化的纵深发展，国际人才流动的范围和模式也已经从凤毛麟角的高管资源库中突破出来，特别是当企业海外投资并购，进行产业资本的运作和整合之时，人才队伍的配备也开始以整合的模式分割与重组。

早在 2004 年，联想 12.5 亿美元收购 IBM，俨然成为国际人才构建性重组合并的范例。为了挽留核心团队，联想以 3500 万美元专门用于员工激励，2200 万美元留住高管团队，最后又使出了国际惯用的"金手铐"——用价值 3500 万美元的联想股票置换 IBM 高管团队手中无法兑现的 IBM "废纸"股票。最终实现了并购 IBM 的同时，并购其高水准团队的协调效益。

新一轮全球化背景下，国际人才流动早已不再停留在一个一个地去吸纳的模式上，而是已经成规模、建制运作。这一趋势下，全球高层次精英流通渠道被打通，国际人才协同手中的人脉资源、智力资源以及资本资源带动整个全球商业资源的流转和整合。

## 四 人本全球化下的中国实践

在新一轮全球化正在兴起，人本全球化大潮之下，中国如何寻找新格局，抓住新机遇？这值得我们思考和追寻。留学群体的世界迁移与全球精英人脉网并生发展，人才国际化推动国际猎头群体的产生，人才的跨国学习、就业带来了全球移民大潮愈演愈烈，进一步带动旅游、劳务的全球范围流动，以及资本贸易全球更深层次的交换更迭……

## （一）留学与"海归"人才红利

中国的留学群体拥有巨大的体量优势，这同时也是中国在人本全球化大潮下不可忽视的机遇和潜力所在。1950年9月，来自北大、清华、燕京以及其他几所大学25名幸运的留学生带着祖国殷切的嘱托，乘火车离开北京，经莫斯科分赴波兰、捷克、匈牙利、罗马尼亚、保加利亚5个国家——这是中华人民共和国向苏联派出的第一批留学生；20世纪80年代，中国与外界的交流刚刚起步，国际航线屈指可数，从中国飞抵北美的航班每天仅有一班。我作为第一批来自中国大陆的攻读MBA和工商管理博士的留学生，那时从北京转机五六次来到加拿大留学；如今，在加拿大的街头所处可见说普通话的中国人，吃中国火锅、饺子、面条等各种风味，早已无法与30多年前同日而语。

跨入21世纪，中国留学大潮方兴未艾，新增留学人员数量稳步快速增长，出国学生群体中华人的面孔随处可见。2016年我国出国留学人员总数为54.45万人，同比增长3.97%。1978—2016年期间，中国出国留学人数累计达458.66万人。[1] 目前中国仍然是美国、加拿大、澳大利亚、日本、韩国、英国等国家的最主要留学生源国，占美国、加拿大、澳大利亚、新西兰等国家留学生的比例超过30%，占韩国和日本留学生比例更是达到57.3%和49.3%。[2]

---

[1] CCG：《中国留学发展报告2017》。
[2] 美国国际教育协会（IIE），Project Atlas；韩国外国人出入境政策本部，《2016年出入境统计年报》；经济合作与发展组织（OECD）数据库。

现今，中国已经成为全球最大人才流动国，也成为全球最大的留学生输送国。

同时，随着全球化进程不断加快，中国对留学人员的吸引力有了大幅度提升，留学人员在回国后也为中国的就业市场和经济发展创造了价值。教育部出国留学人员统计表明，留学回国人员人数从2005—2016年内，从3.5万增加到43.25万人，留学人员回国比例也从29.54%提升到79.43%，留学回国人数与出国留学人数之间的差距逐渐缩小。[1]

与此同时，来华留学热潮也开始兴起，随着来华留学工作受到越来越多重视，"出国留学和来华留学并重"理念在我国正式确立，带来巨大留学红利。2016年来华留学生数量达到44.3万人次，较2015年增长11.3%，较2004年的11.1万人次增幅达到299%，上涨接近3倍。[2] 为鼓励外籍人才来华留学，我国政府在来华留学生奖学金发放和允许优秀外籍高校毕业生在华就业等方面取得了重大突破，一些城市也在国家政策的基础上有进一步的放宽，如上海对留学生的学历要求降低到本科，但来华留学人员数量仍然远低于海外的中国留学生人员数量，留学赤字问题依然严峻。[3]

全球一体化的时代，人才的双向或多向流动是全球化的标识之一，世界人才的流动越发稀松平常。不论是中国学生出国留学，留学生回国，还是外国学生来华留学，都是中国参与人本全球化的体现，实现了国际人才环流，促进了国际的知识和文化交流，同时在国家间的公共外交中发挥重要作用。这一群体不仅在国际留学人才环流中占有体量上的优势，更是难得的掌握着先进科技和学术资源的人才储备库。在"一带一路"倡议的背景下，我们应该进一步拓宽

---

[1] 教育部：《2016年度我国出国留学人员情况统计》，2017年6月21日（http://www.moe.edu.cn/jyb_xwfb/xw_fbh/moe_2069/xwfbh_2017n/xwfb_170301/170301_sjtj/201703/t20170301_297676.html）。

[2] CCG：《中国留学发展报告（2017）》。

[3] 同上。

"一带一路"倡议沿线国家来华留学通道与模式,减少来华留学生在华工作发展的限制,吸引"一带一路"倡议创新型人才参与到中国和其祖国之间的发展建设中来。以迎合时代发展的趋势,把握留学人员优势和红利"为我所用"。

### (二) 把握国际化人才来华机遇

随着全球人才争夺战的兴起,中国也开始迈出了引才引智的步伐,越来越多的外籍人才来华工作。以北京引才为例,自2016年以来,中关村获得中国"绿卡"的外籍人士达353人。2017年,中关村创业大街孵化的878家初创企业中,有接近14%的企业由外国人或海归人士创建。中关村示范区专门开设针对外籍人才来华在中关村创新创业的"一条龙"优质服务,"开通永久居留证直通车""设立审批服务窗口"等10项政策在中关村先行先试。此外,通过"海外高层次人才引进计划"外专项目等相关引才政策的出台,来华工作的外籍人才不多增长,据统计,2013—2017年,来华工作的外国专家增加了40%。[1]

与此同时,我国加入世界贸易组织后,经济的发展面临着越来越多的机遇和挑战。在国际市场的激烈竞争中,越来越多的中国企业开始踏出国门,进行对外投资和产业收购与兼并,更需要大量国际化人才来开拓市场,并引进国际化的公司治理模式,由此对于国际化人才所产生的高需求也成为必然。

但随着外籍人才的流入以及中国企业陆续踏出国门,国际人才来华工作的问题也逐渐显现。一方面,我国企业人力资源管理欠佳,人才引进机制缺失问题明显:企业人力资源管理未能与国际化管理水平对接;职级体系、人才评估的标准机制、薪酬管理理念、工作生活平衡观的不同等[2];另一方面,我国人

---

[1] 国务院:《2017年政府工作报告》。
[2] CCG:《中国企业"走出去"蓝皮书2016》。

才机制对海外高层次人才吸引力不强：如缺少世界级实验室、跨国公司全球性研发总部等汇聚一流人才的世界级平台。再者，我国对海外人才征收的现行税制税率高，缺乏激励调节机制；此外，由于外籍人才的社会保障和医保制度的缺失，使得外籍人士来华工作面临层层阻碍。

首先，在政策角度，中国应继续增加并扩大国际引智力度和范围。自2018年3月1日起，《外国人才签证制度实施办法》将在全国范围内实施，在此基础上相关法律规章以及配套政策应继续完善加强；此外，在市场角度，中国企业应注重扩大国际化人才在董事会、独立董事会的比例。管理层的全球化和国际工作经验，是企业走向全球市场并提供全球服务的重要基础；研究表明，外部董事比例越高企业越倾向于选择国际化战略。董事会拥有更多的国际化相关知识、技能和信息，并投入更多的时间参与国际化战略，有助于公司的国际化经营与管理。此外，还要善于引进国际人才势必带来改革人力资源管理的问题，应随着国际市场变化而更新。国内的全球人才招聘，应参照人才的国际定价，同时向国际人力资源保障和税收制度看齐。[1]

## （三）"华裔卡"呼之欲出

留学群体与全球精英人脉网的并生，带来人才国际化的争夺和流转，全球移民大潮愈演愈烈。移民潮的发展和带来了全球人才的大规模流动，发达国家引进人才的规模之大和力度之强都是不可否认的。在世界的另一头，包括中国在内的发展中国家和新兴经济体，是否也同样抢占了人才战争的先机和风口呢？根据世界银行研究显示，美国是全球高技术移民首选目的国，吸纳约40%

---

[1] CCG：《中国企业全球化报告（2017）》。

的全球人才，中国、印度则是最大来源国。[1]中国正在经历第三次大规模的"海外移民潮"，越来越多的中国人移民海外，富裕阶层和知识精英的中产阶级正成为新一轮移民的主力军，中国"人财"流失压力与日俱增。

在"移民热"兴起的同时，一个巨大的引才机遇也悄然而来——侨民。中国有6000万的华人华侨，这是全球最大的海外国家人才库，然而这一群体大部分都滞留海外并未回国；另外，中国的国际人口比例也明显低于世界平均水平。2016年调查显示，在华外国人比例只有0.06%，远低于世界发展中国家水平。

为什么在中国腾飞于全球的今天，中国对外国人的吸引力仍然较低？相比之下，印度虽然只有2000万侨民，但从1999年开始，印度开始实施"印度裔卡"计划：持有印度护照的任何人，本人或者父母或者祖父母的任何一方在印度出生或按照1935年印度政府的法案所规定的常驻在印度的都可以申请"印度裔卡"，持卡者15年内拜访印度不需要签证。截至2010年，印度发放了400万张"海外印度公民证"，700万张"印度裔卡"，共计1100万张。

反思中国，现阶段我们拥有6000万侨民群体，他们不仅是中国市场经济的启蒙者，是中国与国际社会的天然纽带，同时也是中国在海外的6000万张国际选票——掌握了6000万张选票，中国的一系列，包括南海问题的涉外棘手问题或许更容易解决。由此，在双重国籍制度短期内不能成行的现实下，中国的"华裔卡"制度也随之呼之欲出。我们建议探索建立华裔卡制度和华侨身份证制度，建立起对这一群体血脉上的"官方认证"。

### （四）提升来华旅游吸引力

随着全球移民大潮愈演愈烈，进一步带动旅游劳务的全球范围流动，世界

---

[1]《美国吸纳全球四成高技术移民中印占多数》，2016年10月24日，滴答网（https://www.sogou.com/link?url=xn5acRrLcVEa6k3iupoyRU30nDCwHnKjJsN9V7nOJ9WbvJPVWhp4IL6-8CBi0Vx10ztd7q5nl6o.）。

版图下的资本贸易开始更深层次的交换和流转。目前，中国已是推动国际旅游业发展的首要力量。从2005—2015年，中国大陆出境游人数增长312.9%，境外消费总额排名世界第一。随着国民经济的增长和居民生活水平的提升，中国游客在旅游目的地选择上更趋国际化，中国游客也因人口基数大、消费力强而成为世界各国争抢的"香饽饽"。2016年，中国大陆游客境外消费总额达到2610亿美元，同比增长12%，占全球旅游总消费额的20.9%，排名世界第一。庞大的中国游客在推动世界旅游业增长的同时，也成为拉动旅游目的国经济的重要力量。中国大陆游客占比全球已登记游客人数近10%，海外消费总额连续12年保持两位数增长，稳坐世界旅游大国位置。

但需要指出的是，与出境游的持续高热相比，中国入境旅游发展不够理想，国际游客数量存在明显赤字。CCG"从出入境旅游看中国全球化发展"系列报告一《出境游持续火热，中国入境游发展还需要更大提升》数据分析，从2005—2015年的10年之间，我国入境游客数量增长11.2%，平均每年仅有约1%的增长点；2015年我国国际出入境游客数量赤字逾3000万（数据不含港澳台入境游客）。在当前发展态势下，未来5年我国国际游客赤字将可能超过1亿。究其原因，来华签证、旅游宣传、语言文化、旅游成本、旅游环境以及综合实力，尤其是软实力等因素都是影响我国入境游发展的阻力所在。

中国在不断走向全球化的道路上，发展入境游、吸引更多国际游客来华是中国参与全球化的重要组成部分，对于增进各国之间深度了解，加强国际交流与合作具有重要意义。同时中国在新一轮全球化的模式下向世界展现负责任大国的气度和胸襟、讲好中国故事，吸引外国人来华旅游是重要的突破口之一。

由此我们首先要真正重视入境旅游发展，继续推行签证改革，通过区域免签和区域联动机制建设提升外国游客入境中国的便利程度；实现政府职能部门对旅游业的协同管理；发挥旅游行业组织和企业力量宣传中国旅游，深入挖掘区域资源特色；培养国际化旅游人才，减少语言、文化差异导致的障碍；以综合能力促进入境旅游发展，以入境旅游发展促进综合能力提升。

### （五）推动海外劳务双向流动

除了旅游群体之外，海外劳务人口，特别是劳务输出又推动了劳务人群的全球化流动。以著名的劳务输出国菲律宾为例，它的海外劳务汇款是国民经济的重要支柱。菲律宾在海外工作的合同劳务人员约为240万，约占总人口的2.4%。再加上菲律宾移民和定居者、非法工作或居留者，在海外工作菲律宾人总数接近1000万。一个小国菲律宾对外劳务输出群体的体量已经是如此，回望我国拥有如此之大的人口基数，对外劳务输出群体规模更不容小觑。

我国的劳务输出历史的开端在鸦片战争之后，19世纪中期，外国殖民者通过利诱、拐骗等不法手段，掳掠了大量中国劳动力；第二次世界大战期间，中国派出了大量劳动力，为英、法、俄以及东南亚国家抵抗德、意、日法西斯的侵略提供了巨大的后勤支援；新中国成立以后，我国以无偿的形式开展劳务输出以援助亚洲、非洲和一些社会主义国家，如苏联、蒙古、尼日利亚等的经济建设。

伴随着改革开放、经济全球化和世界服务贸易的发展，特别是20世纪90年代以来，在"走出去"战略的指引下，我国劳务输出事业取得了更快的发展，到目前已颇具规模，比如在远东俄罗斯、非洲等地，中国是有巨大优势的。中国有近14亿人口，如果把海外劳务、移民的6000万人口计算在内，中国就有远远超过14亿的人才库体量，如此之大的群体资源必将要在全球化的第三阶段"为我所用"。

另外，我们可以通过放宽签证政策，推动合法外来务工人员来华，从而引进较大体量的带劳动力人口，以缓解中国现阶段步入的老龄社会形式。例如，有4000万的华人华侨聚集的东南亚地区拥有得天独厚的地缘资源优势，中国可首先尝试建立与东盟合作劳动力自由流动示范区。通过合法的途径引进外国劳务人口，开展境外人力资源的互动，放宽签证政策，以弥补中国劳动力的价格上涨和沿海劳动力的短缺，这同时也是我们推进"一带一路"倡议与深化东盟合作最大的增长点之一。

## 五　结语

从15世纪新大陆的发现至今，全球化浪潮已经持续了500多年。从货物贸易到资本流动——两次全球化浪潮的演变，使得世界经济、政治、文化版图在这半个千年之中经历着前所未有的变局。随着全球化的不断演进，全球范围巨大的人的流动磁场开始形成和发展——留学生热潮、全球国际化人才争夺战的兴起，开始催生全球移民形成潮流，也由此带动旅游、劳务人群再次加速全球人口流速……"人本全球化"早已突破现象的形态，成为新一轮全球化的发展机遇与风口。

现阶段，中国已经在"货物全球化"的第一阶段实现弯道超车，但在"资本全球化"的第二阶段与发达经济体难分伯仲。随着全球化的纵深发展，其第三阶段——"人才全球化"的时代早已悄然而至，中国的"全球化"征程又迎来一个关键路口。改革开放40年，中国开始在新的世界舞台以主要参与者的姿态参与全球治理，是否能够进一步抓住新一轮全球化的发展机遇，关键在于对第三轮全球化特征的洞悉与把控。

当前，世界全球化大潮已经将中国推上舞台，作为一个负责任的大国形象走向世界，讲好中国故事，让世界理解中国是我们的时代使命。习近平总书记在十九大报告中提出,"坚持和平发展道路,推动构建人类命运共同体"。人类命运共同体的建设过程不是世界上哪个国家的独舞,而必定是全世界人民的大合唱,一定要去吸纳全世界的人才去共同建设。中国拥有6000万的华人华侨,累计458.66万人次的留学生群体、拥有庞大的旅游和出国劳务人群……把握全球人才动态流动与联结的时代红利,探索中国参与新一轮全球化的新实践。为此中国更要重视海归群体、华人华侨的力量,把握全球人口大流动的群体福利,实现国际人才环流与共享,把全世界的优秀人才吸引到中国来共同创造、共同承担起构建"人类命运共同体"的时代使命。

# 全球化的危机与反思

[中篇]

从历史上看,全球化自哥伦布发现新大陆以来,已经走过500多年的发展历程。它在带来巨大利益的同时,也产生了严重的问题。今天,全球化正在生成一个世界旋涡模式,出现多种互相抵抗的流向,虽然全球化势不可挡,但历史大潮中的小旋涡,亦不可忽视。全球化面临哪些困境?给我们带来何种挑战?在危机之中我们又能寻求何种出路?

# 经济全球化与发达国家收入不平等

文 / 李奇泽 黄平[1]

自 2008 年国际金融危机以来,一些西方发达国家不得不面临的压力或困境之一,就是其国内持续恶化的收入不平等,在这种情况下,经济全球化被一些人认为是导致西方发达国家内部收入不平等加剧的罪魁祸首。事实上,西方发达国家自身的政治体制、经济制度、经济结构以及教育公平性等方面长期存在的问题和弊端,才是导致其内部收入不平等加剧的重要原因。

## 一 经济全球化不是发达国家内部收入不平等加剧的主要原因

2008 年国际金融危机之后,西方主要发达国家不仅经济长期陷入低迷和失业率上升,而且国内的收入不平等状况也进一步恶化。在国际金融危机之前,美国、加拿大、英国、法国和意大利的国内失业率分别约为 4.5%、6.5%、6%、10.2% 和 7%,而在国际金融危机之后的 2009—2011 年,上述各国的平

---

[1] 李奇泽:中国社会科学院欧洲研究所,《欧洲研究》编辑部编辑。黄平:中国社会科学院研究员、欧洲研究所所长。

均国内失业率则分别上升至约9.6%、8.5%、8.2%、11.5%和9.5%。伴随着经济增长的放缓和就业机会的减少,这些发达国家的中低收入群体的境况也不断恶化,收入分配差距进一步拉大,社会财富在不同收入群体中的分布也更不平等。一些具有民粹主义价值观或思想的政客以维护低收入群体利益为名,将民众的不满情绪直接引向抵制经济全球化,从而使得其支持者相信"本国优先"战略会从根本上改变其国内的收入不平等状况,然而,却没有理论和经验研究证据给予充分的支撑。

**1. 理论逻辑不支持经济全球化与发达国家收入不平等加剧的因果关系**

经济全球化涵盖了对外贸易、资本流动、技术转移、劳动力流动和信息传播等各个方面,而本轮抵制经济全球化者主要将矛头指向国际贸易和资本流动。国际贸易影响一国收入不平等的理论基础源于赫克歇尔—奥林(Heckscher-Ohlin)的资源赋予理论和斯托尔珀—萨缪尔森(Stolper-Samuelson)理论。根据上述理论,国际贸易在整体上会增进各贸易国的福利水平,却有可能在改善一部分人收入状况的同时,使得另一部分人的收入受损,进而对一国内部的收入分配格局产生负面影响。对于发达国家来说,国际贸易一方面会通过减少发达国家低技能劳动力的就业机会而使其收入状况恶化;另一方面则有可能降低低技能劳动力的相对报酬或收入水平,从而拉大其与高收入群体之间的差距。2017年7月17日,美国总统特朗普签署公告,正式启动"美国制造周"。他希望借此为美国工人以及美国工业提供更有利的竞争环境,并认为"产品实现美国制造可以保证本国的就业岗位,增加美国工人的收入,并且创造的利润也会留在美国",其反对经济全球化的逻辑正符合上面的理论。

然而,上述推论有着严格的前提或假设,如短期内生产要素不能自由流动，没有劳动力从低技能向高技能的转变机制，一国没有最低工资标准的法律规定，政府也没有对低收入人群进行转移支付等。但现实并非如此，中长期来看生产要素在国内基本可以实现自由流动，通过教育和培训可以实现低技能劳动力向高技能劳动力的转变，目前主要发达国家都有严格的最低法定工资标准，政府也会对低收入群体进行转移支付。就此而言，突破这些前提条件和假设之后，前述理论的各种推论都将不再成立，所以，理论推导并不能得出现实中进口贸易与发达国家内部收入不平等加剧之间的确定关系。

理论上来讲，金融一体化发展对一国内部收入不平等的影响主要通过两个渠道：其一，基于直接渠道的影响机制主要取决于低收入群体的金融市场参与程度和金融中介服务的可获得性；其二，基于间接渠道的影响机制则通过资本流动对劳动力市场需求结构的改变来实现。一方面，相比于发展中国家，发达国家的金融市场系统也更为发达和完善，因此低收入群体将有更多的金融市场参与机会并分享金融一体化发展所带来的好处，从而可能会改善而非恶化其收入分配状况；另一方面，由于发达国家总体上以资本净流出为主，如果资本流出主要导致低技能或劳动力密集型产业向国外转移，则短期内可能会影响发达国家相应产业劳动力的就业和收入水平，从而对其内部收入不平等状况产生负面影响。所以，金融一体化发展对发达国家内部收入不平等的作用方向，将主要取决于该国金融服务的受众面或普惠程度，以及资本流动对不同技能劳动力需求的实际影响程度，而这两种效应的大小，会因一国金融市场的发展程度和相应的制度设计而有所不同，再考虑到发达国家的经济增长总体上会受益于金融一体化发展，由此增加的社会总收入会通过政府转移支付等其他渠道流向低收入群体，由此更难以得出金融一体化发展与发达国家收入不平等之间的确定性联系。

## 2. 经验研究更得不出经济全球化加剧发达国家收入不平等的确凿证据

在研究经济全球化影响收入不平等的相关文献中，国际贸易强度和金融一体化程度被绝大多数研究者所重点关注，并且进出口总额和外商直接投资与国内生产总值 GDP 的比值一般被分别用作贸易强度和金融一体化的衡量指标。总体而言，对于大量进口低收入国家产品的发达国家，国际贸易发展会导致其国内收入不平等状况恶化。但是，这种影响虽然在短期内是存在的，但中长期内经济全球化带来的整体经济增长会改善低收入群体的经济状况，并且长期内生产要素会随着产业结构调整而进行重新配置，从而会弱化国际贸易对发达国家低技能劳动力的负面影响。所以，如果笼统地谈经济全球化会改善还是恶化发达国家内部的收入不平等状况，就很难得出令人信服的结论。

与贸易一体化相比较，金融一体化发展对一国内部收入不平等的影响有所不同，并且这种影响也会由于一国总体发达程度和收入水平的差异而有所区别。大量的经验研究表明，一方面，金融一体化过程中发达国家的资本流出会对其收入分配产生负面影响；另一方面，发达的金融市场体系和高度的市场参与率同时也会缩小发达国家的收入不平等。除此之外，还有一些研究发现，在经济全球化发展过程中，与技术进步、资本回报率变化、教育公平性、人口老龄化和资产价格变化等因素相比较，经济全球化本身对发达国家内部收入不平等程度的恶化只起到非常有限的作用或影响。

不仅如此，在理论逻辑上，以解决内部不平等问题为理由而抵制或反对经济全球化，并不能反推出经济全球化就是导致一国内部收入不平等的主要原因这一结论。哈佛大学肯尼迪政府学院讲席教授丹尼·罗德里克所提出的全球化发展中的"不可能三角"理论，论证了一国不可能同时实现民主政治、国家主权和经济全球化这三个目标。例如，在一个高度全球化的经济体里，由于金融和企业都能够自由流动，因此政府的政策空间会受到很大限制，这使得一国政府可能无法有效满足国内利益相关者的诉求,从而通过劳动者保护和累进税制改革等措施来解决社会发展不平等问题。现实中,"不可能三角"理论会表现为经济高度全球化发展中一国所面临的国家主权和民主政治之间的冲突,而对于西方发达国家的政客们而言,选择以解决国内收入不平等问题的名义来抵制或反对经济全球化,可以在避免上述冲突的同时,不仅能够赢得普通民众的支持,而且将会使其承担相对更低的政治成本。由此可见,西方国家一些执政者(政党或政客)目前采取了各种措施以抵制或反对经济全球化,并不是真的相信抵制了经济全球化就会改善其国内收入不平等加剧的困境,而极有可能是基于赢得更多选票和巩固其执政地位等其他方面的考虑。

综上所述,从理论逻辑上看,经济全球化与发达国家内部收入不平等之间的因果关系并不存在,并且,已有经验研究也没有给出确凿的证据和得到一致性的结论,以证明经济全球化导致了发达国家的内部收入不平等。由此可见,目前西方发达国家各种反对经济全球化的言论和行动,并非想在经济层面上改善普通民众的生存状态,而是以此来转移国内矛盾并在政治层面上取得或稳固其统治地位。

## 二 自身制度弊端是发达国家内部收入不平等加剧的主要原因

如果深入分析发达国家内部收入不平等的特征和变化历史,可以发现,与经济全球化所可能引致的收入不平等相比,发达国家自身与政治、经济和社会相关的制度或政策设计中存在的结构性问题和体制性弊端,更有可能是其收入不平等加剧的重要原因。

### 1. 政治体制弊端

在政治体制方面,发达国家金钱与政治活动和政党竞选的密切关系会加剧其收入不平等状况。一方面，对于处于经济社会底层的弱势群体及普通纳税人而言，由于缺乏组织性，也没有足够的经济影响力去影响政治选举、立法和政策制定，从而无法有效保护低收入群体的基本利益。此外，由于资本左右选举和公共政策制定，使得贫困者、失业者和普通工薪阶层等弱势群体的利益诉求很容易被漠视，而长期缺乏话语权又反过来影响了低收入阶层的政治参与热情。贫穷导致弱势群体失去了维护自身利益的能力，甚至丧失了努力改变境遇的欲望，这种金钱政治影响经济利益分配的体制弊端，最终甚至会不幸地在低收入群体中形成代际相传的恶性循环。

另一方面，高收入阶层的财富占有状况会直接影响到西方发达国家的政治进程，通过政治献金或直接参加政治选举，处于财富顶端的高收入阶层能够利用其资本优势，通过影响立法和左右政策制定，从而为高收入群体谋取更多的利益，使得社会收入和财富进一步向富人集中，从而加剧了收入不平等状况。

所以，西方发达国家富人或高收入群体能够利用其财富优势，从而有更多机会影响或参与总统和国会议员的竞选以及高级官员的任命，进而会导致政府的法律和公共政策制定更偏向于保护富人和特殊利益群体，最终则加剧了其内部收入分配的不平等状况。

2. 经济制度弊端

在经济制度方面，发达国家的税收制度和政府转移支付体系设计方面的问题，是导致其内部收入不平等加剧的另一个重要原因。正如经济合作与发展组织在一份报告中所指出的那样，一些发达国家对高收入者按较低税率征税是导致收入不平等扩大的原因之一。以美国的收入所得税为例，美国国税部门对工薪阶层收入征税的覆盖率（约为100%）远高于对商业和投资收入征税的覆盖率（约为70%），而商业和投资收入通常是高收入阶层的主要收入来源。在过去的30多年间，随着美国联邦税率的下调，与收入来源单一的中低收入阶层相较，高收入阶层来自于各种资产的收入可以享受到更多的减税好处，因此就连美国著名投资人沃伦·巴菲特也提到美国的税收制度"不应当让富人更富"，而是要让不同收入阶层更公平地纳税。

不仅如此，在西方发达国家，由于绝大部分金融资本都被高收入阶层所拥有，因此资本所得税制被期望能够有效调节高收入群体的所得或财富水平；然而，与普通收入所得税相比较，缺乏公平性的资本所得税不仅无法实现财富调节目标，而且极大加剧了收入分配不平等。例如，2010年美国约81%的股票被处于收入顶端10%的群体所持有，约69%的股票则被收入最高的前5%的群体所持有，并且，近年来这种资本过度集中于高收入人群的趋势仍在进一步上升；然而，多年来美国的资本所得税率却呈现出不断下降的趋势。在小布什的任期内，这一税率则被下调至15%，甚至低于普通收入所得税率35%的一半。由此可以看出，现实中发达国家的资本所得税方面的制度设计，不但没有起到调节收入分配的效果，反而会进一步拉大不同阶层的收入分配差距。

除此之外，不合理的累进税收制度和政府转移支付制度会进一步拉大税后的收入分配差距。根据美国国会预算办公室发布的报告，由于联邦税率和政府转移支付政策在调节收入分配方面的递减效应，在1979—2007年期间，美国基于市场收入计算的基尼系数上升了23%，考虑了政府转移支付后的基尼系数上升了29%，而在考虑了税收和政府转移支付因素之后的基尼系数则上升了33%。造成这一现象的主要原因在于，和低收入阶层从政府转移支付中获得的补贴或福利相比，高收入阶层从政府税收支出中享受到了更多的税收优惠或抵免等好处。所以，无论是收入所得税和资本所得税的制度设计，还是税收支出和政府转移支付体系，都客观上成为加剧发达国家内部收入不平等的重要原因。

### 3. 经济结构失衡

在经济结构方面，进入 21 世纪以来，伴随着网络信息技术的迅速发展和传统制造业向发展中国家的转移，发达国家产业发展中偏向技能的技术变化，形成了对不同技能劳动力的需求差异，同时拉大了高技能劳动力和低技能劳动力的薪资差异，这种工作机会和收入上的差异逐渐成为发达国家内部收入不平等加剧的原因。

另外，发达国家经济发展的过度金融化，使得收入和财富快速向金融从业人员倾斜，从而成为加剧其内部收入不平等的另一个原因。相比于实体经济从业者，金融行业的高管们可以轻松获得高额的年薪和分红，2016 年美国摩根大通银行和富国银行主席的薪酬分别为 2720 万美元和 1920 万美元；高盛集团和摩根士丹利首席执行官的薪酬则分别为 2200 万美元和 2250 万美元。在这些高额收入中，超过 2/3 为股票奖励或分红收益。正如法国经济学家托马斯·皮凯蒂在《21 世纪资本论》中所指出的，资本收入高于劳动收入是导致收入不平等的关键原因之一。

在发达国家，相比于普通工人的收入增长，资本拥有者和金融资产持有者的收入增长幅度更大。据《纽约时报》公布的统计数据，2015 年，全美 400 家大企业首席执行官的平均年收入为 1050 万美元，这些收入中的大部分也无一例外地来自于股票分红或期权激励。此外，金融资产持有者有着更多的选择以规避各种不确定性所引致的财富缩水风险，例如，2008 年国际金融危机爆发之后，美国的低收入群体由于失业和房价下跌而导致收入和财富迅速下降，然而政府的救市政策却成了高收入阶层所持有金融资产的避风港，华尔街的高管们甚至利用救市实现了自身财富的进一步增长，从而使得社会收入不平等状况更加恶化。

### 4. 教育有失公平

近年来发达国家不同收入群体的教育机会公平问题备受诟病，根据美国宾夕法尼亚大学发布的《2016年历史趋势报告》中披露的数据，在2014年，如果把美国家庭按收入水平高低划分为四个层次，可以发现，当年全美被授予本科学位的24岁年龄段的大学毕业生中，有77%都来自于收入最高的前两类家庭，而这一比例在1970年为72%；不仅如此，当年全美超过50%的本科学位获得者都来自于收入水平位于前25%的家庭，而来自收入水平最低的家庭的学位获得者，其占比仅为10%。这意味着出生在富裕家庭的孩子，会有更多的机会接受高等教育。

通过以上描述和分析可以发现，理论分析和经验研究都难以证实经济全球化与发达国家内部收入不平等之间的因果联系，恰恰相反，更多的证据却表明两者之间可能没有明确的相关关系。因此，在世界各国普遍受益于全球一体化发展的大背景下，近年来部分发达国家以影响收入不平等为理由而抵制或反对经济全球化，将很难在世界范围内得到广泛支持。不仅如此，多年来经济全球化的高速发展，无论从广度还是深度上，都使得世界各国之间的经济联系已经无法割裂，很少有一种商品是完全由单一国家进行生产或制造的，并且事实上一种产品不管是本国制造还是外国制造，都将依赖并受益于庞大的全球供应链。除此之外，不同经济体之间的资本流动也已经成为常态，资本融合和全球金融一体化发展也使得产业投资难以简单地以国别来加以判定。

毋庸置疑，一些西方发达国家的政党或政客试图通过抵制或反经济全球化来解决自身问题和转移国内矛盾，但这在现实中是行不通的。例如，提高进口商品的关税或者强制推行各种产品的本国制造，其结果将使低收入家庭不得不承担更高的生活成本，并因此遭受远高于富人的利益损害，最终会进一步拉大贫富差距，而不是改善收入不平等状况。西方国家一些政党利用抵制经济全球化来转移国内矛盾和巩固其执政地位，在短期内也许会有一定效果，但在中长期内这种政策或行为会导致执政党向民众的各种承诺都无法兑现，因此其最终难逃被选民抛弃的命运。西方发达国家如果不能从自身社会结构出发思考造成贫富分化的制度性根源，而把造成问题的原因引向经济全球化，则会在错误的道路上越走越远。

# 全球治理和开明秩序面对的严重挑战

文 / 时殷弘[1]

以一种大为急剧的方式，全球越来越多的人已经发现，全球治理和全球开明秩序（global liberal order）面对严重挑战，[2]即使——让我们大多数中国人和发展中世界亿万大众着重重申——对怎样的秩序才是真正开明的秩序可以有、事实上也已经有颇为不同的主张和论辩。惊诧甚至惊恐致使英国《金融时报》的一位著名的专栏作家疾呼："民粹主义信条用民族主义取代了爱国主义，鼓励人们蔑视传统机构。任何所谓'专家'都在与精英勾结。每个人都有权构建自己的'事实'。大企业、银行、全球化（叫它什么都行）都是白人工薪阶

---

[1] 时殷弘：中国人民大学国际关系学院教授、国务院参事。
[2] 这样的惊诧大概尤其见于发达世界。例如，见 Stephen M. Walt, "The Collapse of the Liberal World Order," Foreign Policy, June 27, 2016. "一度——回溯到 20 世纪 90 年代——许多精明和认真的人士相信自由政治秩序乃未来大潮，将必不可免地囊括全球大部分。美国及其民主盟友已经击败法西斯主义，然后击败共产主义，据信令人类抵达了'历史的终结'……（然而）90 年代令人陶醉的乐观情绪已经让位于一种关于现存自由秩序的愈益增长的悲观情绪——甚至惊恐。……甚至在此在美国，人们要么见到重新兴起的专制主义，要么见到对一位'强人领袖'的渴望，后者的大胆行动将扫除现存的不满。"惊诧之余当然有对原因的探究和反思："自由主义的捍卫者们过分吹嘘、过分兜售他们的货色……当事情并非那么顺利、这些自由社会内的某些群体事实上被……损害了的时候，某种程度上的逆反久不可免……许多自由国家里，精英们犯下某些关键的错误，包括创设欧开，入侵伊拉克，在阿富汗的误导的民族国家构建尝试，还有 2008 年金融危机。这些和别的错误帮助损害了冷战后秩序的合法性，为非自由势力大开门户，使得某些社会阶层易受民粹主义呼吁感召。"

层的敌人。沿着这个方向只要再走几步,就会把我们带回到 20 世纪 30 年代'犹太人的阴谋'。"[1]

关键的问题在于:什么力量在(自觉或不自觉地或两者兼有地)挑战"锚泊于战后自由主义国际秩序的全球治理构造"[2]?必须将"冷战"后美国绝大多数行政当局、发达世界跨国资本、主流大媒体和精英自由派学者为主干的首先在美国的自由主义精英本身,视为根源意义上的首要挑战者甚而倾覆者。是他们以一种充分辩证因而大为讽刺性的方式,危害了他们自己溺爱、从中得益,以致放肆滥用了的自由主义国内和国际秩序,连同这秩序本身深刻和广泛的易受滥用性。他们多年来以其自私、傲慢、褊狭、盲目和殆无节制的挥霍疏离了他们国内的那么多"草根民众",尤其是"白人草根",还有世界上那么多其他民族!2008 年秋季爆发非常广泛和严重的金融危机和经济衰退,这已经以经济金融方式对他们发出再清楚不过的警告。然而,他们的盲目和其他恶习竟使之差不多如同过眼烟云,以致非得以英国全民公决脱欧和特朗普竞选美国总统并且获胜这样的政治/社会方式,才能震醒业已失败的他们。

就此,天才的物理学家斯蒂芬·霍金以其自由主义精英的身份做了严肃的反思。他 2016 年 12 月初在英国《卫报》发表《这是我们星球最危险的时候》一文,值得所有人一读。"近来在美、英两国,显而易见的精英遭拒肯定是针对我,就如针对任何精英一样。不管我们可能怎么去想英国选民拒绝欧盟成员资格的抉择和美国公众拥抱唐纳德·特朗普的决定,评论家们的心里都不怀疑这是民众的愤怒呐喊,后者感到被他们的领导抛弃了。每个人看来都同意,这是被忘怀者发声的时刻,发觉其吼声是拒绝每个地方的专家和精

---

[1] [英]菲利普·斯蒂芬斯:《失序的全球秩序》,2016 年 7 月 25 日,《金融时报》(中文网)(http://www.ftchinese.com/story/001068592)。

[2] 阿米塔·阿查亚教授 2017 年 3 月 9 日在外交学院的演讲。

英的劝告和指导。"[1]

按照霍金所提出的理论，这些抉择和决定表现的忧惧和愤懑出自"全球化和加速着的技术变更的经济后果"：工厂自动化和人工智能兴起不仅已经损伤传统制造业的就业状况，也颇可能将"这工作机会摧毁机能"延伸入中产阶级，只留下"最精细、最有创造性或最具监控管理性的角色"。由此，全球范围内已在扩大的经济不平等进一步加剧，使之成为可能的互联网和种种平台允许很小一群群人获取巨额利润，同时只雇用很少人。"这必不可免，这是进步，然而这在社会意义上也是摧毁性的。"不仅如此，世界上金融不平等正在愈益扩大而非缩小：越来越多的人在少数人愈益富有千万甚而亿万的同时，"可以发觉不仅他们的生活标准，而且他们简单谋生的能力本身正在消失"。更有甚者，强劲的动能还在于"互联网和社交媒体的全球性蔓延的另一个始料不及的后果"：这些不平等的严酷性质现在比过去远更显著昭彰，以致众所周知，因为"对任何不管多穷但仍能用上手机的人来说，世界最繁华部分的最富有者们的生活都令人异常痛苦地清晰可见"。结果，经过种种人口迁徙过程、社会互动过程和认知机制，"宽容被损害，政治民粹主义被进一步加剧"。[2] 一句话，全球既有秩序——在自由国际主义精英们那里的全球开明秩序——已经或至少正在失去它的一个极重要条件：它在发达世界内的国内社会基础，甚或政治基础。

正是首先在这样的根本生态之中，世界面对"特朗普风暴"，虽然由于他

---

[1] Stephen Hawking, "This Is the Most Dangerous Time for Our Planet", *The Guardian*, 4 December 2016.

[2] Ibid. 不仅如此，新技术的这一大方面——互联网的巨大扩散和翻新——还有一个始料不及的重大政治后果，那适才在特朗普的总统竞选活动中最显赫地表现出来。研究这主题的斯坦福大学法学教授纳撒尼尔·帕尔希利写了一篇以《民主能否活过互联网？》为题的文章，指出与许多人认为的不同，互联网的勃兴与其说加强了民主，不如说是个"不那么仁慈的时代里不那么仁慈的力量"："它可以是个散布假消息的天堂，酬赏最粗鲁严厉、最具分裂性的政治浮言的天堂。尽管有其所有裨益，它仍是个将阴暗的忧惧散布给大众的媒介，通过其影响看来在增长但不易度量的匿名行为者（有些甚至不是真人）。" Dan Balz, "A Scholar Asks, 'Can Democracy Survive the Internet?" The Washington Post, April 22, 2017.

本人都始料不及的、严重的种种国内外制约和反弹——很大程度上出自他的放肆、褊狭、排外和非法行动嫌疑,这风暴尚远未能充分肆虐。

特朗普当选美国总统表明,世人自"冷战"结束前后至今大部分时间里大致一直熟悉的世界面临严重危险。什么是这熟悉的世界?在这个世界里,有着世界绝大多数重要国家以其基本政策赞护的愈益增进的全球化,还有愈益增进的全球化在世界各处粗略而言大致比较有益的经济效应,甚或社会效应;在这个世界里,很广泛地存在着相信上述这两点的意识形态信念,或者说有着占显著优势的全球开明政治文化;在这个世界里,不仅中国怀抱着主要出自改革开放和经济腾飞的自信,而且各发达国家也怀抱自信,特别在2008年金融危机和经济衰退以前相当充分;在这个世界里,大国之间的关系大体而言相对稳定,而且比较互容和协调。

现在,所有这些都已改变了,或者正在显著地改变!换句话说,世人自"冷战"结束前后至今大部分时间里一直熟悉的世界已经大致结束,或者至少正在结束。用英国《经济学家》杂志在特朗普当选后几天发表的一篇文章中的话说,"第二次世界大战过后首次,强国和新兴国家同时迷恋种种不同类型的沙文主义……拥抱一种悲观主义观点,即对外事务往往是零和游戏,在其中全球利益与国家利益相争。此乃大变,缔造一个更危险的世界。"[1]顺便说,中国人的世界观、意识形态和政治口号需要与时俱进,积极而又审慎求实地适应全球政治和政治文化的气候变化,甚至是气候剧变——这与消极的"随大流"是两回事。

全球治理面对的重大困难比前面说的一系列要素还更广泛,甚或更深刻:诸多大国利益严厉限制;某些关键性小国顽固不群;所涉的广义和狭义的技术

---

[1] "Trump's World: The New Nationalism", *The Economist*, November 19, 2016.

问题异常复杂而且新颖。就这前两点来说，还可以说得更宽更广：全球性难题和危险之多发和常在，连同全球治理的必需，那么经常地不符合各不同国家和大国确立的各有不同的国家优先事项和优先利益。由于这些和其他原因，在当今时期总的来说多边机制呆滞和低效，全球治理在一系列功能领域面临空前的困难。

人们所见的相关局势大多属于适逢"艰难时节"的正常情况：恰在这更需要国际广泛合作和多边体制的时候，往往自顾自保优先，合作意愿减退，义务分配困难，体制创建维艰，或已有体制低效。应然往往远异于实然，当今国际集体行动的困难远甚于自由国际主义理论学说在先前"较好时节"所言所料，其时至少世界经济状况良好得多，同时权势格局变动也窄小得多。说到这里，就不能不突出大国地缘政治竞争日益严重，而与"冷战"结束以来的先前任何时候相比，国际地缘政治中的大国基本关系可谓强烈动荡。简言之，全球治理和开明秩序所需的基本支柱之一，即大国合作原本就不坚固，现在更是岌岌可危。

需要再度强调，全球政治和政治文化的变更倾向是全球秩序动荡和"裂变"的重要动能和表现，全球治理的困难由此就更可理解。在这样的基本情况下，一方面仍需要努力推进全球和区域的多边合作；但另一方面需要考察全球逆动倾向，认识到单独一国不是足够的全球化国际秩序（或至少自由、开放的全球贸易秩序）稳定器和顶梁柱。如果缺乏这种认识，那么中国的有关宏伟言辞与可行实践之间的差距就必然加大，从而损及中国的国际可信性。坦率地说，当今中国对于全球秩序有其复杂的意向，它既来自全球局势的复杂性，又来自中国利益和信念的复杂性。概而言之，当今中国在全球和国际体制性秩序（institutional order）与中国在全球和国际权势政治秩序（power structure）综合起来看，存在着一些基本差异和内在紧张。

无论如何，在目前世界大局势复杂能动、扑朔迷离的情况下，中国在战略实践中除了坚决阻止和回击对中国核心利益的重要伤害外，首先要"保底"，在"保底"的前提下审慎地积极进取。"保底"，就是参照中国悠久政治主流传统中的"战略保守主义"，集中致力于中国自身的稳定、繁荣和进步。鉴于中国当前的总体经济和金融形势，国内的稳增长、调结构和深化改革应该成为今后一个时期内的近乎压倒性的战略重心。

除了这根本的"保底"，即中国国内的稳增长、调结构和深化改革外，还需要有如下三大"次级"基本途径或战略。第一，针对特朗普政府在不同程度上疏离美国在东亚西太平洋区域的盟国、准盟国和战略伙伴，中国应当坚决确立基本的战略轻重缓急次序，本着很大的决心和支付必要代价的意识，争取显著改善与美国的这些现有伙伴的关系，争取大幅度地优化中国在东部和东南部周边的战略性外交。第二，通过真正大力度和持久的调结构和全面深化改革，争取实质性地大大开发潜能依然巨大的国内市场和国内资源，从而显著地减小中国对外部市场和外部资源的依赖程度。与此同时，在今后一段时期内要将贸易和投资上已持续多年的"走出去"大热潮适当地冷静化，较严格地抑制中国资本过度外流和严重的入不抵出。这甚至对于"一带一路"倡议也是适用和必须适用的。第三，中国尽管仍要继续建设自己的战略性军事能力，但须改变过分公开宣扬的做法，从而避免军事力量越强则外部反应越大、潜在树敌越严重的"效应彼此抵消"局面。总之，问题涉及中国内外基本方针的较大幅度优化性调整，它们紧迫而又任重道远。

# 从全球化、逆全球化到有选择的全球化

文 / 黄仁伟[1]

## 一 新的全球化特征

真正的全球化是20世纪80年代以后才开始的,在此前的国际贸易、国际投资还不是全球范围的流动,没有在全球范围内形成一个体系。20世纪80年代以后,出现以下新的全球化特征:

全球化始于美元全球化。1944年建立的"布雷顿森林体系"是"金本位"下的美元,不能无限发行,受到黄金储备限制。一直到1968年"布雷顿森林体系"解体,才有可能无限发行美元。80年代以后,石油、美元加上"广场协议",这些要素巩固了美元的全球货币地位,这是全球化真正的开始。如果没有全球通用货币,就没有全球贸易和投资;有了全球范围的货币,才有真正的经济全球化。

非市场经济国家融入世界市场,成为全球化的组成部分。90年代初苏联解

---

[1] 黄仁伟:上海社会科学院原副院长;复旦大学"一带一路"及全球治理研究院常务副院长、上海社会科学院高端智库学术委员会主席。

体，中国走向社会主义市场经济。没有这两个国家根本性市场体制的改变，也就没有全球化。在此之前世界市场一直是西方市场，非西方国家大部分没有进入西方市场。90年代以后才有了真正的全球市场。苏联解体不仅是东欧和苏联的几十个国家进入世界市场，大批过去跟随苏联的发展中国家也进入了世界市场。印度在80年以前也是计划经济体制，也没有真正进入世界市场。在2000年中国加入WTO以后，世界市场才完整形成。

互联网的出现把全球真正连成一体，巨量信息在世界范围内同步流动。有了互联网，才有全球同步的金融市场，没有时区限制。海洋航路、空中航线、跨洲铁路公路都不能与之相比。以往需要几十个小时甚至是几个月才能到达的财富转移和信息传播，现在一秒钟之内可以到达全世界任何地点。这才是完整意义上的全球化，以往任何时代都没有这个全球化。非全球化、逆全球化等现象也是由网络产生的，甚至特朗普现象也是网络产物。所以，没有网络化，就没有真正的全球化。

全球产业链、供应链和价值链的重新配置。一方面，跨国公司转变为全球公司，按照比较优势在全球投资布局，其中制造业从发达经济转向发展中经济成为主流；另一方面，新兴经济体也开始向发达经济体投资和产业转移，由此出现双向的资金流动。虚拟经济和实体经济在全球范围的重新配置，带来世界范围的利益重构和权力转移。

20世纪90年代后期开始出现一系列全球性危机。如1997年亚洲金融危机（还有俄罗斯、拉美金融危机）、2001年"9·11"恐怖危机、2008年全球金融危机，都是全球范围的各种危机。随着全球化而来的大范围负面影响开始出现，危机覆盖各个不同领域，包括大范围的经济和安全危机。过去在某个局部地区和单个领域形成的危机，现在迅速、交叉影响全球。

全球治理开始全覆盖、机制化。2000年以后，特别是2008年金融危机以后，全球治理出现历史性的跨越。全球治理从原来 G7 为主体的西方经济协调机制，到 2008 年以后转变为 G20，这是发达经济体和发展中经济体共同的经济协调机制。从西方治理到 G20 是一个飞跃，20 个国家占全世界经济 80% 以上。全球经济治理开始走向各个领域治理，如气候治理。以往各个阶段上的国际治理都没有这么广泛覆盖，尽管现在效果不是很大，但是可以称为全球治理的起点阶段。

由于上述六大要素在最近 20 年左右时间里同时出现并相互作用，才有完整意义上的全球化。这六大要素目前还在继续发展，还是雏形状态，远远没有终结和完善，还在酝酿和变化当中。所以全球化还在发展中，全球化体系还在形成中，因此全球化远远没有终结，还要有很长时间的进行过程。

中国共产党对全球化的认识是逐步深入的，我国官方语言真正使用"全球化"这个概念不到十年时间，用"全球治理"概念的时间不到五年，十八大以后党中央越来越关注全球治理。我们对世界趋势的战略判断是"三化"：经济全球化、政治多极化、文化多样化。这"三化"是中国的战略机遇，是改变未来世界的主要潮流。与此同时，西方对全球化内涵也有"三化"：政治民主化、经济私有化、价值观普世化，这三者是 20 世纪 90 年代以来西方定义的全球化内涵。可见，对全球化内涵存在着中国和西方的两种界定，或者说是两种内涵，存在着西方的全球化和中国为代表的非西方全球化。全球化的不同定义，意味着不同选择、不同方向。两种全球化的争论刚刚开始，谁占上风还没有定论。未来可能是这两个趋势的融合，也可能是两个趋势的冲突。

## 二 逆全球化的重要表现、特征

全球化发展的同时，另外一个潮流即逆全球化或反全球化。当前逆全球化的重要表现、特征，大致有以下四个方面：

第一，世界范围的财富流动造成世界范围内的财富更不均衡，各个国家之间贫富更加悬殊。全世界范围的资本集合和全世界范围的被剥夺方集合，形成新的两极。以往只是把发展中国家、穷国、殖民地看作是全球化的被剥夺利益方即"输者"，现在是发达国家内部也有部分利益被全球资本剥夺，也有全球化的"输者"。现在已经不是发展中国家同发达国家的财富对抗，而是全球资本同全球社会的对抗，由此导致全球民粹主义、全球草根政治与全球精英阶层的对抗。这是全球化进程中新的重要现象，许多新的问题都与它有关。马克思说过共产主义要在全世界实现，一国不能实现，这是很大的证明。这样一种现象、一种潮流还会发展很长时期，矛盾冲突将如何展开以及最后会导致什么结果，我们现在都难以想象。这是全球化的一种变形，是与原来经典意义的全球化相对抗的负面全球化。

第二，全球治理遇到深刻的制度障碍，最关键的是对全球财富分配无法做出制度安排，目前不可能用超国家力量来处理超国家的财富分配。国家就是在一定空间范围内对跨国财富进行管理，而全球治理是要在全球范围内对财富分配进行控制，防止全球贫富悬殊造成全球范围内对抗。现在全球治理的公共品短缺，需要建立托宾税制，以此调节全球财富。但是托宾税很难建立，全球治理出现制度"瓶颈"，无法管理全球财富。这是全球化负面要素增长的重要原因。

第三，全球化推动文化、信息、人员的跨国流动，对民族国家带来前所未有的挑战。欧洲的单一民族国家已经形成几百年了，当前大量非基督教移民进入欧洲，世界范围的遥远文化冲突变成一个国家内甚至社区内的文化冲突，进而转化为社会冲突，转化为恐怖主义。此类文化、种族冲突在美国也发生。远距离文明冲突变成近距离社会冲突，全球宏观的文明圈变成了微观的社会矛盾。原来一直生活在单纯民族、种族、文化区域内的人，要反抗外来的文化入侵。极右翼势力在欧洲和美国迅速上升，与这个现象有内在联系。这也是全球化进程中的一种逆向运动，某种程度上是破坏因素，也是全球财富流动的必然产物。

第四，全球网络造成草根阶层大规模卷入高层政治，出现全球范围的民粹主义浪潮。由于全球范围的新媒体、大数据、云计算出现，民粹主义比以往更可能挑战长期以来既定的规则和制度。西方政客为了获得选票而向草根靠拢，所谓"建制派"政客纷纷失败。一旦改变原来的国际体系和规则，世界就会大乱。西方民主到底是什么民主，是传统的选票民主，还是新的网络民主？通过网络政治，一个人就可以改变两党政治，一个人可以挑战全球政治，这就是阿桑奇、斯诺登、特朗普现象。这是一种新的逆全球化力量，民粹主义通过网络打乱秩序。

用这个观点来看全球化的变化，也就比较正常了，并非不可思议。特别是全球化的受益者自认为是全球化的受害者，随着英国脱欧和特朗普上台，英美两国成了逆全球化的领头羊。现在美国、英国出现的逆全球化现象远远超出我们的想象，全球化负面潮流似乎超出全球化正面潮流。

可见，全球化的两面性凸显了。我们本来所声称的全球化是建设性的，促进发展的，促进稳定的，促进和平的，这是理想主义的全球化。现在破坏性的全球化，也是全球化的一部分，也是世界范围内的普遍现象。正面全球化和负面全球化是同时存在的，是全球化的一个整体的两股力量。任何事物必然是正反两个方面，如果只有正面全球化，就不成为全球化，不符合客观规律。

这两种力量并存的情况下，全球化就不可能是一种不加选择的全面全球化，只能是有所选择的全球化。各个国家的竞争力、要素、文化、国情不一样，各国只能选择对自己有利的部分全球化。但是，某个国家认为有利的正面全球化，在另一个国家看来可能是不利的负面全球化。例如，中国要推进贸易自由化，但是美国却要鼓吹"公平贸易"即贸易保护主义；西方国家鼓吹信息自由流动，我们则要确保国家信息安全。

### 三　有选择的全球化

面对全球化的两重性，各国选择的复杂性扩大了。全球化和逆全球化两股潮流都在发展过程当中，都处于起步阶段。在没有充分完整表现的情况下，在全球治理薄弱的情况下，各国进行有选择的开放，由此而来产生有选择的冲突、有选择的合作。我们将面临一个很长时期的合作与冲突并存，甚至是冲突大于合作的全球化时期。有些国家在没有新办法的情况下回到老办法，比如特朗普就是回到孤立主义、排外主义、保守主义、保护主义等老办法。他现在是不守规矩、不可预测、不透明决策的典型。当美国成了规则破坏者，成了麻烦制造者，其软实力损害是不可弥补的。这就是中国的新的战略机遇。

中国特色社会主义进入习近平新时代，经济全球化实际也进入了一个新时代。"一带一路"倡议是新一轮全球化的发动机，世界经济通过"一带一路"倡议实现再平衡。

"一带一路"倡议首先向实体经济倾斜。其次，中国投资增量向基础设施倾斜，向实体经济倾斜，引导更多热钱转化为直接投资、实际投资，改变了国际资本流向。最后，它向比较不发达地区倾斜。由此，缩小了全球两极分化差距、减缓了两极分化的速度，尽管不能说彻底扭转，但至少没有更恶化。

党的十九大报告指出，中国始终做世界和平的建设者、全球发展的贡献者、国际秩序的维护者。对于新一轮全球化，中国不是通过一种强制力进行改变，而是通过利益交汇点实现利益共享，构建人类命运共同体。党的十九大报告所提出的"新时代"，与新一轮全球化发展趋势是一致的。人类命运共同体、新型国际关系、"一带一路"倡议是习近平外交思想的三个核心概念。人类命运共同体是最高的理念层面，新型国际关系是战略层面，而"一带一路"倡议是具体的实践层面。当今中国的机遇期与前30年特征不同，前30年的战略机遇大部分来自外部，今后的机遇更多来自中国本身的能力和本身资源的大幅度提高——这是后30年和前30年战略机遇期特征最大的不同。

# 全球化的风幡将如何飘拂？

文 / 庞中英[1]

## 一 洗刷"去全球化"

2018 年 1 月 25 日上午，特朗普抵达瑞士达沃斯，首次以美国总统身份出席本年度世界经济论坛。

最近两年，英国脱欧和美国特朗普的经济民族主义政策，被广泛说成"去全球化"。此次，英国首相特蕾莎·梅和特朗普在达沃斯世界经济论坛的演讲，不仅为他们洗去了"去全球化"的消极名声，而且传递出极其重要的全球化信号。

2018 年 1 月 31 日，特蕾莎·梅来中国进行官方访问。无论英国和中国，许多商界人士都期待这次在非常时刻的非常访问。她的中国之行，是重要的全球化行动，说明英国脱欧不是"去全球化"，而是调整英国在全球化中的作用。英国仍然是全球化的主要力量之一。脱欧中的英国，与中国等非欧盟的贸易和

---

[1] 庞中英：中国海洋大学海洋发展研究院院长、特聘教授。

投资关系，至少可以弥补英国因为脱欧而造成的全球化损失。

特朗普这次在达沃斯说得爽快：他和他的政府主张"美国第一"并不意味着美国不要多边合作，美国仍然需要其他国家与美国的合作。而且，他透露，美国可以"（重）谈"以回到一年前特朗普断然退出的跨太平洋伙伴关系计划（TPP）。此种让人预料之中，也是预料之外的表态，正反映出美国在今天全球化世界的进退两难。

全球化也受到其他的改变。中国发起的"一带一路"倡议是改变全球化的最引人注目的实践。如国际货币基金组织（IMF）最近在一份报告中指出的，全球化受到的最大改变是各国的政治变化，因为这可能导致全球的交易成本上升，贸易和投资为主的全球化活动放慢。民粹主义驱动的经济民族主义（包括贸易或者投资保护主义）不仅在美国抬头，而且在其他国家，几乎是在世界范围内蔓延。

具有强烈讽刺意味的是，特朗普在国内的大规模减税等举措被他自称为美国投资环境改善的证据。实际上，在经济民族主义的条件下，特朗普政府的减税与当年里根政府的减税不一样：里根的减税是为了让市场充分发挥作用，而特朗普的减税却有着强烈的政治动机。这是特朗普政府不得不面对的悖论。

## 二 现在和长远的全球化改变

从全球经济学的角度，现在和长远的全球化的改变无非以下三种情况：一种是转移效应，一种是创造效应，一种是去除效应。特朗普号召在全球各地（如在中国）投资、经营的美资企业回国，甚至，他的政府吸引其他国家的企业到美国投资。在达沃斯论坛听特朗普演讲的企业家，可能有的在回美国的途中，或者受特朗普政府的激励已经回到了美国。这种情况就是全球化的转移效应。预计未来几年，全球化的转移效应更加强烈。

全球化改变的第二个效应或者后果，是我一直强调的全球化创造。特蕾莎·梅的访华，构筑的不仅是新的中英经济关系，而且可能是最终使中英关系成为全球化的一根新支柱。中英在经济上合作的意义不亚于20世纪70年代英美携手推动"新自由主义"全球化。

全球化改变的第三种情况才是"去全球化"——全球化的放慢或者全球化在结构上的被去除。目前特朗普政府的对华贸易政策是危险的，因为中国批评的华盛顿的"零和"思维和行动（与中国打贸易战）将导致中美经贸关系的收缩。

中国是过去英、美、欧等驱动的全球化的一个主要受益者。这是中国承认的，也是全球的共识。

全球化改变的前景有确定性的，即全球化的再平衡不可避免；也有不确定性的，即全球化的转移、全球化的创造和全球化的去除，都存在不确定性。

英、美推动的全球化改变中，全球化的转移和全球化的去除，对中国都是根本挑战。这预示着中美关系等前景的严峻性。2018年年底将纪念中美关系正常化40周年。在这个周年的时刻，中美双方能扭转恶性循环进入一个新的良性循环时代吗？全球化的创造对中国是大的机会，所以，中英合作有必要在大战略高度重视之。中国有必要制定系统而深入的应对未来挑战的全球化大战略。

## 三　全球治理重在"最佳实践"

总体来看，全球治理现在正面临危机。全球治理出现问题，是从2008年全球金融危机开始的，最近几年表现更为明显。特朗普之所以当选美国总统，某种程度上也可以说是全球治理面临危机的一个体现。而他的当选又进一步加剧了全球治理的危机。

在这种形势下，中国国家主席习近平在达沃斯世界经济论坛年会和联合国日内瓦总部发表重要演讲，为推进经济全球化进程再平衡、打造"人类命运共同体"提供"中国方案"。在二十国集团领导人汉堡峰会和亚太经合组织领导人岘港会议上，习近平阐明构建开放型世界经济、推动亚太经济一体化进程的中国理念。在美国退出《巴黎气候协定》后，中国仍然坚定地支持并与国际社会共同参与应对全球气候变化的努力，始终做全球气候治理和可持续发展的参与者、贡献者，以及多边进程的维护者。在2017年6月举行的首届联合国海洋大会上，中国提出"构建蓝色伙伴关系"的重要倡议，通过建立多边、双边、区域、全球等各层面、各类型合作关系共同解决海洋问题。

可以说，在当今国际体系中，中国正在成为全球治理最活跃的动力，确实在"深度参与全球治理"，甚至在其中发挥领导作用。

中国首先是全球治理的参加者之一。尽管现在世界上有相当强大的逆全球化的声音，但这种声音并未动摇中国领导人参与全球治理的决心。其次，中国也是全球治理的改革者。在一些领域，比如金融领域，中国作为改革者的形象很清晰，也有具体的行动，亚投行的建立就是一个例子。

但中国不是一个"另起炉灶者"。中国仍然坚持以联合国为中心的国际秩序。全世界很多国家的国内政治正在发生变化，这使得现有的国际制度处于困境中。美国和以色列先后退出联合国教科文组织就是其国内政治、国家主权与全球势力——全球化之间的折冲的结果，它们如果按现在的步调走下去，很可能会成为"另起炉灶者"。

不仅美国，欧盟内部也有这样的动向。一个明显的影响是，这将引起全球性机构受到更大压力，由于"退群"经费就少了。而美国的"退群"，或者英国脱欧，是否会对其他国家产生示范、跟进效应？现在看可能会有的。所以西方现在常用"collapse"和"end of"来表述现有的国际秩序，给人一种现有国际秩序已经"摇摇欲坠"的感觉。尽管约瑟夫·奈不认为自由主义国际秩序会终结，但像美国这样"退群"有可能加剧现行国际秩序更早崩溃。

## 四 中国推动"新全球化"

2018 年，参加相关组织的国家需要切实采取有效改革措施，才不至于使国际秩序解体。如果各国都只追求私利，不肯担当责任，处理不好国家利益与全人类命运的关系，改革之窗就关上了。

造成当下的全球化和全球治理的危机原因是深刻的。过去 30 年的全球化带来了很多全球问题。为了解决全球问题，全球治理取得很多进展，但全球治理本身也是缺陷丛生。中国现在正在全球治理中发挥越来越重要的作用，也在讨论如何推进"新全球化"。"一带一路"倡议可以看作是中国推动"新全球化"的工具，也可以看作是中国的全球化政策。同时，如上面所提到的，中国也需要注意非常负责、智慧和妥善地处理（协调、平衡）国家利益的局限性和全人类命运之间的不一致和矛盾。这方面，美国的教训值得吸取借鉴：美国以"公共""国际"的名义追求了、实现了太多的国家私利，这就使其行为的合法性慢慢消失了。

此外还有两点需要注意。其一，中国在通过"一带一路"倡议提供公共产品的同时，也需要加强治理自身的问题。中国作为全球最大的两个碳排放国之一，在美国退出《巴黎气候协定》后继续坚定地与国际社会共同应对全球气候变化，就是通过国内治理为全球治理做贡献的一个很好的例子。其二，在网络、深海、极地这些"新疆域",尚未形成足够的、普遍接受的全球治理规则、规范和制度。对此,中国可以引领规则的塑造,但正如习近平主席所说的:"全球治理体系是由全球共建共享的,不可能由哪一个国家独自掌握。"[1] 新疆域的治理应该是与全球的有关利益和道德(正义)等攸关方采取集体行动,这样才能避免新疆域的"公地悲剧"恶化。中国必须考虑如何帮助国际社会减少"公地悲剧"。

总之,中国要在全球治理中做出更大的贡献,取决于中国能否在全球化危机和世界秩序危机(至少是困难)时刻提出真正可被接受的有效的"中国方案",并带头"最佳实践"之。

---

[1] "2015年9月22日,在对美国进行国事访问前夕,习近平接受《华尔街日报》书面采访",新华网对采访过程进行了报道。

# 全球金融市场的结构性变化

文 / 朱民[1]

2008年的全球金融危机对世界经济金融形成了巨大的冲击。今天，全球经济仍然在2008年全球金融危机的影响之下。危机改变了2000年以来全球经济增长的基本面，使全球经济增长的轨迹向下平移，也使全球经济潜在增长率下降。当前世界经济处于一个低增长、低投资、低贸易、低资本流动、低通货膨胀、低油价、低利率的低水平运行状态。金融市场的变动更为复杂和深刻。危机后，主要发达国家采取非常规量化宽松货币政策，一时间全球金融市场动荡、整合，去杠杆和加杠杆并存；流动性又泛滥又紧张。金融市场发生了一系列深刻的结构性变化：背离的央行货币政策导致货币市场波动；全球金融机构发生巨大的变化；金融的中介功能从银行业走向非银行业，并由此产生了风险集中度的上升和公司债务的上升和风险。在这个背景下，全球金融整体水平高企，而金融产品和市场的关联和互动性大大增强和提高，这引起了流动性的紧缩和变化，也必然导致金融市场的大幅波动，全球金融市场的脆弱性上升。但

---

[1] 朱民：清华大学国家金融研究院院长。曾任中国人民银行副行长，国际货币基金组织副总裁。

全球处理和抵御风险的政策空间和市场能力却在急剧地收缩，这是今天全球金融市场面临的最主要的挑战。

## 一 美、欧、日货币政策相背离，美元走强和潜在金融风险上升

### （一）美、欧、日货币政策相背离

影响当前金融市场的第一个重要因素是美、欧、日的货币政策背离，并已经使货币市场剧烈变化。2008年全球金融危机后，主要发达国家都采取了非常规量化宽松的货币政策，市场流动性充裕，全球资本流动，特别是新兴市场的资本流入大大增加，全球债市和股市不断上扬并创新高。这一趋势在2015年开始发生变化，美、欧、日的货币政策开始背离。美国在经济稳步增长，失业率持续下降，金融市场风险上升后，开始退出非常规量化宽松货币政策，并在2015年12月第一次加息。而欧洲和日本的经济增长仍然疲弱，通货膨胀转为通货紧缩，欧央行和日央行从持续性的零利率向负利率发展。2015年美国加息之后已经开始进入利率增长的上升通道。美联储会继续加息，并在2017年加快升息步伐。无论美联储2017年加息几次，美国已经进入了利率上升的快通道，与此同时，欧央行和日央行则很可能继续维持零利率和负利率或相对美元的相当长时间的低利率。市场预期改变决定了货币市场变化和波动。从过去的24个月，我们可以看到美元不断地走强，日元、欧元和新兴经济体货币不断地走弱（见图1）。

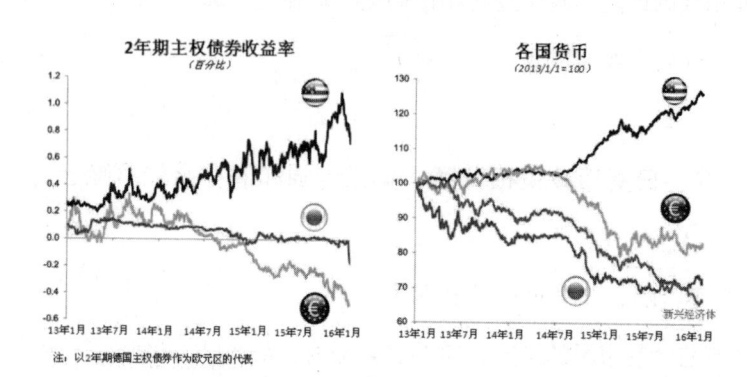

数据来源：根据国际货币基金组织数据整理。

**图1　2年期主权债券收益率与汇率变化情况**

在过去的18个月里，几乎所有的货币对美元都在贬值，日元对美元贬值了近30%；欧元对美元贬值了近20%，巴西和俄罗斯的货币对美元贬值了近50%—70%（见图2）。因此，在背离的央行货币政策格局下，货币市场的波动是未来金融市场最大的风险。

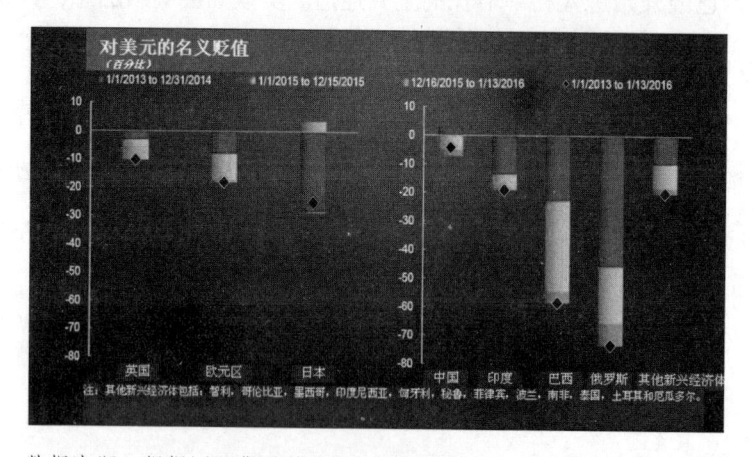

数据来源：根据国际货币基金组织数据整理。

**图2　货币市场和汇率调整**

## （二）美元走强和潜在金融风险上升

美元走强是当今货币市场最主要的事件。观察1980—2014年间美元走强的历史，我们可以看到，美元走强往往伴随着危机风险的上升。图3中可以看出，美元指数在20世纪80年代指标最高点的时候，也是发生金融危机国家最多的时候，这就是20世纪80年代的拉美危机。美元的第二个最高点在20世纪90年代，同一时期金融危机国家的数目又在上升，这是90年代的亚洲金融危机。最近又处于第三个上升的阶段。美元走强是一个特别值得关注的问题。

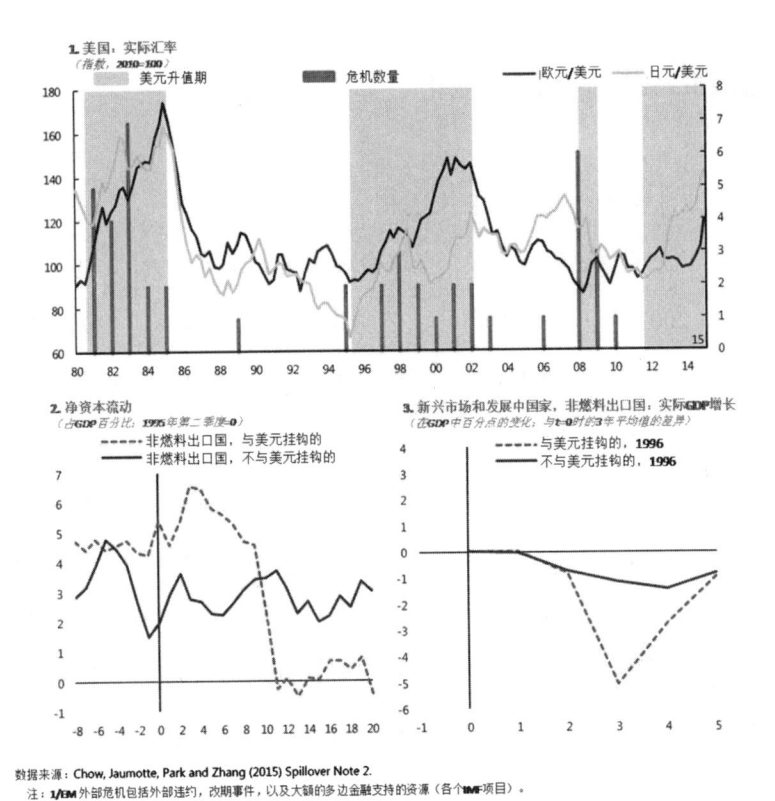

**图3　美元持续走强影响的历史回顾**

美元走强为什么会引起危机？这是因为美元走强，如果一个企业或者一个国家的美元负债较多，就要为债务支付更多的利息，资产负债表会恶化；如果企业没有足够的利润或国家没有足够的外汇储备，就会产生财务或支付危机。美国国内利率水平上升，资本趋于流向美国市场，如果一个企业或者一个国家的金融市场较多地依赖美元流动性，就会陷入流动性紧张。这就是典型的拉美危机和亚洲金融危机的现象，所以美元走强就会引起资产负债的金融风险变化，会引起资本外流导致国内金融市场的波动，正是这两个因素引起金融危机的潜在可能性上升。

## 二 金融市场深刻的结构性变化

### （一）全球金融格局发生巨大变化

2008年全球金融危机以来，全球金融市场发生了重大的结构性变化。以美国为例，2002年美国股票市场、债券市场、银行体系等整体金融资产占GDP的比重为509%，到2015年下降到456%。整体金融市场是经历了一个去杠杆的过程。在此去杠杆的过程中，美国金融结构也在发生深刻的变化，银行业资产占GDP的比重从221%降到109%，银行业瘦身一半，这是美国金融史上几乎从来没有发生过的事情。与此同时，债券市场和股票市场在加杠杆，债权占GDP的比重从2002年的182%上升至2014年的206%，股票市场从106%上升到141%。其他发达国家也有相似的变化。日本、欧洲在去杠杆的过程中，银行业的去杠杆进程特别快速，股市和债市还在以原有的速度不断发展。这就产生了一个新的金融结构。

与此同时，包括中国在内的亚洲新兴市场国家是一个加杠杆的过程。除日本等以外的亚洲地区，金融资产从2002年占GDP的216%快速增长至328%，增长了100个百分点，杠杆率增速为50%。在加杠杆的过程里，首先是银行业在加杠杆，银行业资产占 GDP 的比重增加了 61 个百分点，杠杆率增速也是 50%。债市和股市也在增长，但是没有银行业的增长速度那么快。

所以全球金融结构发生了两个方向的变化：发达经济体去杠杆，主要是银行业瘦身，资本市场继续发展；新兴经济体则在加杠杆，主要是银行业膨胀。全球金融结构和金融风险是紧密相连的，全球金融结构性变化，也是全球金融风险与波动的转移和变化（见表 1）。

表 1　　　　全球金融市场：增长和结构变化（2002—2014）

资本市场：市场结构

| | | 在世界上占比（百分比） | | | | 在本国经济中占比（占GDP百分比） | | | |
|---|---|---|---|---|---|---|---|---|---|
| | | 股票市值 | 债券市值 | 银行资产 | 总体 | 股票市值 | 债券市值 | 银行资产 | 总体 |
| 美国 | 2002 | 50 | 44 | 27 | 35 | 106 | 182 | 221 | 509 |
| | 2014 | 37 | 37 | 15 | 27 | 141 | 206 | 109 | 456 |
| 欧元区 | 2002 | 16 | 23 | 30 | 26 | 52 | 151 | 388 | 591 |
| | 2014 | 10 | 21 | 26 | 21 | 51 | 149 | 250 | 449 |
| 日元 | 2002 | 9 | 16 | 18 | 16 | 52 | 175 | 384 | 612 |
| | 2014 | 7 | 12 | 8 | 9 | 97 | 240 | 232 | 569 |
| 亚洲（除日本、澳大利亚和新西兰） | 2002 | 9 | 3 | 6 | 5 | 52 | 36 | 129 | 216 |
| | 2014 | 23 | 10 | 26 | 20 | 86 | 52 | 190 | 328 |
| 中国 | 2002 | 2 | 1 | 3 | 2 | 27 | 25 | 148 | 200 |
| | 2014 | 8 | 5 | 18 | 11 | 48 | 45 | 223 | 316 |

数据来源：根据国际货币基金组织数据整理。

（二）金融中介功能移向影子银行

发达国家传统银行业收缩时，影子银行规模逐步扩大，金融中介功能正从银行移向影子银行。以美国为例，1995 年银行拥有 5 万亿美元的资产，资产管理公司只有不到 2 万亿美元的资产。金融市场管理的资产约为银行业资产的 40%；20 年以后的 2015 年，资产管理公司的资产和银行业的资产几乎是一样大，都有大约 15 万亿美元的规模（见图 4）。2015 年美国银行业给美国实体经济的贷款比 2007 年增加了 2600 亿美元，同期金融资产管理公司给美国实体经济的贷款，却增长了 1.36 万亿美元。可见，对实体经济融资的功能正在从银行业走向非银行业。这是又一个金融结构的重大变化，即金融的中介功能从银行移向非银行。

（单位：万亿美元）

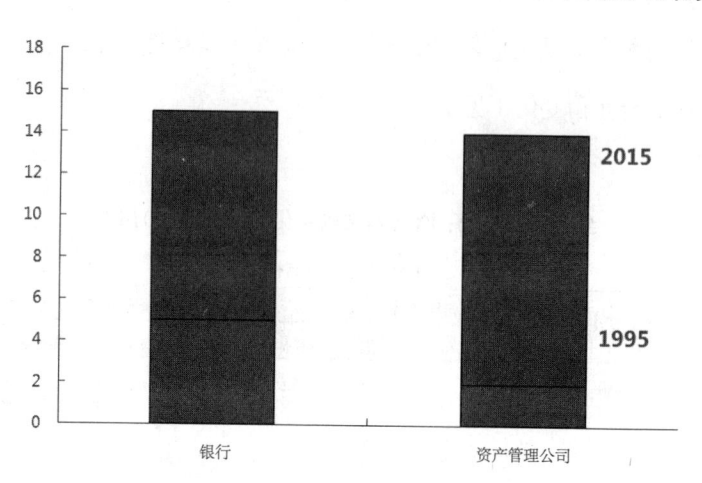

图4  1995—2015年美国金融资产结构性变化

数据来源：根据国际货币基金组织数据整理。

（三）金融集中度增加

当金融中介功能从银行业走向非银行业的时候，金融的集中度大大增加。银行的风险管理系统和资产管理公司的风险管理系统是很不一样的。图5表明，世界上五大主要的资产管理公司对一些主要金融产品的持有比例非常高。例如，单一资产管理公司持有全球高回报债券的比例从10%增加至30%，这是非常高的集中度。全世界五大资产管理公司，持有新兴经济体的国家和公司的债券比例也超过了20%以上，这也是非常高的集中度。也就是说，市场上这5个公司只要有一个撤出这只债券，这个市场必然大幅波动。金融的集中度在今天达到了历史上从来没有过的高度，金融的高集中度从来都会带来高的金融风险。

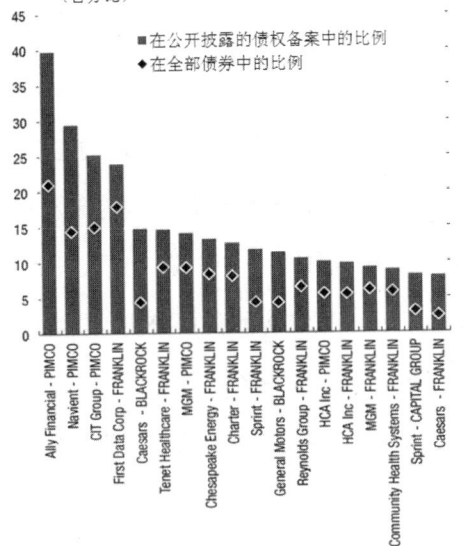

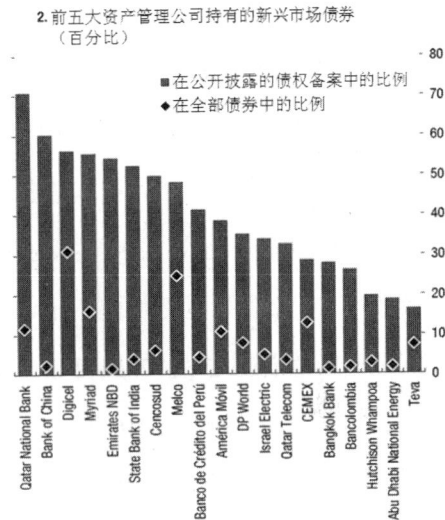

全球金融市场的结构性变化

1. 单一资产管理公司持有的高收益债券
（百分比）

2. 前五大资产管理公司持有的新兴市场债券
（百分比）

- 在公开披露的债权备案中的比例
- 在全部债券中的比例

来源：彭博有限合伙公司；Moore Capital.
注：公开债券备案包括所有在彭博（的数据库里）公开的债券持有信息。

资产管理公司从左到右按出现顺序：
PIMCO – 太平洋资产管理公司
Franklin – 富兰克林·邓普顿投资有限公司
BlackRock – 贝莱德集团
Capital Group – 资本集团

发债公司从左到右按出现顺序：
Ally Financial – Ally 金融
Navient – Navient
CIT Corp – CIT 集团
First Data Corp. – 第一资讯集团
Tenet Healthcare – 泰尼特保健
Charter – 特许通讯公司
Sprint – 斯普林特电话公司
General Motors – 通用汽车公司
Reynolds Group – 雷诺兹集团
HCA Inc. – HCA 健康护理公司
MGM – 米高梅公司
Community Health Systems – 社区卫生系统公司
Caesars – 凯撒娱乐公司

来源：彭博有限合伙公司；Moore Capital.
注：公开债券备案包括所有在彭博（的数据库里）公开的债券持有信息。

新兴市场债券从左到右按出现顺序：
Qatar National Bank – 卡塔尔国家银行
Bank of China – 中国银行
Digicel – Digicel
Myriad – Myriad 公司
Emirates NBD – Emirates NBD
State Bank of India – 印度国家银行
Cencosud – 盛客世公司（撒克萨公司）
Melco – 新濠博亚博彩(澳门)股份有限公司
Banco de Crédito del Perú – Banco de Crédito del Perú
América Móvil – América Móvil
DP World – 迪拜环球港务集团
Israel Electric – 以色列电力公司
Qatar Telecom – 卡塔尔电信公司
CEMEX – 墨西哥西麦斯公司
Bangkok Bank – 曼谷银行
Bancolombia – 哥伦比亚银行
Hutchison Whampoa – 和记黄埔有限公司
Abu Dhabi National Energy – 阿布扎比国家能源公司
Teva – 以色列梯瓦制药

**图 5　金融市场集中度增加**

## 三 新兴市场金融风险上升

### （一）资本流出新兴市场经济

新兴经济体资本流动出现了新变化。就资本流动的规模变动而言，2008年金融危机前后，新兴经济体资本净流入在骤降后迅速反弹；随着经济的走强，出现持续的资本净流入，主要为非直接投资（金融资本和组合资本的流入），包括股市、债市和其他资本的流入。然而从2011年开始，不仅资本流入下跌，而且还不断地出现波动。2014年下半年以后，新兴经济体资本净流入转为净流出；2014年下半年至2016年一季度，新兴经济体平均每季度资本净流出953.4亿美元，总计净流出6673.8亿美元，主要集中在"证券投资"和"其他投资"（见图6）。在美元持续性走强的时候，资本流出新兴经济的压力在不断增大，这又是全球经济的一个结构性风险和结构性变化。

来源：国际货币基金组织
包含的国家有：阿根廷，巴西，智利，哥伦比亚，印度，印度尼西亚，韩国，马来西亚，墨西哥，菲律宾，泰国，中国，南非，俄罗斯，沙特阿拉伯

**图6 私人部门资本净流入**

## （二）新兴市场公司债务沉重

整体新兴市场国家债务水平处于低位，但公司债务仍然沉重。在全球经济低迷、出口低增长压力下，公司利润水平下降，由此债务负担加重。衡量公司债务风险的一个指标是公司盈利对债务利息的覆盖率，即 ICR（Interest Coverage Ratio）。我们用 ICR 表示一个公司的净收入能够覆盖利息支出的比重，如果低于 1，那么公司净收入不足以付息，这个情况就很危险。如图 7 所示，印度的公司大概有 20% 以上公司的 ICR 低于 1，即目前的利润收入已经不足以付息。ICR 处于 1 和 2 之间为勉强可以维持，这类公司又占据了 20% 左右。在市场波动的情况下，这个数字会扩大，当整体 ICR 小于 3 的公司数目占到公司比重的 50%，金融风险就很高了。联系到前面提到美元持续走强的背景，新兴经纪公司债务沉重是一个新的风险点。

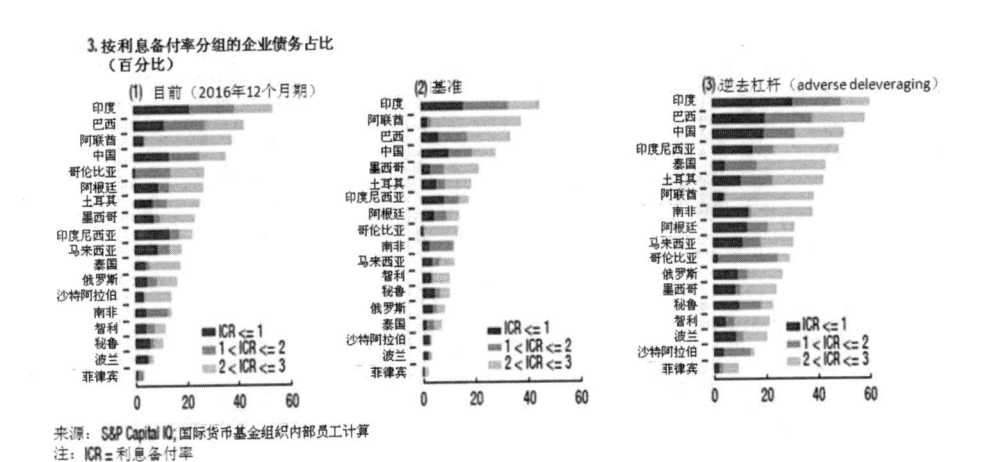

图 7  新兴经济体公司债务 ICR 水平

## 四 金融市场关联性增强，流动性紧缺和波动增大

全球金融市场面临的最大的风险和挑战是全球金融市场的关联性和互动性大大增强，由此可能产生市场的大幅振动和冲击。图8左上角描述了不同金融市场产品之间的关联度和共移性。美国的债券、新兴市场股市等产品的市场关联度和共移性，平均在40%左右。危机以后，全世界金融市场的关联性和共移性大大加强，特别体现在大宗商品和衍生产品领域，关联性和共移性提升到了70%—80%的水平。也就是说，金融产品几乎朝着一个方向和一个节奏移动，同涨，同跌，同波动。

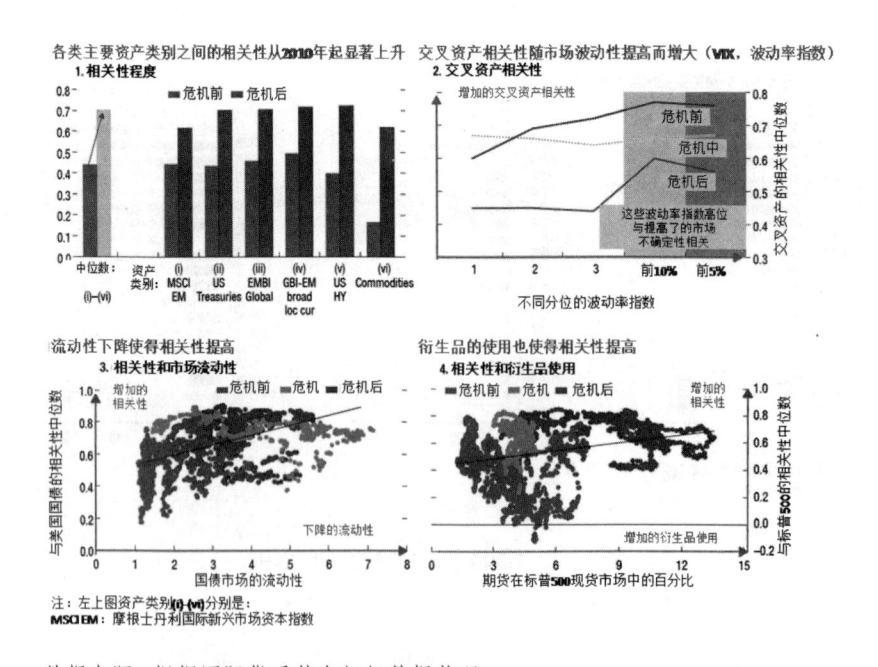

数据来源：根据国际货币基金组织数据整理。

**图8 市场波动性和流动性的相关性**

当整个市场的共移度不断加强的时候，会引起恐慌，会引起流动性的紧缩，这是一个特别大的风险。我们测度了数千计的金融产品，衡量它们的关联度、共移性和流动性的关系。我们把市场的关联、共移和流动性放在图 8 下方，如图所示，2008 年金融危机之前，各金融产品的关联度、共移性和流动性整体有一个随机分布，有高相关性，有低相关性，甚至为零，或者负相关性，整个的流动性还处于市场比较合适的位置。危机以后，几乎所有金融产品的相关性都往上移，移到了 60%—80% 的水平，这是第一个大的变化。第二个变化是整个市场的流动性开始急剧地收缩，移向流动性紧张的区间。我们可以理解，如果所有人都同时买或者卖的时候，流动性一定是紧张的。

金融危机以来，全球金融市场和金融产品的关联性和共移性大大提高已经成了常态，伴随的流动性紧缩意味着市场会大幅度的波动。2015 年，我们观察到了全世界一系列大型市场波动的事件。我们看 100 天内市场围绕均值的移动，用标准差来衡量波动的范围。如果当天市场的波动超过了 100 天均值在一个标准方差内，这是正常的波动；如果是 2 个标准方差的波动，就是较大的波动；超过 3 个标准方差就是巨大的市场波动了，是历史上很少发生的"黑天鹅"事件。2015 年，我们观察到了一系列超过了 2 个方差的市场波动。美国 S&P 500 指数 2015 年发生了 5.5 个标准方差的下跌，这是美国从 1928 年以来发生的最大幅度的单日股市波动。瑞士法郎对欧元汇率发生了 9 个标准方差的波动。美国的国债市场发生了 8 个标准方差的变化，这是美国 1962 年以来没有发生过的市场波动（见图 9）。

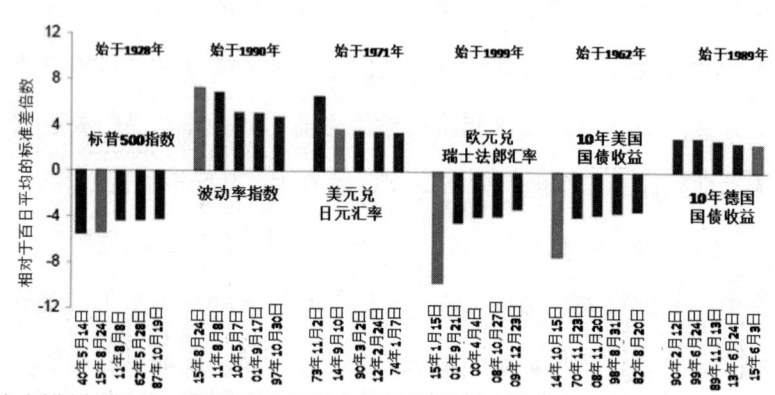

注：每个资产类别的正（负）值是当日数值增加（减少）相对于百日平均的变化。对于货币来说，变化是相对于基础货币（美元和欧元）。对于债券来说，使用的是收益变化，对波动率指数来说，使用的是水平的变化。

数据来源：根据国际货币基金组织数据整理。

**图9　全球金融市场的脆弱性和波动**

令人困惑的是，我们都经历了2015年的波动，但并没有感到这是历史性的"黑天鹅"事件，而且没有爆发危机。这就是今天全球金融市场面临最大的不确定性。今天，金融市场的关联和共移已经成为金融市场的"新常态"，那么市场共移和关联一定会引起流动性的急剧变化。市场的大幅波动也成了"新常态"。只是市场和监管者，包括央行都难以判断，当巨大的市场波动来临时，这是一个波动，还是一个危机，这给全世界的宏观政策制定者和决策者提出了重大的挑战。

## 五　抵御风险政策空间在萎缩

综上，把所有的因素进行综合考量，用典型的IMF的风险分布图看，当前全球金融市场的风险和六个月前相比较，总体仍然在一个较高水平。从市场看，信用风险在上升；从宏观看，货币政策和财政政策的风险都在上升。因为收益太低，所以风险偏好在上升（见图10）。如果和2008年全球金融危机期间的风险比较，当前在信用、宏观等方面的金融风险方面都有所下降，但从宏观条件看，即从宏观政策空间看，全球处理和抵御风险的政策空间和市场能力在急剧萎缩（图10的阴影部分）。

可见，这个世界发生了很大的变化。整个金融市场的宏观背景是我们处于低增长、低利率、低通胀、低石油价格、低投资、低贸易、低FDI的一个持续性、低均衡的状态中。在这个背景下，全球金融市场整体风险水平高企，金融市场正在发生一系列的变化。美、欧、日货币政策背离和美元走强，使得利率和汇率风险成为当前全球金融市场的主要风险。同时，金融市场正在发生着深刻的结构性变化，银行业的去杠杆产生了新的金融分布，银行的中介功能从银行业走向非银行业，产生了新的风险集中度。而这个集中度反映在债市和公司债务上，将产生新的潜在风险。因此对于新兴经济体来说，资本可能会继续外

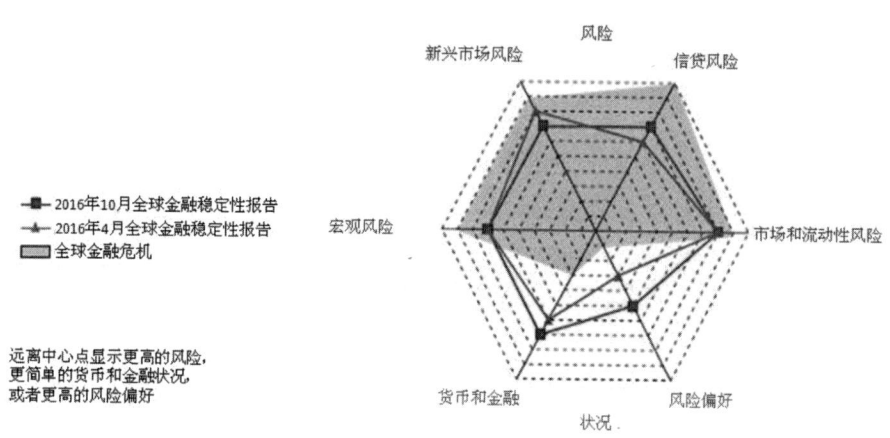

数据来源：国际货币基金组织内部员工估测
注：阴影区域显示2009年4月全球金融稳定性报告中稳定性图表显示的全球金融危机

图10　全球金融稳定图：风险和状况

流，与此同时，我们面临的最大挑战是全球金融产品和金融市场的关联度和共移性的加强，这已经引起了流动性的紧缩和变化，并必然导致金融市场的大幅波动。这是全球金融市场最大的不确定性，也是对市场和政府的巨大挑战。最后，相比2008年金融危机时期，整体金融风险是下降的，但宏观政策的空间却急剧萎缩。修复政策空间也是刻不容缓的挑战。

# 全球化的中国方案

[下篇]

2018年年初,瑞士达沃斯世界经济论坛将"在分化的世界中打造共同命运"定为主题,这是对中国"构建人类命运共同体"倡议的全球共同认可与延伸传承,不可阻挡的全球化已是世界共识,世界各国需要一个崭新的全球化框架,在维持全球化效益的同时进一步推动普惠性增长。2018年中国迎来了改革开放40周年,在过去40年里"中国奇迹""中国经验"成为世界各国关注和学习的对象。曾经作为全球化受益者的中国,将在新一轮全球化的进程中身处何种位置,又将为世界提供哪些思路和良方?

# "金德尔伯格陷阱"还是"伊斯特利悲剧"？
## ——全球公共品及其提供方式和中国方案

文 / 蔡昉[1]

所谓"金德尔伯格陷阱"，是由美国智库学者约瑟夫·奈重提的一个概念，是指在曾经具有世界领袖地位的大国衰落之际，由于新兴大国无力提供必要的全球公共品，从而造成世界治理的领导力真空这样一种局面。金德尔伯格最早提出这个命题，认为正是美国取代了英国作为世界霸主的地位，却未能跟进发挥英国提供全球公共品的作用，因而导致20世纪30年代"灾难的十年"。然而关于"金德尔伯格陷阱"，包括奈本人在内的西方智库学者，说出来的和未予言明的观点有两个：其一是希望把崛起的中国排斥在作为全球公共品供给者的选项之外；其二是担心中国在全球公共品供给问题上成为一个纯粹的免费搭车者。

"金德尔伯格陷阱"这个概念除去其对世界经济增长的解释与众说纷纭的经济学假说不尽一致之外，尚有似是而非、语焉不详、充满传统偏见的缺陷。首先，如何界定全球公共品。国家在一国之内提供的公共品，显然与没有全

---

[1] 蔡昉：中国社会科学院副院长、研究员。

球政府条件下的全球公共品不能相提并论。无论是被称为霸权国家还是被称为"稳定者",既然只能是唯一的,并且是利益驱动的,终究不能反映最大多数国家的利益及其诉求,公共品从何谈起。其次,历史上是否有过单一国家有效提供全球公共品的时代。实证研究需要科学的方法论,而不能从先入之见出发,主观武断地把这个充其量可以说是好坏参半的世界或者归功为公共品到位,或者归咎为公共品缺失。最后,当代世界的问题究竟何在,什么样的公共品是真正需要的以及如何提供。在新兴市场国家和发展中国家对全球经济增长的贡献率已经达到80%的情况下,传统的全球治理模式日显捉襟见肘,意味着公共品的供给脱离了需求,对传统的全球公共品供给模式进行改革,已经成为现实而迫切的课题。

由此,我们先提出一个对于金德尔伯格陷阱的替代概念——"伊斯特利悲剧"。伊斯特利在其著作中谈到世界上的穷人面临着两大悲剧。第一个悲剧尽人皆知,即全球有数亿人处于极度贫困,亟待获得发展援助。而很多人避而不谈的第二个悲剧是,几十年中发达国家投入了数以万亿美元计算的援助,却收效甚微。从更一般的意义上看,经济增长、经济全球化和技术进步无疑都被认为具有促进发展的"做大蛋糕"效应。然而,由此导致的发展却没有产生预期的涓流效应,做大的蛋糕如何在国家间和一国内均等分享,总体而言,在国际和国家层面都远远没有破题。正是由于伊斯特利这个传统全球治理机构的反叛者,敢于像小孩子一样指出国王其实没有穿衣服,因此我们把全球公共品供给传统模式下世界性贫困普遍而顽固的存在,作为比金德尔伯格陷阱更具有针对性的全球治理议题,并称之为伊斯特利悲剧。

中国40年的改革开放发展提供了一个同时做"大蛋糕"和"分好蛋糕"的成功经验。从全球视野观察和分析中国改革开放发展分享的历程,把中国经验和中国故事提升为理论层面的中国智慧,揭示中国方案的全球意义,可以作为对于"金德尔伯格陷阱"和"伊斯特利悲剧"的正面回答。本文拟在这个目标下做一次初步并且可能是粗浅的尝试。

## 一 何种全球公共品？

关于全球公共品的需求以及单一霸权国家作为提供者这个话题，只有在以下条件下才是有意义的。第一是全球化的形成；第二是工业革命的发生；第三是某一单个国家能够在比如经济总量和军事力量等硬实力方面以及文化影响和话语权等软实力方面，具有唯一或统治性的世界影响力。当然，这种影响力又是与具有霸主国家地位彼此促进和相互强化的。所以，经济总量、人均收入、地域规模显然都还不足以构成一个国家是否成为霸主国家或者丧失该地位的唯一标准。

金德尔伯格把全球公共品主要界定在三个方面，即维护和平、维护开放的贸易体系以及形成国际宏观经济管理机构和机制。他仅仅在后两个方面展开了论述。如为了维护开放的贸易体系，他列举了公海航行自由、清晰界定产权、国际货币和固定汇率等公共品需求。在国际宏观经济政策方面，他综述了经济学家和国际政治学家的讨论，如在超国家层面形成类似于交通规则一样的制度体系，包括具有充分共识的原则、准则和决策程序等。对于维护和平这种全球公共品，他并没有展开。金德尔伯格作为经济学家，无论是为了突出主题还是有意扬长避短，强调一些问题而忽略另一些问题，或许都情有可原。然而，对于比如国际范围的贫困问题及其治理只字未提，却是一个难以想象的遗漏。很显然，金德尔伯格的视角受到了冷战时代的局限，并且把发展中国家排除在讨论范围之外。这提示我们，应该真正基于包括世界所有地区的全球视角，认识所谓的全球公共品供给问题。由此出发，后文将按照金德尔伯格的关注程度，即略微提及的（和平问题）和充分关注的（宏观经济政策问题），分别对国际公共品问题进行讨论。我们将简略地回顾一下世界历史，分析英国和美国分别提供了什么样的世界性公共品，是以何种方式提供的，对全球治理产生了怎样的效果。至于被金德尔伯格完全忽略的贫困问题，本文将在下一节专门进行讨论。

如果不是仅仅站在西方国家的立场，我们应该看到，无论是通过殖民统治还是充当世界宪兵，英美的霸权地位并未使其真正履行和平守护者的职能。在打败拿破仑后，英国以其强大的海上军事力量、不断扩张的殖民地以及新技术转化为生产力，逐渐取得世界霸主的地位。但是，如果说英国的牵头作用和震慑力量真的有利于和平，充其量可以说，与此前相比，欧洲内部的战争和冲突减少了。与此同时，包括英国在内的欧洲国家发动了更多地以企图统治亚洲、美洲和非洲为目的的战争。这方面最为人所熟知的就是英国于1840年和1856年在中国发动的两次鸦片战争以及1857年镇压印度民族大起义的战争。

关于欧洲的战争或者从欧洲发起的两次世界大战，尽管历史学家可以并且事实上的确做出过多种反向事实假设（counterfactuals），无论从这类分析得出的替代性后果如何，英国和美国的霸权地位以及提供维护和平的公共品的方式，都足以拒绝战争可以从根本上被避免的假设。例如，第一次世界大战恰是在列强之间外争亚非殖民地，内夺欧洲小国领土，以秘密协定和盟约进行外交斡旋不奏效的情况下爆发的典型的帝国主义战争。而第二次世界大战之前英国奉行的绥靖政策，固然与其第一次世界大战后国际政治经济和军事实力的江河日下不无相关，但更是视共产主义为头号威胁、抑制苏联崛起的强烈意图下的必然选择。所以说，无论是就国际政治学者所期待的维护和平的全球公共品实质和提供方式而言，还是就此类公共品潜在的提供者实际扮演的助纣为虐角色而言，都不能证明存在着金德尔伯格陷阱。

战后迄今为止的世界秩序的确受到了美国独一无二的霸主地位的主导。总体而言，美国在这方面提供的全球公共品，是以长期冷战的方式"维护"世界和平，而事实上，美国发起成立北大西洋公约组织，也就从动机上激发了华沙公约组织的成立。背后支撑这一格局的必然是军备竞争、核武器开发和外空竞赛，同时也表现为各种局部战争频仍，终究是生灵涂炭。

"冷战"时期最著名、规模最大的两场实战——朝鲜战争和越南战争，分别耗时3年和近20年。由于着眼于其在两大阵营间争夺势力范围的性质，不仅美国未予制止，反而成为主要的交战方，甚至还怂恿作为第二次世界大战战败国的日本和德国违背《宪法》向海外派兵。这两场战争在人的生命、经济民生、国际关系等方面付出巨大代价，何谈全球公共品。至于无论是以石油为动机还是以反恐为名，由美国直接发动的海湾战争、阿富汗战争、伊拉克战争等，均可定义为负公共品（public bads）。正如伊斯特利所说："新军事干涉与冷战时期的军事干涉大致相同。新帝国主义者与旧时代殖民者的幻想也别无二致。"

这种服务于霸主国家防务利益的外交政策和国际战略，同样决定了英、美两国在维护世界宏观经济稳定方面公共品的供给及方式。的确，在扩大海外贸易和倡导经济自由主义（英国）和以跨国公司的方式实施经济扩张（美国）的过程中，英、美两国不遗余力地主导建立了一系列旨在维护宏观经济稳定的全球治理机制，如英国推动建立了金本位制和固定汇率制，美国主导建立和运行了布雷顿森林体系，行使了美元霸权。这些机制在促进两霸国家利益的同时，也在一定程度上起到了稳定世界经济秩序的作用，然而，这些事实并不支持金德尔伯格陷阱假说。

首先，以往的单一霸主国家主导全球公共品供给的模式，未能有效维护世界经济及各国经济的稳定。例如，反复发生的国家和世界性经济危机究竟根源何在，如何治理甚至根除，迄今并未有公认的理论和成功的经验，更谈不上存在任何关于单一国家的全球公共品供给可以予以防范的共识。

其次，堪称美国主导的全球经济公共品——布雷顿森林体系（世界贸易组织、国际货币基金组织和世界银行），就其战略理念和运转模式来说，本身就是许多国家决策者和学者所诟病的对象。诺贝尔经济学奖获得者约瑟夫·斯蒂格利茨（Joseph E. Stiglitz）曾任世界银行首席经济学家，他把这些机构称作"全球化机构"，对其进行了深刻的批判。一方面，它们没有给所有国家和所有人带来所承诺的利益，如帮助穷人摆脱贫困，促进发展中国家实现增长，推动苏联模式国家建立有效的市场机制；另一方面，这些机构实施的公共品供给，本质上是使用各国纳税人的钱，由部长和央行行长在少数发达国家，甚至单一霸主国家的主导下进行决策，输出的是未必适用于广大发展中国家和转型国家的自由主义经济模式和政策。

再次，单一国家以一己之力提供全球公共品的时代已经一去不复返了。例如，目前，诸如国际货币基金组织、世界银行和世界贸易组织等机构本身的治理方式以及联合国安理会和各类联合国组织，皆在完善治理结构和管理体制，逐渐加大新兴经济体的话语权，摆脱美国政府的干预和干扰。甚至以1999年在西雅图爆发的抗议世界贸易组织大会事件为标志，国际上各种非政府组织也开始影响全球公共品的供给。此外，彼此之间具有竞争关系的国际机构和机制大量形成，作用不断扩大，如欧洲联盟、二十国集团、东南亚国家联盟以及无数区域性协定和机制，都在提供全球公共品，自然也极大地分散了单一国家的权力。最后，客观上，一个国家在世界经济总量中占据绝对优势地位的格局已经发生变化，今后也很难再现。

## 二 国家的贫困与治理模式的贫困

虽然战争、冲突、恐怖主义、经济不稳定与不发达及贫困问题互为因果，但是，越来越无可争辩的事实表明，在一般列举的全球公共品的主要领域中，贫困问题具有比和平和宏观经济更为深层的性质。有些学者尝试把恐怖活动的发生情景与诸如人均收入、增长表现、人口特征、不均等状况、全球化参与程度、经济自由化程度、社会发展和国际援助等因素进行回归分析，拒绝了经济不发达（或贫困）状况导致恐怖活动的假说。其实，恐怖主义活动和冲突与贫困之间的关系是一个具有历史深度和宏观广度的大命题，而不是可以在微观分析的层面，通过回归一些变量之间的统计关系就能做出定论的。即便不是从作为直接诱因而是提供"温床"的角度，我们也应该认识到，治理全球贫困是比维护和平和国际宏观经济治理更紧迫和更根本的全球公共品。

需要开宗明义的是，在英国成为世界霸主之前，确切地说在工业革命发生之前，包括英国和欧洲在内的整个世界皆处于"马尔萨斯陷阱"之中，无论何时何地，贫困无所不在。而正是工业革命，使英国和欧洲大陆以及随后的新大陆等地区得到迅猛发展，与此同时出现了著名的"大分流"，广大发展中国家陷入了新的贫困恶性循环。所以，至今杜之不绝的亚非拉地区的持续贫困，当年正是与英国成为世界霸主、在世界范围扩充殖民地的历史源自同一家铸币厂，是一枚硬币的两面。换句话说，当年英国对殖民地国家乃至其他贫困国家负有责任，其援助出发点和实施手段也必然与其殖民统治相容相兼。

如果说英国为主导的全球公共品供给，就其模式和减贫效果来说乏善可陈的话，20世纪中期以来美国主导的、很长时间里是在"冷战"格局下实施的全球公共品供给，的确给予了发展中国家的贫困问题更高的优先序。然而，无论是作为冷战思想指南的杜鲁门主义，还是与之异曲同工的罗伯特·麦克纳马拉"铸剑为犁"之举——从国防部部长转任世界银行行长，终究不能在减少贫困上面真正有所作为。伊斯特利认为，之所以产生在减少全球贫困方面的失败悲剧，是由于西方采取的具有悠久传统的错误援助方法。下文中，我们列举若干普遍观察到的这类方法及其错误。

第一，不顾援助对象的现实国情，一厢情愿地推行由"陌生人"——西方专家们炮制出来的减贫计划。这里之所以强调国情这个概念，并非只是质疑这种援助是否为特定国家所真正需要，更是旨在指出，这些国家的现实决定了这样的大计划很少能够真正落地，援助者把穷人需要的东西真正送到其手中的意图常常落空，然而，这种做法至今仍然大行其道。例如，伊斯特利批评的对象，就包括美国著名经济学家、联合国千年项目等国际反贫困项目的负责人杰弗里·萨克斯（Jeffrey Sachs）。后者在《贫穷的终结》一书中仍然沿用并扩展了传统发展经济学的"贫困陷阱"（亦称"贫困的恶性循环"）假说，试图为穷国制订实施一个无所不包的一揽子大计划，而不顾这种全方位计划是否符合特定受援国家的具体国情。这种被伊斯特利称为大推动的计划，不禁让人联想到萨克斯曾经在拉丁美洲、俄罗斯和中东欧等地区推行过的"大爆炸"式的改革方案，亦称"休克疗法"。"休克疗法"给上述国家带去了一场经济灾难，造成了长久的经济衰退与混乱，引起极为广泛的质疑和批评。

第二，或许是在认识到援助不能代替受援国进入发展轨道的努力，而特别是在看到了穷国存在着与援助者期望不相符的体制机制障碍的条件下，国际货币基金组织等机构转而推行所谓的结构性改革。典型的做法是对于受援国家的扶贫贷款和救助性贷款附加条件，要求借贷国家实施由银行经济学家设计的一揽子政策，即结构性调整项目。于是，扶贫的目标及其项目实施便与引导受援国家经济走上以"华盛顿共识"为圭臬的新自由主义道路合二为一。这种做法在几十年实践中广受诟病,结果往往是侵害国家经济主权,造成严重债务问题;推行私有化导致国有资产和资源流入个人手中,公共目标被私利所取代;实施财政紧缩往往以教育、公共卫生等社会保护项目为代价。事实表明,这种结构性调整恰恰是发展中国家贫困不断滋生的原因。

第三,与实施大规模援助还是强加于人的结构性调整这个旷日持久的循环往复一样,对于援助项目究竟是应该由援助者控制,还是由本国政府或精英控制这样的问题,实践中也是纠缠不休,认识上反反复复。而无论是援助国、国际组织还是非政府慈善组织,似乎都忘记了可持续发展是消除贫困的根本途径,而发展的主体是包括工人、农民和企业家在内的本国人民。后者摆脱贫困、走上发展轨道的热切希望、强烈动机和创造精神在援助计划和项目中被严重忽略。从根本上说,吉卜林式殖民主义者的傲慢依然在支配着此类行动。

把贫困作为一个整体概念时,一方面,我们的确可以像萨克斯一样,归纳若干具有共识的关于贫困的诱因,如各种制度弊端抑制经营自主权和劳动积极性,妨碍生产要素特别是人力资本和物质资本的积累与配置,又如不利的资源和生态条件或地理位置以及孱弱的政府治理能力等;另一方面,正如托尔斯泰(Leo Tolstoy)所说:不幸的家庭各有各的不幸。对于国家、区域、社区、家庭和个人来说,贫困永远是具体的和个案的,由独特的诸种因素或其组合所造成。因此,不能期望在万里之外的制度和文化环境中成就出来的专家、项目官员和慈善活动者能够识别、理解从而解决特殊问题。越俎代庖谈不上是公共品,指手画脚则容易成为霸权行径。

真正知道自己需要什么的,是千千万万实际处于贫困中的本国人民。任何发展战略或援助项目,只有得到他们的认同,凭借他们的参与,才可能转化为行动并预期成功。外来者充其量可以针对特定需求提供可替代的、却绝非强加于人的选项作为参考,最终效果必须通过立足本土的诱致性制度变迁和发展绩效予以检验。总而言之，在旨在消除全球贫困的国际行动中，始终沿袭的传统理念和方案，是坚信用一把（在发达国家打造的）"万能钥匙"可以打开（贫穷国家的）千万把"锁"。正是这种方法论上的根本性错误，导致伊斯特利悲剧持续上演。

## 三　从中国故事到中国方案

根据世界银行等机构按照购买力平价进行的统计，早在 2014 年中国的 GDP 总量已经超过美国，成为全球第一大经济体。虽然购买力平价的统计方法有待商榷，按照汇率计算，中国经济超过美国也指日可待。但是，中国绝非国际政治学中讨论的那种单一霸主国家，今后也不准备谋求这个地位。然而，中国愿意对全球公共品供给做出更大的贡献。习近平多次在国际场合强调：中国人民崇尚"己所不欲，勿施于人"。中国不认同"国强必霸论"，中国人的血脉中没有称王称霸、穷兵黩武的基因。[1] 他同时也指出，中国要努力为人类和平与发展事业做出更大贡献。在帮助亚洲和非洲等地区的发展中国家加快发展以及为世界应对各种人类挑战的努力中，中国并不是把自己的发展道路定为一尊，更不会把自己的发展道路强加于人，而是立足于找准世界经济和发展中国家面临问题的根源，将自身发展机遇同世界各国分享。[2] 中国改革开放促进发

---

[1] "中国人民崇尚己所不欲勿施于人……穷兵黩武的基因"出处为"和平共处五项原则发表 60 周年纪念大会在人民大会堂隆重举行。国家主席习近平出席大会并发表题为《弘扬和平共处五项原则建设合作共赢美好世界》的主旨讲话。习近平在讲话中提出对新形势下更好发扬五项原则的六点看法。"转引自《习近平：中国人的血脉中没有称王称霸的基因》，《京华时报》，2014 年 6 月 30 日（http://he.people.com.cn/n/2014/0630/c197034-21536700.html.）。

[2] "中国并不是把自己的发展道路定为一尊……强加于人"概括自"国家主席习近平 2017 年 1 月 17 日出席达沃斯世界经济论坛 2017 年年会开幕式，发表的题为《共担时代责任　共促全球发展》的主旨演讲。"（http://www.xinhuanet.com/world/2017-01/18/c_1120331545.htm.）。

展和分享,并在区域发展中得以复制的成功经验以及进一步的发展,就是中国为世界发展提供的公共品,并且通过"一带一路"倡议建设等倡议和开放战略,使各国特别是广大发展中国家搭上中国发展的便车。

中国故事既是全国性的又是地区性的。由于历史形成的区域发展差距,改革开放进程具有区域上的梯度性,一定时期经济发展在东部、中部和西部地区之间有所差别。解决的方式是把早期在经济特区,随后在更广泛的沿海地区形成的改革开放促进发展和分享的经验,创造性地复制于中西部地区的发展,即在把改革开放逐步深入到中西部地区的同时,针对这些省份人力资本欠缺、基础设施薄弱、产业结构单一制约经济发展速度的问题,从21世纪初开始,中央政府实施西部开发战略,随后又启动中部崛起战略,基础设施投资和基本公共服务投入大幅度向中西部地区倾斜,并落实在一系列重大建设项目的实施上。这一系列区域发展战略迄今取得明显效果,改善了中西部地区的交通状况、基础设施条件、基本公共服务保障能力和人力资本积累水平,投资和发展环境显著改善,良好地调动了这些地区劳动者、创业者和企业家参与地区发展的积极性和创造力。

在21世纪第一个十年中,中国经济发展迎来了两个重要的转折点,标志着进入崭新的发展阶段。第一是跨越了刘易斯转折点,表现为自2004年以来劳动力持续短缺,并导致普通劳动者工资的迅速上涨。第二是人口红利消失转折点,表现为增速早已逐渐放缓的15—59岁劳动年龄人口,最终于2010年达到峰值,人口因素相应地全面转向不利于经济增长。这种转折点效应率先表现在沿海地区劳动力成本提高从而制造业比较优势弱化,使得经济增长难以保持既往的速度。如果完全以国外发展经验为依据,即遵循所谓的国际产业转移的雁阵模式,中国制造业比较优势的下降将导致产业大规模向劳动力成本低廉的国家转移。然而,随着西部开发和中部崛起战略效果的显现,并且由于这些地区仍然保持劳动力成本较低的特点，产业转移更多地发生在沿海地区与中西部地区之间，经济体之间的雁阵模式变成了中国的国内版。劳动密集型制造业开始加快向中西部地区转移，中西部省份的工业投资领先增长，促进了这些地区更快的经济增长。

中国改革开放促进发展与分享的成功故事以及建立经济特区和试验区先行先试，继而实施区域发展战略，在中西部地区创造条件重演沿海地区发展奇迹的有益经验，可以通过中国进一步参与经济全球化和世界经济治理，成为促进经济全球化健康发展，帮助广大发展中国家摆脱贫困、走向现代化的中国智慧和中国方案。这方面最具有引领意义的战略框架和行动纲领就是"一带一路"倡议。"一带一路"倡议完全着眼于发展与沿线国家及相关国家的经济合作伙伴关系，打造政治互信、经济融合、文化包容的共同体，既体现了全球化的内涵，同时着眼于内外联动，以基础设施建设推动实体经济和产能合作，发展投资和贸易关系，实现雁阵式产业转移模式的国内版与国际版相衔接。由于沿线国家和相关国家大多数为发展中国家，这一举措也是用中国智慧和中国方案帮助发展中国家摆脱贫困的重要载体和途径。

固然，每个国家最终摆脱贫困、走向现代化，终究需要立足于国情，依靠内在的决心和努力，消除现存发展动力和制度环境方面的各种障碍。如果说外部人能够做什么有意义的事情（无论是否称其为全球公共品），那么无疑就是提供有益的知识，包括曾经在其他环境下取得过成功的经验和需要汲取的教训、软件和硬件基础设施建设上的必要帮助以及容易入手和见效的市场投资机会。"一带一路"倡议就是这样一种可以同各国自身需要和努力并行不悖的共建共享倡议。

首先，推动基础设施建设，实现互联互通，改善产业投资环境和贸易环境。在几乎所有的"一带一路"倡议相关国家，都存在着交通、能源等基础设施薄弱的"瓶颈"问题，长期制约投资效率和产业发展，也使许多国家不能充分享受经济全球化红利。中国借助亚洲基础设施投资银行、金砖国家开发银行、丝路基金等融资机构，与相关国家和地区进行基础设施建设能力的合作，可以像西部开发战略所显示的那样，预期大幅度改善发展中国家的基础设施条件。

其次，促进产业转移，帮助相关国家把潜在的人口红利转化为经济增长。大部分发展中国家，特别是东南亚、南亚、非洲诸国，人口年龄中位数低，劳动年龄人口继续增长，因而拥有有利的人口年龄结构，正处于潜在的人口红利收获期。只要投资环境和贸易环境得到显著改善，在中国等国家逐渐丧失了比较优势的制造业便可以转移到那里，通过推动工业化和扩大就业，增加当地居民收入，实现更加包容的经济发展，同时，使这些国家分享经济全球化的红利。

最后，通过更广泛的人文交流推动民心相通，既为经济合作夯实社会根基，又有助于相关国家的治理能力建设，使经济社会发展更可持续。中国实施区域协调发展战略和扶贫战略的经验表明，授人以鱼不如授人以渔。开拓和推进与沿线及相关国家在青年就业创业培训、职业技能开发、社会保障管理服务、公共行政管理以及科技、文化、教育和卫生交流、智库交流等诸多社会和人文方面的合作，提高当地的治理能力，改善人力资本禀赋，使这些国家能够结合本地实际，通过本国政府和人民的努力，把基础设施建设和产业投资带来的增长契机转化为长期的经济增长和社会发展能力。

## 四　结语

当今的世界已经越来越不需要一国独霸或少数独尊的公共品供给者。垄断国际事务的想法是落后于时代的，垄断国际事务的行动也肯定是不能成功的。相反，全球公共品供给，是不分大小、贫富、强弱和远近的所有国家的共同责任，而每一个具体的国家从特定公共品上获益或多或少，又在诸如经济能力、文化影响、国际网络等方面分别具有比较优势，因而承担责任可以有所差别或有所分工。诸多来自西方的当事人对传统的全球公共品供给模式和实践进行了反思与批评，但是，西方学术界、舆论界和决策圈显然并没有完全放弃传统理念，即单一或少数霸主国家履行全球公共品供给者的职能。这就是奈提出金德尔伯格陷阱这个命题的背景和含义所在。世界秩序终究要在"乱与治"的对立统一中实现和谐，全球事务从一国独霸到全球共治的转型也必然经历"破与立"的长期摩擦。作为世界第二大经济体、经济全球化的积极参与者和世界经济稳定发展的推动者，中国将在全球经济治理中发挥更加积极的作用。特别是，面对全球贫困这一长期攻而不克的难题，中国最有资格、也有责任提出解决方案，以自己的经验、智慧和能力做出更大的贡献。

# 中国如何引领新一轮全球化

文/丁一凡[1]

英国公民投票，多数民众决定脱欧；美国选民顶着主流媒体和政治精英们的压力，选举从未涉足过政坛的商人特朗普为美国新一任总统；这些"黑天鹅"事件说明了什么？发达国家的民众为何变得如此不理智？

其实，在表面的"政治危机"下面，隐藏的是一股发达国家的"反全球化"怨气。这些怨气开始传染到政治领域，可能会迅速地传导至经济及贸易领域。经济全球化面临着巨大的威胁。中国被认为是"全球化"的最大受益者，这些年快速的经济发展也与全球化的发展息息相关。全球化逆转的可能性有多大，对中国会产生多大的影响？如果中国接过全球化的接力棒，中国该如何引领新一轮全球化呢？

## 一 逆全球化的发展趋势

最近一些年来，无论从国际贸易的发展指数来看，还是从跨国投资的指数

---

[1] 丁一凡：CCG特邀高级研究员，清华大学国家战略研究院资深研究员。

来看，全球化都在退步。从 1990 年到 2007 年，全球的货物贸易从 3.45 万亿美元增长到 14.24 万亿美元。全球经济总量（GDP）也从 22.54 万亿美元增长到 54 万亿美元。贸易增长速度是经济增长速度的 2 倍还多。但从危机以来，全球贸易增长速度却长期落后于经济增长速度。同样，危机前，跨境私人投资的增长很快，但最近一些年，跨境投资的速度一路下滑。

与此同时，西方发达国家的舆论却把全球化当作众矢之的。欧美各国政坛上新崛起的政治新秀都拿全球化说事，把全球化当替罪羊。2016 年新当选的美国总统特朗普，在竞选过程中不断把贸易自由化当作攻击的对象，把美国经济停滞不前的过错全部推到了国际贸易自由化身上。

其实，美、欧、日等发达国家经济从危机以来，一直没有找到未来的增长点。经济增长乏力，政府不断使用财政、货币政策刺激，效果却越来越弱，宏观经济政策效益递减明显。

美国的中央银行美联储已经使用了几轮量化宽松，利率一直维持在零左右。欧洲中央银行及没有加入欧元区的欧洲国家，如英国、瑞士、丹麦等国的央行都在使用负利率。日本央行也在搞了多轮量化宽松后，开始实行负利率。发达国家的债务在危机后迅速攀升，使这些国家继续使用财政政策来刺激经济的余地不大，货币政策成为唯一可以利用的工具。然而，从欧洲和日本使用负利率的情况来看，刺激经济回升的作用不大，货币政策已经"黔驴技穷"了。

在这种背景下，欧美各国政府越来越求助于贸易保护主义和"重振制造业"计划，希望抓住最后一根救命稻草。例如，美国的奥巴马政府就想利用刺激经济计划，重振制造业，改善它在全球体系中的衰落地位。美国提出了跨太平洋的 TPP 与跨大西洋的 TTIP 方案，不仅想重树它在世界经济中的领导地位，而且想把新兴经济体排除在新的国际贸易体系之外。这种"排他性"的制度安排明显是逆全球化潮流而动的。

## 二 发达国家厌恶全球化的原因

2016年出现了英国全民公决脱欧与美国特朗普当选总统的两件"黑天鹅"事件，凸显了美欧社会民众中极端主义情绪的上涨。这些极端主义情绪也被美欧主流媒体称为"民粹主义"的崛起。

民众的极端主义情绪上涨反映出美欧社会近年来的一些变化。

20世纪五六十年代，是美、苏为首的两个阵营争夺激烈的时代，美国的蓝领工人也是进入"中产阶级"的重要组成部分。劳工薪酬与社会福利增长，是两个阵营竞争制度优越性的领域，谁也不敢怠慢。但70年代两次石油危机后，西方世界陷入了长期的"滞胀"阶段，通货膨胀与经济增长停滞同时发生，让那些熟悉西方宏观经济学的决策者们手足无措。80年代后，里根与撒切尔夫人在美、英搞起了"新保守主义革命"，打垮了美、英的工会，搞了金融自由化。从20世纪80年代开始，美欧的企业开始大量到海外投资，特别是在东亚国家投资，以降低成本，提高竞争力。接下来的金融自由化与贸易自由化大大促进了这一过程，全球化一时蔚然成风。

全球化虽然使美欧大企业赚得盆满钵满，但这些国家却出现了"去工业化"之风。伴随着"去工业化"过程的，是大型企业与劳工在工资谈判中的能力大增，而劳工却失去了谈判的筹码。美国企业在这一过程中走得最快最远，以致到危机后，美国蓝领工人的平均薪酬还不如20世纪70年代最高的时期。

"去工业化"造成了美欧国家贫富分配不均，在金融集团工作的人虽然只占社会的一小部分，却是全球化最大的受益人群。过去，"中产阶级"这个庞大的社会群体的消费曾经是美欧社会经济发展的动力。但随着中产阶级的萎缩，消费能力的下降，美欧等发达国家经济增长失去了动力。

随着生产的转移，美欧等国家大量民众生活在不确定生活中，他们无法适应全球化带来的新变化，劳动技能老化，跟不上新的形势发展。在欧洲，这些失业人群成为社会福利制度的包袱，社会救助成为政府开支的重要部分，而债务负担又成为政府无法利用财政支出刺激经济增长的障碍。

与此同时，通信信息的发展使技术转移比过去容易得多，新兴经济体掌握新技术的门槛降低，追赶发达国家的时间缩短。从金融危机开始，新兴经济体国家的发展很快，对世界经济增长的贡献一度超过了发达国家。而且，有些分析家认为，发达国家受到人口老龄化等社会问题困扰，未来对世界经济的贡献会持续低于新兴经济体国家。这些预言使发达国家深感受到了威胁。

在发达国家，互联网、无线通信技术的发展使社会自媒体突破了传统媒体对公众舆论的控制能力。久而久之，美欧等发达国家的公共舆论开始变化，他们指责全球化只对发达国家掌握资本的人群有利，对其他民众不利。"占领华尔街"等社会运动的崛起就代表了这部分声音，而2016年特朗普更是靠煽动这部分人的不满情绪当选了美国总统。

不仅在美国，民选制度也使欧洲民众的不满情绪逐渐发酵，反映为极端政治思想的崛起和持极端观念的政治人物的崛起。最近几年，随着"难民危机"，从世界各地流向欧洲的移民激发了欧洲人回归民族主义、回归国家主权的热情。各种民意调查表明，支持欧洲一体化的民意在迅速萎缩，而要求回归国家主权的民意在迅速上升。按照这种趋势发展，欧洲主要国家内极右翼政治家未来仍有可能靠选举上台。

## 三 逆全球化造成的全球影响

逆全球化的发展，无论对发达国家和发展中国家来说，都造成了巨大的影响。

从发达国家的角度来看，政治生态的极端化使任何有效的经济结构调整政策都无法出台。相反，越是鼓吹极端政策的政治家越能受到民众关注，他们不但于事无补，反而使当政的政府官员受到巨大掣肘。在这种背景下，发达国家的经济增长几乎停滞，许多著名的经济学家把近些年发达国家的经济增长称为"大停滞"。

美国经济被称为逐渐走出停滞的最好经济体，在西方有"一枝独秀"之称。然而，即使在美国，经济复苏也主要靠股票市场的回升，而股票市场的回升某种程度上仍然是泡沫。从企业赢利情况来看，大部分美国企业的利润都没有上升。美国的就业回升也主要靠零售业等服务业的招工，美国制造业的就业人数没有明显好转，说明"重振美国制造业"的计划并不成功。美国股市之所以好转，很大程度上是因为长期的零利率加量化宽松货币政策，刺激了人们在股市上投资的热情。前些年，美元汇率低迷，资源价格居高不下。许多美国企业都去争相开发页岩气和页岩油。在宽松的货币政策刺激下，页岩气这种本来在20世纪70年代就发明了的技术却受到了市场的追捧，一时间与页岩气有关的公司债券与股票泛滥。

然而，随着能源供给的上涨，需求却随着全球经济增长乏力而显得不足。投机能源的生意很快就要走到尽头。特别是，美联储实行超宽松的货币政策已经近10年，无论如何也该进入下一个加息周期了。如果再拖延下去，别说会导致无法控制的通货膨胀，许多靠"吃固定利息收益"的养老基金等社会福利基金就挣不下去了，因为它们投资的国债等稳定投资的年收益率只有1%多一点儿，根本无法支付它们的开支。美联储升息，投资成本就会上升，资本就会离开资源市场，能源价格就会继续下滑，靠页岩气等垃圾债券堆积起来的股市泡沫就会破裂，美国就可能进入新一轮衰退。

发达国家发行的都是硬通货。危机以来，发达国家的中央银行都实行的极其宽松的货币政策，先是量化宽松，进而又开始执行负利率。超级宽松的货币政策释放出大量流动性，而由于新兴经济体前些年增长迅猛，成为发达国家企业投资的目的地。新兴经济体本身的企业也参与了借廉价外汇债务、返回本国投资的套利活动。大量"热钱"流向新兴经济体国家，推进了这些市场上的资产泡沫形成，造成一种疯狂的追涨资产投资的气氛。

然而，当2014年后美联储退出量化宽松后，市场预期美联储货币政策要转向，大量资本回流美国，追逐证券类资产。资源的价格暴跌。新兴经济体中有好多国家是资源出口国，它们成为最大的牺牲品。巴西、南非、俄罗斯都经历了几乎可以被称为货币危机的汇率大贬值，造成了通货膨胀高企，经济增长迅速放缓，巴西的经济困难甚至演化成了政治危机。

## 四　未来的发展趋势及中国的战略选择

全球化的逆转会持续一段时间，因为随着特朗普当选美国总统，其他欧洲国家极端政治人物上台执政的可能性也在上升。这些人物都反对贸易自由化，反对经济"全球化"。

经济全球化开始是由发达国家推动的，它们开始逆全球化而动，一定会影响未来的世界经济发展趋势。在这种背景下，为了维持中国经济的强劲发展，为了填补世界经济中发达国家缺席留下的真空，中国有必要成为引领新一轮全球化的主导力量。

为此，中国应该注意把握好以下四点发展趋势：

第一，采取措施，鼓励更多的技术人才到中国发展，让中国成为新技术开发的乐土，让中国市场成为新技术生长的肥沃土地。

其实，发达国家掌握工业制造诀窍的年代早已过去，"逆全球化"无助于它们"重振制造业"，无法改善它们在全球经济中的处境。例如，联合国按照制造业的不同标准，把工业制造分成了39个大类、191个中类和525个小类。按照联合国的标准，中国现在是全球第一个拥有完整工业体系的国家，所有的大类、小类全都齐全。这使得制造企业在中国可以轻易完全各种配套工作，找到各种配套产品零部件，节省大量的时间和精力。这种优势使中国制造在未来一段时间内会吸引更多的创新型企业家来投资。

特朗普政府鼓励传统产业的回归，为此他不惜冒天下之大不韪，让美国退出《巴黎气候协定》，但这使美国许多新兴产业的企业家灰心丧气，他们很不满意美国当前的形势，很想跑出去寻找新的投资机会。这正是中国吸引新兴技术企业来中国投资的千载难逢的机遇。中国在吸引外国技术人才上、在吸引外来技术公司创业上应该采取更加灵活的方法，鼓励外国人才来中国开发新产品，推出新业态，以引领世界技术创新的新潮流。

第二，把握住资本管制这道防火墙，逐步开放金融市场。未来一段时间，美、欧、日等发达国家的货币政策的差异化会更加明显，对国际金融市场的冲击不可小觑。发达国家搞了近10年的极端宽松的货币政策，目前美国、欧洲及日本的货币政策开始出现了分歧。美联储准备进入升息周期，而欧洲央行和日本央行还在执行负利率政策。这些货币政策差会引起资本市场的大幅波动。

特朗普竞选时曾允诺，当选后要加大政府开支，改善基础设施建设，同时还要减少广大中产阶级的赋税,以刺激他们更多的消费。这些预期,加上美联储加息的预期,促使美元汇率上扬。但美国的政府债务已近 20 万亿美元,将来美联储每提高 0.25 个百分点的利率,美国政府的债务利息支出就要多出 500 亿美元。[1] 如此下去,强势美元一定会导致美国经济景气的恶化,会导致美国国际收支的恶化,如果美国政府再加大财政赤字,双重赤字很快就会引发新的债务危机。美联储之所以在提息节奏上如此拖拉,正好反映出他们自己的担心;而美元汇率市场上长期汇率的变化不是朝美元升值,而是朝美元贬值的方向移动,也反映出国际投资者的担心。

中国要做好准备,把握好金融开放的节奏,不能太快地拆掉"资本管制"这个我们与发达国家资本市场之间的防火墙,以防止新的债务危机冲垮中国资本市场。

第三,理性对付发达国家对中国的猜忌,减少对西方大企业向中国转移技术的期待。随着中国实力的增长,发达国家对中国的猜忌迅速增长。美国议会对中国投资加强了审查,担心中国对美投资是为了获得美国的新技术,而他们认定是技术外流使西方与中国的实力对比更加失衡。欧盟国家也开始商讨对外国投资加强审查的事宜,矛头明显针对中国对欧投资迅猛增长,欧盟也担心中国对欧投资将导致欧洲技术外流。

西方发达国家贸易保守主义兴起,它们虽然还是中国最大的出口市场,但中国对这些传统市场的出口增长非常有限。未来,中国与这些发达经济体的关系不会持续好转,却有可能出现更多的紧张。中国未来的技术创新可能更多要

---

[1]《外媒:美国债务首次突破 20 万亿美元大关》"9 月 12 日据美国"商业内幕"网站报道,美国国债有史以来首次突破 20 万亿美元大关。截至目前,美国债务已达 20.164 万亿美元,而且还在继续上涨。",2017 年 9 月 13 日,凤凰网(http://finance.ifeng.com/a/20170913/15669536_0.shtml.)。

依靠中国企业自身的发展，而无法依赖与发达国家更多的科技合作。

第四，进一步推动中国与新兴经济体的合作。新兴经济体在基础设施建设方面还有巨大的空间，在消费、服务方面也还有巨大的提升余地，这使新兴经济体国家对与中国的合作很感兴趣，也充满了期待。新兴经济体的人口结构更好，心态更开放；它们更愿意积极参与新的国际合作，愿意建立更加合理的协调机制。总而言之，新兴经济体是推进新型经济全球化的主力军。中国需要开发新的市场，在国际体系中树立不一样的话语权。金砖国家的厦门峰会已经开创了新兴经济体之间互利合作的典范，这种"南南合作"的模式势必会激起更多新兴经济体的兴趣。中国与这些发展中国家的合作一定会大大改变未来世界经济增长的趋势，也会让世界经济的结构出现前所未有的变化。

美国的投资公司已经预测到了这种发展趋势。高盛公司预测，到2050年，世界经济的前5名将由4个金砖国家（中国、印度、巴西、俄罗斯）加美国组成。

高盛公司还预测，到2050年，新钻11国（墨西哥、韩国、印度尼西亚、土耳其、伊朗、埃及、尼日利亚、孟加拉、巴基斯坦、菲律宾和越南）的GDP总和将超过美国，而且是欧盟国家GDP的两倍。

普华永道在其最新版的《2050年的世界》报告中也认为，按照购买力平价法计算，2015年新兴经济体7国（巴西、中国、印度、印度尼西亚、墨西哥、俄罗斯和土耳其）的GDP已经与前工业7国集团相当，而到2040年，新兴经济体7国的GDP总和将是前7国集团的两倍。到2050年，欧盟国家的GDP将降到全球经济总量的10%以下，而美国也将降至12%。

中国要借助当前的历史机遇，进一步打开发展中国家市场，利用这些国家新的工业化机会和中产阶级成长带来的市场扩大机会，推动中国与这些地区的投资与贸易便利化。中国可以与新兴经济体及广大发展中国家更加密切合作，拯救全球经济合作框架，拯救全球多边自由贸易机构和机制。

在控制好中国国内金融泡沫的基础上，中国可以利用发达国家"逆全球化"的时机，扩大自己在国际体系中的话语权，利用投资与贸易扩大自己在广大发展中国家的影响，重塑对中国发展有利的国际体系。

# 以"中国分担"和"全球共治"突破全球化两大陷阱

文/王辉耀[1]

## 一 全球化在十字路口何去何从

自其萌芽以来，经济全球化恰似世界经济迅猛的催化剂，极大地提升了社会生产力，为世界创造了巨大的财富。尤其自20世纪70年代，也就是被多数学者视为"全球化3.0"的时代以来，是经济全球化的蓬勃发展阶段，也是全球经济增长最快的时段。统计数据显示，全球经济总值从1970年的2.95万亿美元，增长到2010年的65.6万亿美元，增长了20多倍。全球贸易额从1970年的3056亿美元增长到2010年为15万亿美元，增长接近50倍。

以经济学理论的视角，一方面，经济全球化为世界经济带来全方位、革命性的改变；另一方面，经济全球化也使国际经济关系更加复杂，它使以往的国别关系、地区关系发展成为多极关系和全球关系，推动了处理这些关系的国际

---

[1] 王辉耀：博士，教授，博导，全球化智库（CCG）主任。

协调和合作机制的发展，形成这些经济规则。

可以说，在战后很长一段时间内促进了国际合作与世界繁荣的这套全球治理体系，正是在经济全球化的基础上得以建立与发展的。

然而，近年来，过去在经济全球化进程中遭到忽略的负面因素逐渐显现。由利益分配不均衡导致世界范围内的贫富分化加剧使全球化失去大量民众的支持，而全球化导致的部分国家国内工作岗位流失，也激发这些国家的蓝领群体反对。加之各国为刺激经济回暖纷纷推行多样化的贸易和投资保护措施，这也在一定程度上导致了全球化的倒退。[1]

在这波反对全球化的浪潮中，对经济全球化影响最大、最显著的例子包括WTO及多边贸易体制止步不前，美国退出TPP，英国脱离欧盟，等等。从WTO到TPP，从美国到欧洲，经济全球化似乎真的走到了一个十字路口。

当前，第二次世界大战结束已超过七十年，第二次世界大战末期由美国为主导的发达国家一手建立的布雷顿森林体系，以及与之休戚相关的以联合国、WTO为代表的整套全球治理体系，虽然曾经促进了战后世界经济的恢复和发展，大大推动了全球化的进程，但是经过长期运转，已无法很好适应全球政经背景的深刻变化，亟须更多国家的分担，并为体系的创新注入活力。

## 二 权力转移时代的两大陷阱

与全球化的时代变局相伴而生，并使之更为波澜起伏的，乃是作为崛起大国（rising power）的中国和作为主导性大国（ruling power）的美国之间悄然进行的权力转移，这种大国实力对比的变化尤其在经济领域表现得更为显著。目

---

[1] 王辉耀、苗绿：《全球化VS逆全球化》，东方出版社2017年版，第140—141页。

前，中国已经是世界第二大经济体和世界第一大贸易体，各方分析热衷于预测中国名义 GDP 超过美国的时间点。甚至，一些机构基于购买力平价（PPP）计算，中国的 GDP 已经超过美国。与此同时，中国在国际事务中日升的话语权和影响力，也越来越符合人们对一个大国的认知和期待。

正是在此背景下，中国的崛起让美国部分人士感到威胁，中美对抗成为国际社会所担忧的情境。笔者在哈佛大学担任高级研究员时期曾与著名政治学家格拉汉姆·艾利森（Graham Allison）教授就此交换意见。艾利森教授在国际上以提出"修昔底德陷阱"广为人知，他认为一个强国的崛起势必会造成现有霸权的惧怕和担忧，从而产生结构性的张力[1]。"修昔底德陷阱"指的正是一个新崛起的大国必然要挑战现存大国，而现存大国也必然会回应这种威胁，战争因此变得不可避免。此说法源自古希腊著名历史学家修昔底德对雅典和斯巴达战争的分析，他认为，当一个崛起的大国与既有的统治霸主竞争时，双方面临的危险多数以战争告终。

与艾利森对中美"硬实力"（Hard Power）的聚焦相比，同样来自哈佛大学的约瑟夫·奈（Joseph Nye）教授基于自身理论，更侧重"软实力"（Soft Power）[2]方面，并从全球治理的角度抛出另一个问题。他认为很多国际关系学者在讨论 21 世纪国际秩序时，都担心中美关系是否会掉入"修昔底德陷阱"（Thucydides's trap），其实我们更应该要问世界经济是否会掉入"金德伯格陷阱"（Kindleberger's trap）。他目睹特朗普政府急于抛弃国际公共产品（Public Goods）主要提供者角色，开始担心中国是否有能力与意愿填补这个真空，否

---

[1] 陈超：《修昔底德陷阱：伯罗奔尼撒战争的起源》，2017 年 4 月 15 日，澎湃新闻网（http://www.thepaper.cn/newsDetail_forward_1650537）。

[2] Nye, J.S., Soft power: The Means to Success in World Politics, *Public affairs*, 2004.

则世界经济将出现公共产品供给短缺的危机。[1]

而所谓"金德伯格陷阱",指的是在曾经具有世界领袖地位的大国衰落之际,由于新兴大国无力提供必要的全球公共产品,从而造成世界治理的领导力真空的局面。金德伯格最早提出这个命题,认为正是美国取代了英国作为世界霸主的地位,却未能跟进发挥英国提供全球公共产品的作用,因而导致20世纪30年代"灾难的十年"。

事实上,"修昔底德陷阱"和"金德伯格陷阱"正是当今国际体系面临的两大关键难题。前者关乎中美关系这组全球最重要双边关系的走向,牵动国际体系的"基本盘"。后者对于全球治理体系的健康与否,本身就是绕不过的问题。

而与美英之间基于共享文化与价值理念的和平权力转移相比,中美之间的权力转移进程不可能一帆风顺,恰恰面临"修昔底德陷阱"和"金德伯格陷阱"的双重挑战。作为新兴大国的中国,一方面需要把握中美关系的大局,避免滑入"修昔底德陷阱",引发中美冲突的双输局面;另一方面,又需要回应既有体系主导者美国对中国在全球治理中"搭便车"、疏于提供国际公共产品的质疑。从某种程度上说,中国对这两个陷阱的回应是密切关联,相互嵌套的。因而,中国应该有系统性的解套方案,同时应对全球化的宏观变局与中美关系的双边动态。

## 三 以"新型大国关系"避开"修昔底德陷阱"

事实上,第二代权力转移理论(Power Transition Theory)学者进一步发展了该理论,从而使权力转移的"宿命论"悲观色彩得以弱化。根据新理论,

---

[1] 朱云汉:《世界需要担心金德伯格陷阱吗?》,2018年3月20日,爱思想网(http://www.aisixiang.com/data/108926.html)。

新兴大国与现存大国之间的权力转移是否和平,并非完全取决于双方"权力"(power)的消长,还应考虑后者对前者"意图"(intentions)的判断。也就是说,即使新兴大国的实力已经逼近现存大国,只要作为既有体系主导者的现存大国不认为新兴大国有意对自己取而代之、改变现有体系,那么战争不必然会发生。

针对权力转移时代下中美关系的走向,台湾大学政治学系教授、"中央研究院"院士吴玉山就提出一个重要的概念,他认为,决定未来中美之间"战与和"的关键在于"制度弹性"[1]。作为既有体系主导者的美国能否给予中国更多空间,分享体系权力,作为后起之秀的中国能否接受、共享既有体系的文化与规则,都将决定现有国际体系的"制度弹性"能否包容中美两个大国的竞合关系。

其实,中国方面对近年外界热议的"修昔底德陷阱"高度重视,多次展示、强调了和平发展、维护国际社会繁荣与稳定的诚意。2014年1月,美国《赫芬顿邮报》旗下《世界邮报》创刊号刊登了对习近平主席的专访。针对一些人对中国迅速崛起后必将与美国发生冲突的担忧,习主席指出,我们都应该努力避免陷入"修昔底德陷阱",强国只能追求霸权的主张不适用于中国,中国没有实施这种行动的基因。而2015年9月习近平主席访美时再次提道:"世界上本无'修昔底德陷阱',但大国之间一再发生战略误判,就可能自己给自己造成'修昔底德陷阱'。""度之往事,验之来事,参之平素,可则决之。"要跳出"修昔底德陷阱",习近平给出的答案是构建中美新型大国关系。[2]

的确,中国不是"雅典",美国也不是"斯巴达"。如习主席所言,宽阔的太平洋,容得下中美两个大国。中美都面临时代赋予的机遇,中国的崛起不意

---

[1] 包宗和:《国际关系理论》,(台北)五南图书出版公司2011年版。
[2] 申孟哲:《大国如何避免"修昔底德陷阱"》,《人民日报(海外版)》2015年1月27日。

味着美国的终结。"不冲突不对抗、相互尊重、合作共赢的大国关系"是中国从容面对"修昔底德陷阱"之问,给美国,也给世界的坦诚回应,对防止中美战略误判,打消世界对中国"国强必霸"的疑虑都具积极意义。

## 四 以"中国分担"和"全球共治"开创全球治理新局面

除了重申中国和平发展,不谋求称霸的立场之外,如何用实际行动展示中国作为现有国际体系内负责任大国的姿态,将决定中国的论述是否足以说服世界——而这,恰恰关乎中国对"金德伯格陷阱"的反击。

首先,中国本身就是既有世界经济体系的最大受益者之一,没有理由和动机颠覆这一体系。2018年是改革开放40周年,改革开放正是中国打开国门、参与经济全球化进程、逐步融入世界经济体系的历史实践。40年来,中国"摸着石头过河",一步一个脚印,实现了从全球化的旁观者到参与者、推动者的蜕变,并逐步迈向全球化引领者的行列。中国从全球化的最大受益者之一,成长为参与全球治理的重要力量之一,并以自己的能力和方案,反哺全球化和世界[1]。中国有足够的理由使美国和世界相信,我们无意逆转、取代现有的国际体系。

因此,对现有这套国际多边机制的尊重和维护是中国参与全球治理的首要之义。中国应该积极维护以联合国为核心的既有全球治理体系,在经济层面,维护以WTO为核心的全球多边贸易体制,以及世界银行、国际货币基金组织等全球经济治理机制。现阶段,WTO多边贸易体制遇到困难的时候,我们仍要强调多边贸易体制的严肃性,对多边贸易体制、多边规则更加尊重。中国应

---

[1] 傅莹:《全球化进退中的中国选择》,《中国新闻周刊》2018年第842期。

该在国际贸易体系中逐步成为榜样，增加话语权，更好地保护WTO机制的运行，维护其权威。

另外，WTO现在面临发达成员国和发展中成员国之间内部的利益关系不协调问题。中国作为世界大国，又是最大的发展中国家，应该更好地扮演WTO内部协调者的角色，消除WTO内部的利益矛盾，推动WTO的机制改革，从而维护好多边贸易体制。

同时，中国提出的一些新的国际倡议和机制，如亚投行、金砖国家新开发银行，可以积极和世界银行、国际货币基金组织寻求合作，既与现有体系和谐共赢，也避免造成另起炉灶的印象。

其次，特朗普治下的美国自身对多边体制和国际责任的弃守是中国展示对体系维护及作用的机遇，也能使中国对全球治理的贡献更得人心。

当前，由于特朗普表现出对美国一手建立的国际秩序、多边机制的漠不关心，甚至表现出明显的反自由贸易、反全球化的倾向。由此使得国际上，包括美国国内都有很大的呼声，希望国际上能有更多大国积极担起体系责任，维护国际秩序。如此背景下，在经济全球化中一路成长起来，已经成为世界经济重要一极的中国，正在被世界寄予填补"全球领导力真空"的厚望。这既是中国作为负责任的大国，承担更多全球领导力的挑战，也是中国作为世界上最大的发展中国家，借全球化战略发展壮大自身实力的历史机遇。

事实上，破解"金德伯格陷阱"的关键在于保障国际公共产品的提供，正需要杜绝全球治理的领导力真空，而中国已经着手应对。台湾大学政治学系教授、"中央研究院"院士朱云汉的研究指出，中国已经开始为国际社会提供大量补充性或替代性国际公共财产，而且已经建构了一个全方位、多层次、立体化的全球与区域政策协调和深化合作机制，并且正试图协调所有新兴市场国家成为全球化下一个接棒者，为全球化注入新的动力。这一趋势近几年非常明晰。他认为美国逐步退位，世界正好可以借机修补自由国际秩序，改革全球治理机制[1]。在他于全球化智库（CCG）香港委员会的演讲中还提到，中国目前对全球治理的参与和倡议，是用以维护而非削弱全球化的，毕竟，中国的经济奇迹得益于全球化的历史进程。

目前，以TPP、TTIP、RCEP、AIIB、G20等为代表的第二代全球治理格局正初具雏形，恰是中国趁势而上，再次激活经济全球化的全新窗口。因此，对于以TPP、TTIP、RCEP等为代表的各类区域自贸协定谈判，只要向WTO通报，不违反WTO的基本原则，应当以包容的态度，鼓励并乐见其成。同时，对于TPP这个战略意义重大的协定，中国事实上应该积极参与、争取加入，寻求对美贸易战略主动。参与TPP与中国力促全球化推崇自由贸易的原则相一致，有利于遏制当前贸易保护主义和孤立主义的势头，彰显中国进一步开放的决心。因而中国应该主动参与TPP，进一步展示中国发展开放型世界经济，促进世界共同繁荣的决心。

同时，中国还可以推动TPP和RCEP的整合，促成亚太自贸区（FTAAP）的形成。TPP和RCEP，两个区域自贸安排既存在竞争，又具有一定互补性，而两边的谈判都在近年中加速，使得二者存在相互融合的潜力，也都成为统一的FTAAP的实现路径。

FTAAP的推动可以有两种途径，一是将TPP和RCEP融合成为FTAAP；二是围绕TPP和RCEP形成一个"伞形协定"。FTAAP可在关税减让、服务业开放、知识产权规则等方面设定介于TPP和RCEP之间的中间标准水平，在亚太区形成一个多层级的自贸体系。它的建成，将通过中美两大经济体的合作升

---

[1] 朱云汉：《逆全球化潮流与全球治理改革的新动力》，2017年11月27日，观察者网（http://www.guancha.cn/ZhuYunHan/2017_11_29_436942.shtml）。

级，为亚太及全球经济释放巨大红利。在中国寻求经济结构转型和新一届美国政府重新布局经济战略的历史性时期，中美共同推动的 FTAAP 符合两国经济、战略利益，也有助于经济全球化的复兴与深化。而中美在全球经贸治理领域的合作将直接决定世界经济是转向更开放、更一体化的未来，还是走向以邻为壑的孤立主义。

再次，中国在积极参与全球治理，提出新倡议、新机制的同时，也应该始终摆出与美国等大国，以及与全球分享、分担、共治的姿态，谨防落入新的话语陷阱，在国际上造成新的误解。

所以，一方面我们应该多提出一些可以与美国优势互补而非对抗的部分，开发中美两个大国之间能够对话与合作的新机制，这也符合建立"中美新型大国关系"的大方向。

对此，我始终认为中国应该主动发起国际电商联盟和国际网络空间联盟。美国在互联网、电子商务领域有先发优势，拥有谷歌、苹果、脸书等高科技、互联网巨头，硅谷更是全世界最重要的科技和创新中心。而近年来，中国在此领域的发展突飞猛进，以阿里巴巴、腾讯和百度为代表的 IT 公司，不止在中国风生水起，甚至已经在全球范围内形成影响力，引领一些行业风潮。相信电子商务、互联网既是中国能够为世界经济做出持续贡献的领域，也是中美两个大国之间可以互利共赢、优势互补，并带动世界各国参与，共同致力于提升全球经济治理水平的重要范畴。

另外，中国应该强调对全球治理责任的"分担""担当"以及与世界各国"共治"的概念，把这些概念的精神融入已经提出的"一带一路"倡议、"人类命运共同体"构想中，同时基于这些概念，发起建立一些助力全球治理的国际组织。

也就是说，我们对全球治理的进一步参与和贡献，以及积极提出的这些对全球治理的新倡议，要以"中国分担""全球共治"的姿态和意识进行，区别于"中国领导""中美共治"等过于突出中国、中美两国作用的说法。

目前，西方对中国全球影响力的崛起颇有微词，"中国领导"的条件也并不成熟。而"中美共治"的说法也早已有之，可能陷入G2的思维，不利于广纳各国声音。因而，事实上中国可以多提"全球共治"，以区别于过去单极、两极的国际秩序与全球治理格局。致力于让全球化走向更公平的，世界各国均可参与的方向，才能避免再次造成全球化的分配不均，助长全球化逆流。

对此，结合人类命运共同体构想，我们应该强调"一带一路"倡议是世界各国的合唱，而不是中国的独唱。在推进"一带一路"倡议建设的过程中，我们应该打造"一带一路"倡议国际共同体，也就是基于"一带一路"倡议的国际共同体，以建立平等相待、互商互谅的伙伴关系；营造公道正义、共建共享的安全格局；谋求开放创新、包容互惠的发展前景；促进和而不同、兼收并蓄的文明交流。

具体来说，我们还可以倡导建立国际人才组织、国际智库联盟等有益于更好地挖掘中国的全球治理潜力，推进全球治理体系优化的国际组织。

中国现在已经是一个人才大国，也是一个贸易流动、资本流动大国。在贸易流动领域，有WTO进行全球治理，在资本流动领域，有国际货币基金组织进行全球治理，但是现在国际上还没有一个关于全球高端人才流动的组织。包括学历的互相认证、职业资格的认证、甚至未来移民的配额、留学生的管理等，都特别需要一个国际组织来协调，探讨如何进一步做好这些工作。

中国要从过去30年的注重吸引外资，转变到未来30年注重吸引境外人才。在积极参与全球治理过程中，建立一个"人才WTO"，也就是世界人才组织很有必要。主动发起一个国际人才组织，在人员设置、机构设置等方面一样占据较大的主导地位。中国本身就是个人口流动大国，如果能够发起一个新的国际组织，让中国为全球治理和国际人才流动做出独特贡献，将极具意义。

与此同时，中国近年来正在大力建设新型智库，民间智库进入蓬勃发展期。"二轨外交"成为中国增进与国际对话，促进对外交流的新领域。全球化智库（CCG）就在推动中国的全球化研究与实践，搭建中外沟通桥梁方面做了一定的贡献。中国智库应该积极通过对全球治理、全球化战略以及人才全球化的研究，发挥更多政策咨询作用，通过二轨外交推动国际交流与合作。

而基于这一批新型智库的发展经验与成果，中国可以倡议建立一个国际智库联盟。这一联盟应该欢迎、广纳世界智库，邀请各国专家对全球化、全球治理等议题集思广益、百家争鸣。事实上，国际智库联盟应该逐渐发展成为一个全球智库的对话与合作平台。任何一个国家的智库可以通过这个机制贡献它们本国的发展经验，对全球治理的观点与建议，也让这个机制成为汇集全球智库智慧与力量，共同致力于全球治理体系的创新发展进程中来。

总而言之，中国无意取代现有的国际秩序，中国想做、能做的是分担国际责任、修补全球治理机制的短板，优化和创新全球治理体系。一方面，中国会致力于维护联合国、WTO 等既有的国际体系和机制，更多地展现"中国分担"；另一方面，中国可以基于自身优势和经验，从发展中国家、新兴市场国家的角度，与美国为代表的发达国家一起，提出一些更公平、道义的全球化方案与机制，并邀请世界各国一起参与，提升全球治理水平，追求"全球共治"的格局。相信以"中国分担"和"全球共治"，中国能够避免和美国之间的"修昔底德陷阱"，也能够给"金德伯格陷阱"一个圆满的答案。

# 着力推进新型全球化
# 带动全球经济走出十年萧条

文 / 周晓晶[1]

自 2008 年全球金融危机算起,全球经济已经经历了十年左右的萧条期。传统全球化所遭遇的暂时挫折,严重迟滞了全球经济的复苏进程。继续推进全球化进程既面临种种挑战也存在诸多机遇,抓住机遇积极推进经济贸易全球化进程成为所有新兴市场国家和西方主要国家的共同责任。而只有加大力度积极推进新型全球化,才能够真正带动全球经济走出十年萧条期。

## 一 继续推进全球化进程面临四个方面挑战

一是英国脱欧和特朗普当选后,西方反全球化思潮,在很大程度上限制了全球化的进一步推进。英国和美国都是过去几十年大力倡导经济贸易全球化的积极实践者,也是在全球化进程中最大的获利者。特别是在金融全球化的大

[1] 周晓晶:国务院发展研究中心亚非发展研究所原所长,全球化智库(CCG)高级研究员。

力推进和积极扩张中，美国、英国都成为最主要的，甚至是排他的获利者。但是，在特朗普上台后，美国先是退出TPP，继而扬言退出美加墨自贸体系，甚至退出世界贸易组织，而英国则明确启动了脱欧进程。这些动作，无疑对本就因金融危机后西方国家经济贸易萧条已经迟滞的全球化进程带来了进一步的伤害。而从根本上讲，无论是全球经济，还是新兴市场和发展中国家经济，在20世纪末21世纪初的强劲增长，都直接得益于全球化。虽然新兴市场国家和欧元区主要西方国家仍在积极采取措施大力推动全球化，但如得不到以美国、英国等西方主要金融强国的响应，推进力度和推进进程势必难以尽如人意。

二是西方社会的政治右倾化和日益蔓延的民粹思潮，也将成为全球化推进进程中的重大阻力。虽然在2017年的法、德、意等欧洲主要国家大选中，西方社会的政治右倾化尚未占据主导地位，但是，随着西方民粹思潮的蔓延，一旦全球再度遭遇经济暂时困难甚至经济衰退，势必会在政治上卷土重来。这种倾向，在未来几年，甚至十几年的全球化推进进程中，都有可能成为重大的掣肘因素，制约全球化的进一步推进，尤其值得注意。

三是美联储加息及缩表，也是制约全球化进程的一个重要负面因素。美联储加息及缩表，将对新兴市场和发展中国家经济的发展，带来明显冲击和较大不确定性。这种冲击和不确定性使得新兴市场和发展中国家难以复制，21世纪初，也就是2001年到2010年间的强劲增长，这将在一定程度上限制新兴市场和发展中国家大力推动全球化和积极参与全球化的能力与动力。而从根本上讲，新一轮全球化的大力推进，将在很大程度上依赖新兴市场和发展中国家经济的持续增长及在此基础上的积极参与。

四是地缘政治因素及局部战争风险，仍将对新一轮全球化带来较大制约。自21世纪以来，地缘政治冲突和局部战争就始终没有中断。即使是在西方因全球金融危机普遍陷入经济衰退和持续萧条阶段，这种状况也没有多少改变。

地缘政治冲突和局部战争风险的存在，极大限制了国际资本的跨国投资，特别是对一些从经济上看具有较大投资价值、但政治风险较高国家和地区的跨国投资，因而在很大程度上对新一轮全球化的推进带来制约。而从根本上讲，地缘政治冲突的话语权，又主要掌控在以美国为首的西方国家手中。所以，一方面，地缘政治冲突越激烈，矛盾越突出，越不利于新兴市场和发展中国家的经济发展，不利于其提升自身积极参与和大力推动全球化的能力；另一方面，美、英等国政府的反全球化立场及采取的种种动作，也在很大程度上影响到其对地缘政治冲突的立场和方向。显然，这都将对全球化的进一步推进带来较大制约。

## 二 积极推进新型全球化存在诸多历史机遇

一是2008年全球金融危机以来，国际经济格局的力量对比所发生的有利于新兴市场和发展中国家的根本性改变，是新一轮全球化能够得以继续推进的重要物质基础。长期以来，西方国家经济占全球经济比重高达70%以上。这种状况自2008年全球金融海啸后开始发生重大甚至根本性变化。2010年，美国、西欧经济占全球比重首次降到不足50%。此后，新兴市场和发展中国家的经济，一直朝着接近西方经济比重的方向前进。预计到2020年，新兴市场和发展中国家经济占全球比重可达到50%，与西方国家基本持平。与这一趋势相适应是2009年以来，新兴市场与发展中国家对全球经济增长的贡献率，就始终超过50%，远超以美国为首的西方国家的贡献。

二是新兴市场和发展中国家自21世纪以来，借助全球化的强势崛起，为新兴市场和发展中国家，积极参与和大力推进全球化进程，并进而改变不合理的全球治理模式和治理结构提供了重要支撑。从近年来国际治理体系的变化中，我们即可以清晰地看到这一点，据此也能够进一步把握新一轮全球化的基本方向。这里有两个较大的载体，一个是金砖国家合作的强势崛起和大力推进，特别是金砖国家合作的机制化趋势，彰显了金砖国家所代表的新兴市场力量在国际社会中的重要地位和作用。另一个是G20在全球治理中取代G7的趋势。长期以来，全球治理的主要载体是G7也就是西方国家集团，但自2008年起，G20峰会开始成为全球治理的重要载体。G20共有19个国家，其中11个是新兴市场和发展中国家。这11个国家的人口占了G20国家的3/4左右。

三是西方国家中仍然存在全球化的坚定捍卫者和积极推动力量。全球金融危机后，西方经济全面衰退，以及接下来的欧洲债务危机，导致西方民粹思潮的蔓延和反全球化倾向，虽然严重削弱了西方国家推动全球化的意愿及其在全球治理体系重建中的领导能力，从而成为全球化的拖累因素。但同时，无论是欧元区，还是其他西方国家，甚至包括美国和英国国内，也还存在着强大的支持全球化的力量。过去三十几年，美国始终是全球化的最大受益者。2009—2010年，为推动美国走出经济衰退，美国国内曾有过究竟是通过重新振兴制造业还是重新推进金融全球化来带领美国走出经济衰退的争论。争论的结果，一是奥巴马政府提出了重新振兴制造业的一系列政策措施，二是奥巴马政府通过了一系列推动TPP的相关举措。诚然，奥巴马政府大力推动TPP在很大程度上还有着遏制中国主导全球化进程的意图和考量，但不可否认的是，TPP首先是一个继续推进全球化的载体。即使在特朗普退出TPP的大背景下，断言美国国内就不存在主张继续推进全球化的声音和力量也是不准确的。事实上，美国国内目前仍然存在着较强的主张自由贸易和全球化的利益集团。至于德、法两国主导的欧元区，以及日本、加拿大、澳大利亚等其他国家，更是西方国家中大力主张推动全球化的重要力量。

四是新兴市场国家正成为新一轮全球化的主要推动力量，新兴市场国家近年来大力推进的一系列区域性甚至全球性经济发展和经济整合措施,正成为新一轮全球化继续推进的重要载体。如中国提出的"一带一路"倡议与建设,东盟合作机制的深化,中亚五国合作机制的扩容,"金砖+"等发展新理念的提出与实践;以及其他一些区域性,甚至在整个洲际的经济合作与整合,都为新兴市场和发展中国家,积极参与和大力推动全球化,以及积极参与全球治理,并推动全球治理模式及治理结构的优化和改善,提供了重要机遇。可以预见,随着新兴市场国家整体经济实力的进一步提升,新兴市场国家必将取代美国,成为新一轮全球化的最主要推动力量,并主导全球化的进程与方向。

## 三 新型全球化的主要特征

过去三十几年的全球化基本上是美国主导的全球化。2008年金融危机后,西方国家陷入全面经济衰退和持续萧条,催生了西方社会日渐增大的反全球化声音,并使得过去几年的全球化进程事实上处于停止状态。特朗普竞选期间扬言退出世界贸易组织和美加墨自贸区,并在上任伊始即宣布退出TPP,更是使本就风雨飘零的全球化进程雪上加霜。如何在充满不确定性的国际政治经济大背景下继续推进全球化进程的历史重任,责无旁贷地落到了新兴市场国家肩上。中国2013年提出的"一带一路"倡议,恰好顺应了这种时代要求,并为在新的时代背景下重振全球化、继续推进全球化进程,提供了新的视角和新的动能。

实事求是地讲,中国提出并积极推动"一带一路"倡议,最初更多地还是着眼于积极探索"2.0版"的中国改革开放战略。过去四十年中国改革开放得以成功的重要经验之一,就是中国自觉地将国内改革的推进建立在对外全面开放的基础之上,通过全面对外开放扩大自身的国际视野,为国内改革找到国际参照体系和国际坐标，从而全面推进国内改革进程。同时，中国始终把推动中国的经济发展作为改革的根本目的，而不是为改革而改革，这样也就避免了其他国家闯关式改革，甚至所谓"休克疗法"式改革的教训。正是在这些成功经验的基础上，中国提出了供给侧结构性改革和"一带一路"倡议，形成了"2.0 版"的中国改革开放战略。但是，恰恰是在中国大力推进"一带一路"倡议的这几年里，国际形势发生了重大变化，从某种意义上讲，甚至可以说是翻天覆地的巨大变化。应对这种变化，中国的"一带一路"倡议为新兴市场继续推进全球化进程提供了重要抓手，中国的"一带一路"倡议也就自然而然地升华为新兴市场国家重振全球化的内在要求和战略共识。中国商务部 2015 年 3 月发布的"一带一路"倡议路线图明确，"一带一路"倡议贯穿亚欧非大陆，一头是活跃的东亚经济圈，一头是发达的欧洲经济圈，中间广大腹地国家经济发展潜力巨大。丝绸之路经济带重点畅通中国经中亚、俄罗斯至欧洲（波罗的海）；中国经中亚、西亚至波斯湾、地中海；中国至东南亚、南亚、印度洋。21 世纪海上丝绸之路重点方向是从中国沿海港口过南海到印度洋，延伸至欧洲；从中国沿海港口过南海到南太平洋。从路线图的这一战略构想中不难看出，在这两条广袤而又雄伟的经济带中，人口超过 20 亿，本身就是一个巨大的市场，存在着一个个未来一段时间极具潜力的新兴经济体，和巨大的合作和开发潜力，这些区域和地带的崛起在未来几十年将有力地验证亚洲世纪的辉煌。现在看，中国政府提出"一带一路"倡议，并辅之以亚洲基础设施投资银行，其最大意义就在于不但为全球经济进入新的长波增长周期找到了新的经济增长点和新的经济增长极，同时也为重振全球化、为继续推进全球化进程，提供了中国机遇，提供了新兴市场动能。

过去三十几年全球化具有三大基本特征：一是基本上是美国为首的西方国家主导的全球化，从根本上讲是从属于美国主导的全球治理体系和既有经济秩序的；二是基本任务在于为国际资本开疆扩土，因而也就最大限度地满足了国际资本的逐利要求；三是金融全球化、金融资本过度扩张，结果导致虚拟经济与实体经济的严重失衡。从这三大基本特征不难看出，在过去三十几年全球化进程中，获利最大的只能是以美国为首的西方国家，特别是美国。当然也不能不看到的是，资本在全球范围内的逐利行为，必然会在客观上将少数新兴市场国家或发展中国家纳入全球化中，作为全球化推进进程中特定的热点、节点或新的增长点，带动其经济成长并使其分享到较大的经济利益，如"金砖五国""灵猫六国"等。甚至不排除个别国家，如中国收获了仅次于美国的最大利益。正由于此，加之西方国家没能处理好国际资本逐利与本国中产阶层利益递减以及下层利益受损等问题，才导致西方社会普遍出现反全球化思潮。

美国退出 TPP 以及特朗普的美国至上和反全球化立场，事实上也就终结了美国主导的全球化进程。但这并不等于全球化本身的终结。一个最基本的事实是，除美国以外的大多数西方国家仍然需要全球化，新兴市场和发展中国家更需要全球化。从某种意义上讲，21 世纪以来金砖国家的强势崛起，印度尼西亚、土耳其、越南等新兴市场国家的快速崛起，无一不是全球化推动的结果。目前，中国提出 2020 年全面进入小康社会，印度提出 2032 年进入 10 万亿美元俱乐部，俄罗斯普京豪言"给我 20 年还你一个强大的俄罗斯"，这些目标的实现，均有赖于全球化的继续推进和强力推进。与过往不同的是，继续推进的新型全球化将会展现出如下全新的视角、突显出新的特征。

其一，继续推进的全球化将不再是美国主导，而是东西共治，甚至新兴市场国家主导的全球化。其二，继续推进的全球化的主要着眼点是实体经济而不再是片面的金融扩张，因而将更有利于新兴市场和发展中国家。其三，继续推进的全球化将较好地处理好资本逐利与相关国家的自身发展问题，以及如何更好地惠及中下层民众的切身福祉问题。而这样一来，符合了更广泛新兴市场和发展中国家的利益，也就为新型全球化的继续推进找到了方向。因而必将受到新兴经济体和发展中国家的广泛欢迎，并成为新兴市场的战略共识。

## 四 中国将从四个方面继续坚定推进新型全球化

过去三十几年全球化过程中，中国既是全球化的积极参与者，又是全球化的最大受益者之一。正是在积极参与全球化的过程中，中国实现了自身经济的强势崛起，成为全球第二大经济体。近年来，在全球化受挫的大背景下，中国政府多次明确而又全面地阐述了中国坚定推进全球化的立场和相关措施，并通过扩大开放、扩大对外投资等实际行动多视角地展示了中国在全球化问题上的自信、力量与担当。中国始终认为，自从2009年西方国家普遍陷入经济衰退后，全球化进程严重受挫，逆全球化甚至反全球化日益蔓延。其结果直接导致近些年来全球贸易投资的停滞不前甚至持续下降，从而极大影响到全球经济的复苏进程和复苏力度。因此，提振全球经济，其中一个重要环节就是重新振兴全球贸易与投资，就是进一步推进经济贸易的全球化。

从方向上看，中国继续推动全球化进程可以着眼于以下四个方面的基本措施。

其一，坚定不移地继续推进对外开放，积极打造开放的高地、投资的热土，和世界共享中国发展机遇。推动中国的发展，首先要把自己的事情办好，但关起门来会导致办不好自己的事情，所以我们的开放大门会越开越大。2017年，中国吸引外资在发展中国家仍居首位，突破1300亿美元。世界银行对中国营商环境的评估，2016年和2013年相比上升了18位。同时，我们推动上海自贸试验区建设，已经逐步扩大到11个省区市，而且还会把普遍适用的经验向全国推广。中国这么做的根本目的，就是通过自身的积极开放，让世界上的其他国家共享中国机遇。

其二，加大力度积极推动"一带一路"倡议的实施，并通过各种机制协调中国与沿线国家的共同发展。自从"一带一路"倡议提出和亚洲基础设施投资银行启动以来，中国的倡议得到了全球最广泛的支持和赞成，相关举措也得到沿线国家的普遍赞誉。可以预见，随着"一带一路"倡议国际合作的深入推进，"一带一路"倡议沿线国家与中国的经济合作将会越来越深入，中国对这些国家的投资将越来越广泛，这些国家经济将越来越受惠于中国经济的发展。

其三，积极推动双边或多边自由贸易区和投资贸易协定谈判，用区域化来推动全球化。中国对已经达成或者希望达成的一些区域贸易安排一直持开放态度，也乐见其成。只要是有利于贸易自由化的，我们都会去参与、去推进，而且中国明白，要用开放抓住全球化的机遇，不管有什么挑战都不能错过。而在过去若干年里，我们也和很多国家提议，建立自由贸易区或者进行投资贸易协定的谈判，这些都是有利于双向开放的措施。虽然目前中国与一些国家有一些经贸摩擦，但这不应该成为影响我们继续开放的理由。相反，我们应该明确一个道理，就是你的开放力度越大，开放程度越深，这里面的摩擦相应就会越多，但是所占比例会越来越小。

其四，中方也愿意和世界各国一道来改善全球治理体系。过去几十年来，全球化进程中确实也出现过一些问题，如结构的失衡、分配不尽合理，以及治理体系和治理结构等方面出现的问题，但它们不是全球化本身的问题，而是发展中的问题、应对方面存在的问题。从某种意义上讲，全球化进程中出现的利益分配失衡和发展结构失衡，所反映的最终还是全球治理结构和治理体系的失衡。因此，只有紧紧抓住全球治理这个根本问题，才能从根本上解决全球化进程中出现的各种问题。中国过去、现在和将来始终愿意和世界各国一道来改善全球治理体系，从而为新型全球化的继续推进保驾护航。

# "一带一路"倡议能否开创"中式全球化"？

文 / 王义桅[1]

丝绸之路衰落推动欧洲人走向海洋，开创海洋型全球化。这种全球化是单向度全球化。核心—边缘分工体系，文明的等级秩序，区域化与全球化矛盾导致全球化悖论，酿成今天的逆全球化、反全球化现象。"一带一路"倡议的提出，表明中国从参与到引领全球化角色转变。通过倡导文明的共同复兴、开创文明秩序、实现陆海联通和全球化的本土化，建设绿色、健康、智力、和平丝绸之路，共商、共建、共享利益、责任、命运共同体，"一带一路"倡议扬弃了西式全球化，打造开放、包容、均衡、普惠的合作架构，给全球化注入中国色彩，将来可能或正在开创"中式全球化"。

## 一 问题的提出

经过近百年的探索，我们找到了一条中国特色的社会主义道路；改革开

---

[1] 王义桅：中国人民大学习近平新时代中国特色社会主义思想研究院副院长，欧盟"让·莫内讲席"教授，国际关系学院博士生导师，国际事务研究所所长，欧盟研究中心主任，中国与全球化智库特邀高级研究员。专著《一带一路：机遇与挑战》《世界是通的——"一带一路"倡议的逻辑》分获2015年、2016年"中国好书"奖。

放,中国参与全球化,走出一条中国特色的全球化之路——经济全球化与政治、文化中国特色并行不悖。近年来,西方国家迟迟未走出全球金融危机的影响,最终酿成逆全球化、反全球化现象。中国提出"一带一路"倡议,能否扭转全球化逆转趋势,开创中式全球化?

20世纪80年代,里根、撒切尔推行的新自由主义,推动了贸易自由化、生产国际化、资本全球化、科技全球化为主要特征的经济全球化飞速发展,并最终帮助西方阵营赢得了"冷战"。美国人一度认为全球化就是美国化,宣称"历史的终结""世界是平的",政治上推行普世价值和西方民主政治,在经济上推行资本主义世界经济体系,试图让全球在政治、经济等各方面按照西方模式实现标准化。然而,全球化的双刃剑也在解构美国霸权,政治多极化、经济全球化、文化多样化、社会信息化加速发展,产生去中心化效应。美国耗费了大量实力并未实现全球西方化的目标,而经济全球化让财富和权力更快地集中到顶层资本所有者手里,同时也掏空了工业基础,扩大了贫富差距。事实是西方的上层操弄了全球化,而社会的底层民众却把目标对准了全球化和中国这样一些全球化中的成功者,试图彻底打击和抛弃全球化。全球化开始走向碎片化。

冰冻三尺非一日之寒。这种现象的产生可以追溯到全球化的起源、演进、本质,最终酿成全球化悖论。

(一)单向度全球化

全球化的命运其实是与丝绸之路的兴衰分不开的。历史上的丝绸之路非常辉煌。欧洲传教士盖群英在漫长的丝绸之路旅程中如此记述:"宽而深的车辙分分合合,犹如江面上的涡流。在这条路上,无数人走过了几千年,形成了一条永不止息的生命之流……"1453年,奥斯曼帝国崛起,把东西方贸易文化交流的桥梁切断了（史称"奥斯曼之墙"），欧洲人被迫走向海洋，从而改变了整个世界格局，变成了西方中心的时代，海洋主导的世界，开创海洋型全球化。按照世界银行数据，当今世界产出的八成来自沿海地区的一百公里的地带，因为地球71%面积被海洋覆盖，90%贸易通过海洋进行。这种西方中心的海洋型"全球化"其实是"部分全球化"（partial globalization），或曰单向度全球化，正如《共产党宣言》描绘的："正像它使农村从属于城市一样，它使未开化和半开化的国家从属于文明的国家，使农民的民族从属于资产阶级的民族，使东方从属于西方。"[1]

### （二）中心—边缘模型分工体系

从殖民时代开始，人类社会的发展总是以部分国家的牺牲为代价的，其根本原因是资源有限性和分配不公，传统全球化模型中由于发达国家掌握了资本和核心技术，在中心—边缘模型分工体系下，它们攫取了大量的非对称利益。

传统全球化形成了一套"世界分工体系"，极大地整合了全球产业链效率。这种分工体系基本上是跨国公司的全球市场配置形成的。跨国公司发展促进了生产、资本、贸易、技术的全球化，而跨国公司绝大多数是西方的。

### （三）文明等级秩序[2]

全球化是由西方发达国家引导的，这个国家群的主体文明是基督教文明，基于"一神教"的特性，所以传统贸易、资本的全球化也带来了西方中心主义价值观的全球化。这本质上形成文明等级秩序，而基于文明/宗教价值观的矛

---

[1] 马克思、恩格斯：《共产党宣言》，《马克思恩格斯选集》第一卷，人民出版社1997年版，第26—31页。
[2] 参见刘禾《世界秩序与文明等级》，生活·读书·新知三联书店2016年版。

盾在现有制度安排下几乎是不可调和的。

（四）区域化与全球化悖论

传统全球化理论认为，区域一体化是全球化的初级阶段，全球化是区域一体化的终极阶段。但在实际操作中，凡是区域一体化程度高的超国家组织会自然出现一种"圈子化"的内化性，从而抵触进一步全球化，最典型的例子就是欧盟，在本轮世界经济危机之前，欧盟80%以上的"外贸"都是在成员国之间进行的，这种"自闭"当然不利于全球化的发展。英国脱欧表明通过欧洲地区一体化推进全球化的逆转，不惜以退出欧洲单一市场的硬脱欧方式更好拥抱全球化。

如何克服上述全球化悖论？如何改革全球化使之获得可持续发展？2010年，中国超过美国成为第一大工业制造国，而全球化的缘起就是工业化。全球金融危机爆发后，世界经济增长三成以上来自中国的贡献。英国脱欧、特朗普当选美国总统表明，昔日新自由主义倡导者在反全球化、逆全球化，全球化的火炬传到了中国。习近平主席出席世界经济论坛2017年年会掀起全球化中国风。全球化何去何从？国际社会将目光越来越投向中国，投向"一带一路"倡议。

## 二 "一带一路"倡议：彰显中国模式与文化理念

今天，"一带一路"倡议以陆海联通、互联互通，不仅超越海洋型全球化，而且超越古丝绸之路本身。古代丝绸之路从东方到西方，中亚只是过道、洼地，并没有实现共同富裕。"一带一路"倡议就是要消除这种贫富的差距，真正让沿线国家命运铆在一块，寓命于运，寓运于命，形成命运共同体。

如果用一句话来描述"一带一路"倡议，那就是欧亚大陆的互联互通，实现包容性全球化。

"一带一路"倡议，全称叫"丝绸之路经济带"和"21世纪海上丝绸之路"。有三个关键词，第一个是"21世纪"。"一带一路"倡议首先是由铁路、公路、航空、航海、油气管道、输电线路、通信网络组成的综合性立体互联互通的交通网络，其核心词是互联互通——万物互联、人机交互、天地一体，鲜明体现21世纪特色。第二个是"带"，经济带经济走廊与经济发展带，是中国改革开放模式经验的体现。2013年9月，中国国家主席习近平访问哈萨克斯坦，在哈萨克斯坦纳扎尔巴耶夫大学发表的题为《弘扬人民友谊 共创美好未来》重要演讲。在演讲中，习近平指出，"为了使欧亚各国经济联系更加紧密、相互合作更加深入、发展空间更加广阔，我们可以用创新的合作模式，共同建设'丝绸之路经济带'，以点带面，从线到片，逐步形成区域大合作。"[1] 由此，中国建设"丝绸之路经济带"的战略构想首次被提出。第三个是"路"。中国人有句话：要致富先修路，要快速修高速。在中国，"路"还不是一般的路，是道路，"路"只是实现"道"的一种方式。"道"怎么说的呢？《道德经》第42章说，道生一，一生二，二生三，三生万物。今天的"道"就是命运共同体。因此，"一带一路"倡议不是一条，而是很多条，因为它是开放的、包容的。

通过说文解字，就不难明白，为什么不用"新丝绸之路"？"一带一路"倡议跟古丝绸之路有什么关系？其实，"丝绸之路""新丝绸之路"的说法都是舶来品。"一带一路"倡议只是借助了"丝绸之路"这个想象，推进对外合作的倡议，不是简单地复兴古丝绸之路，而是激活共同的历史记忆，复兴它的精神——和

---

[1]《弘扬人民友谊 共同建设"丝绸之路经济带"》，《人民日报》2013年9月8日第1版。

平合作、开放包容、互学互鉴、互利共赢的丝路精神，进行全球产业链布局。

无论从顶层设计还是具体实践看，中国革命、建设、改革各个阶段都产生了一系列中国特色的做法、经验与模式，为"一带一路"倡议提供了丰富的营养。尤其是，渐进式改革、从沿海到内地的有序开放，通过产业园区、经济走廊等试点，然后总结推广，形成以点带面、以线到片的局面，最终以中国国内市场一体化为依托，辐射周边，形成欧亚大陆一体化新格局。

"要致富，先修路；要快富，修高速；要闪富，通网路"，成为中国脱贫致富经验的鲜明总结，日益流行于世。"一带一路"倡议让世界分享中国发展经验，让中国拓展发展空间，核心是互联互通。习近平主席指出，如果将"一带一路"倡议比喻为亚洲腾飞的两只翅膀，那么互联互通就是两只翅膀的血脉经络。[1] 中医说，痛则不通，通则不痛。当今世界的和平与发展制约，多由不通造成。世界是通的，是我们的理念。

"一带一路"倡议既有中国文化又有中国特色的发展模式，但这个中国特色越来越对别的国家产生吸引力，具有世界意义。"一带一路"倡议最重要的意义就是鼓励各个国家要走符合自身国情的发展道路。

近年来，广大发展中国家对西方模式日益失望，乃至绝望，而对中国模式越来越感兴趣，赞赏中国脱贫致富、快速发展的奇迹。过去，中国对外援助不附加政治条件，减少了发展中国家对西方的援助依赖；现在，中国投资模式又区别于西方模式，正在补发展中国家经济发展的短板。像乌兹别克斯坦这样的双重内陆穷国，按市场经济是很难获得国际金融机构贷款的，但获得了国家开发银行贷款，彰显"政府＋市场"双轮驱动的中国模式魅力。印度尼西亚雅万高铁之所以中方击败日方胜出，就在于中方绕开了印度尼西亚方政府担保的前提，背后

---

[1] 习近平主席在"加强互联互通伙伴关系"东道主伙伴对话会上的讲话，2014年11月8日。

都是中国国有银行的支持。非洲第一条中国标准跨国电气化铁路,从设计、施工到运营,全部采用中国模式。肯尼亚的蒙内铁路和蒙巴萨港口建设也是如此。

"一带一路"倡议还体现了中国理念:共商、共建、共享。

"一带一路"倡议不是简单的工程、项目,而是通过大写意的手法描绘的国际合作倡议,秉持开放包容原则,倡导共商、共建、共享理念,表现在:中国与沿线国家寻求项目、资金、技术与标准对接,共同打造政治互信、经济融合、文化包容的利益共同体;共担风险,共同治理,打造中国与沿线国家的责任共同体;以互利共赢理念实现中国与沿线国家共同繁荣、共襄盛举;共迎挑战,共担风险,最终打造中国与沿线国家的命运共同体。

首先,中国倡导"共商",即在整个"一带一路"倡议建设当中充分尊重沿线国家对各自参与的合作事项的发言权,妥善处理各国利益关系。沿线各国无论大小、强弱、贫富,都是"一带一路"倡议的平等参与者,都可以积极建言献策,都可以就本国需要对多边合作议程产生影响,但是都不能对别国所选择的发展路径指手画脚。通过双边或者多边沟通和磋商,各国方可找到经济优势的互补,实现发展战略的对接。其次,中国倡导"共建"。"商讨"毕竟只是各方实质性参与"一带一路"倡议建设的第一步,接下来要进一步做好"走出去"的服务工作,同时鼓励沿线国家在引入资金、技术后培养相关人才,增强自主发展能力。只有做到了前面两点,才能保证"一带一路"倡议建设的成果能够被沿线国家所共享。

## 三 "一带一路"倡议对传统全球化的超越

自从古丝绸之路中断后,欧洲人走向海洋,通过地理大发现殖民世界,开启所谓的全球化,然而,这是真正的全球化吗?打开"夜晚的世界"图可以发现，只有那些生活在日本、北美和欧洲发达国家沿海地区灯火辉煌，证明实现了现代化，而在世界的其他地方卫星上看不到灯光，依然生活在"贫困的黑暗"之中，所以"一带一路"倡议就是要让所有人在晚上都有电，见到光，这才能搞工业化。我们需要更多的互联互通，帮助内陆地区寻找海洋，帮助南方国家实现工业化，助推人类文明的共同复兴，打造更包容的全球化。

如果我们把作为古代东西方贸易与文明交流之路的丝绸之路称为全球化"1.0时代"：其单元是文明，载体是欧亚大陆，动力是贸易+文化，遵循的"和平合作、开放包容、互学互鉴、互利共赢"丝路精神；将近代西方开创的全球化称为全球化"2.0时代"：以民族国家为单元，通过海洋实现全球贸易+投资扩张，确立西方中心世界；那么，"一带一路"倡议是21世纪洲际合作倡议，不只是打通历史上中断的丝绸之路，而是借助丝绸之路的历史概念，开创新型全球化——全球化"3.0时代"：秉承"万物互联"（ANT all things connected），运用3D打印机、大数据和智慧城市，推动E-WTO进程，开发和应用包容性技术——改变传统技术让强者更强、弱者更弱的状态，创新和实施包容性制度安排——推动国际贸易、投资规则更加公正、合理、包容，开创包容性全球化（inclusive globalization）。[1]

因此，"一带一路"倡议旨在圆梦欧亚大陆互联互通的百年憧憬，携手开创全球化"3.0时代"。

**全球化的三个阶段**

| | 单元 | 载体 | 动力 | 法则 |
|---|---|---|---|---|
| 全球化1.0 | 文明 | 欧亚大陆 | 贸易+文化 | 丝路精神 |
| 全球化2.0 | 民族国家 | 海洋 | 贸易+投资 | 西方中心 |
| 全球化3.0 | 文明型国家 | 一带一路 | 互联互通 | 合作共赢 |

---

[1] 王义桅：《世界是通的：一带一路的逻辑》，商务印书馆2016年版，第43页。

美战略家帕拉格·康纳（Parag Khana）在《超级版图》（英文名 Connetography）一书中提出，传统全球化——关税减让，最多能推动世界经济增长 5%，而新型全球化——互联互通，将推动世界经济增长 10%—15%。[1] 因此，"一带一路"倡议给全球化提供更强劲动力，并推动改革传统全球化，朝向开放、均衡、包容、普惠方向发展。彭博社预测，到 2050 年，"一带一路"倡议会新增 30 亿中产阶级。未来十年，新增 2.5 万亿美元贸易。"一带一路"倡议首先着眼于基础设施的互联互通。按照世界银行前高级副行长林毅夫教授模型，发展中国家每增加 1 美元的基础设施投资，将增加 0.7 美元的进口，其中 0.35 美元来自发达国家。全球基础设施投资将增加发达国家的出口，为其创造结构性改革空间。[2]

## 四 打造"中式全球化"的路径与前景

"一带一路"倡议以政策、设施、贸易、资金、民心的互联互通，正纠偏单向度全球化，以三大统筹——陆海统筹、内外统筹、政经统筹，实现内陆地区—沿海地区、国内外及政治—经济发展的再平衡，改变了广大发展中国家的二元经济结构，通过共同打造绿色丝绸之路、健康丝绸之路、智力丝绸之路、和平丝绸之路，抓住发展这个最大公约数，不仅造福中国人民，更造福沿线各国人民。

"一带一路"倡议投资基础设施，短期可创造就业、增加需求，长期来说也能促进经济增长。发达国家基础设施老旧，仍有投资机会，而真正好的投资机会在发展中国家。亚洲地区每年基础设施投资所需资金约 8 千亿美元，非洲国家约 5 千亿美元，全世界总需求约 2 万亿美元。习近平总书记 2016 年 8

---

[1] ［美］康纳：《超级版图》，崔传刚、周大昕译，中信出版社 2016 年版，第 10 页。
[2] 林毅夫：《以"全球基础设施投资"应对全球经济挑战》，中新社（重庆）2016 年 10 月 14 日电。

月17日在推进"一带一路"倡议工作座谈会上指出，以"一带一路"倡议建设为契机，开展跨国互联互通，提高贸易和投资合作水平，推动国际产能和装备制造合作，本质上是通过提高有效供给来催生新的需求，实现世界经济再平衡。特别是在当前世界经济持续低迷的情况下，如果能够使顺周期下形成的巨大产能和建设能力走出去，支持沿线国家推进工业化、现代化和提高基础设施水平的迫切需要，有利于稳定当前世界经济形势。

"一带一路"倡议打造的包容性全球化，让老百姓在其中有更多的参与感、获得感和幸福感，可以说"一带一路"倡议是"老百姓"版本的全球化，是"南方国家"的全球化，这与跨国公司或少数利益集团把世界变成投资场所的全球化有本质的不同。

有学者将这种包容性全球化称为"中式全球化"（Chiglobalization）。[1] "一带一路"倡议的完成可能成为打造中式全球化的重要尝试，其路径有：

### （一）文明的共同复兴

从人类文明史看，"一带一路"倡议修订内陆文明从属于海洋文明、东方从属于西方的西方中心论，重塑均衡、包容的全球化文明，推动欧亚大陆回归人类文明中心地带。

"一带一路"倡议肩负推动人类文明大回归的历史使命。其表现为：

首先是推动欧亚大陆回归人类文明中心。近代以来，西方文明勃兴于海洋，东方文明走向封闭保守，进入所谓的近代西方中心世界。直至美国崛起，西方中心从欧洲转到美国，欧洲衰落，历经欧洲一体化而无法根本上挽回颓

---

[1] Wenshan Jia（贾文山），"Chiglobalization? A Cultural Argument", in Greater China in Globalization, Rowan Littlefield, USA November, 2009.

势。如今，欧洲迎来了重返世界中心地位的历史性机遇，这就是欧亚大陆的复兴。作为"世界岛"的欧亚大陆，一体化建设将产生布热津斯基《大棋局》一书所说的让美国回归"孤岛"的战略效应，和让亚欧大陆重回人类文明中心的地缘效应，重塑全球地缘政治及全球化版图。

其次是改变边缘型国家崛起的近代化逻辑。近代以来，葡萄牙、西班牙、荷兰、英国相继从海洋崛起，并通过地理大发现与海上殖民确立世界霸权，直至第二次世界大战后的美国。然而，这些国家皆非处于人类文明中心地带的文明古国，而是作为世界岛的欧亚大陆的边缘国家或海洋国家，故此称霸周期无一例外没有超过130年。"一带一路"倡议推动大河文明和古老文明复兴，正在改变近代边缘型国家崛起的历史，纠偏海洋主宰大陆、边缘主宰核心的局面。

"一带一路"倡议将人类四大文明——埃及文明、巴比伦文明、印度文明、中华文明，串在一起，通过由铁路、公路、航空、航海、油气管道、输电线路和通信网络组成的综合性立体互联互通，推动内陆文明、大河文明的复兴，推动发展中国家脱贫致富，推动新兴国家持续成功崛起。一句话，以文明共同复兴的逻辑超越了现代化的竞争逻辑。

（二）开创文明秩序

"一带一路"倡议开创以文明国为基本单元的文明秩序，超越近代以民族国家为基本单元的国际秩序，实现了国际政治从地缘政治、地缘经济到地缘文明的跨越，从三个方面创新了文明的逻辑：

一是以文明交流超越文明隔阂。交流的前提是平等。近代以来，西方以先进文明自居，凭借工业文明优势通过坚船利炮打开各国大门进而殖民世界，摧毁了各种古老文明，打乱了其他文明发展进程，造成巨大的文明隔阂和灾难。21世纪的今天必须开创有别于近代的合作模式。不同于近代以来西方的殖民主义、帝国主义和霸权主义，以国际掠夺、竞争为常态而合作、妥协为非常态，也不同于战后西方对外援助等各种名目的国际合作模式，"一带一路"倡议依靠中国与沿线国家已有的双多边机制，借助既有的、行之有效的区域合作平台，高举和平、发展、合作的旗帜，主动地发展与沿线国家的经济合作伙伴关系，把中国现在的产能优势、技术优势、资金优势、经验和模式优势转化为市场与合作优势，将中国机遇变成世界机遇，融通中国梦与世界梦。

二是以文明互鉴超越文明冲突。互鉴的前提是尊重。尊重文明差异性在现实生活中的体现，就是尊重发展模式多样性，鼓励各国走符合自身国情的发展道路，建立文明伙伴关系，实现"美美与共、天下大同"。习近平主席2013年10月在印度尼西亚提出"21世纪海上丝绸之路"时就特别强调建立"海洋合作伙伴关系"。其后，在多个国际场合他都明确表示，"一带一路"倡议不搞势力范围，而是推动大家一起加入朋友圈，编织互利共赢的合作伙伴网络。

三是以文明进步超越文明优越感。进步的前提是学习，"凡益之道，与时偕行。"学习其他文明，学习时代新知识，才能与时俱进，适应时代发展需要，否则就会故步自封，在自我为中心的优越感中被时代淘汰。当今世界，新产业革命和产业结构调整蓄势待发，国与国争夺的焦点在于创新，创新成为国家竞争力的来源和缩小南北国家差距的重要手段。中国逐渐成为创新领先者，所提出的"一带一路"倡议着眼于21世纪的全球化，推动人类文明创新和各种文明的共同进步。

### （三）陆海联通

从空间角度来讲，"一带一路"倡议很大程度上帮助那些内陆国家寻找出海口，实现陆海联通，比如欧洲有"三河"（易柏河、多瑙河、奥得河）通"三海"（波罗的海、亚得里亚海、黑海）的千年梦想。"一带一路"倡议激活了这一梦想，助推欧洲互联互通，形成中欧陆海快线、三海港区的大项目。另外一个是实现规模效应，现在欧洲越分越小，"一带一路"倡议提出以后，能够把小国连通在一起，建立大市场，尤其把内陆和海洋连在一起，实现陆海联通。这是"一带一路"倡议受欢迎的重要原因。

"一带一路"倡议提出以后，推动中国重新建构世界经济地理版图，很多人把它称为"第二次地理大发现"。世界上71%面积被海水覆盖，其中70%，也就是地球的近一半（49%）是国际海域、公海。人类合作具有巨大空间，这是"一带一路"倡议倡导开放、包容、创新的基础。

### （四）全球化的本土化

"一带一路"倡议不是企业"走出去"，是"走进去"——要落地，跟当地国家的发展项目相结合。有的国家需要基础设施，有的国家需要贷款，有的国家需要教育——它首先需要什么你就给它提供什么。一定要一起商量，不要强迫，要一起建设，使对方有成就感。小米手机发展这么快，就因为消费者也是创造者。一起建设，一起维护，才能在安全上建立互信，最终形成一个命运共同体。相关服务也要"走进去"，要适应当地的民俗、宗教，用当地人所希望的形式"落地生根"，不再是简单地"走出去"，而是"走进去"，越来越多地是"欧洲生产，欧洲消费""非洲生产，非洲消费"……这就是企业抓住"一带一路"倡议机遇的要旨。"一带一路"倡议堪称新时期的长征，在21世纪播撒中国合作共赢的理念，引导企业往全球分工体系里最有潜力的市场走并落地生根、开花结果，开创全球化新模式，实现共同发展。

"一带一路"倡议扬弃西式全球化，如能开创"中式全球化"，其前景正在于：

一是打造开放、包容、均衡、普惠的合作架构。所谓开放：从发展中国家向发达国家开放，到相互开放。所谓包容：公平合理分享全球化成果，实现国与国、内陆与沿海之间的共同发展。所谓均衡：南北均衡、产业均衡、地域均衡。所谓普惠：让老百姓从全球化中有更多的获得感、参与感和幸福感。

二是创新合作模式、观念。作为对互联网时代的超越，万物互联、人机交互、天地一体的时代正在到来。"一带一路"倡议的关键词不只是丝绸之路，而是 21 世纪；不是简单复兴古丝绸之路，而是借助古丝路记忆，在 21 世纪复兴丝路精神，推动中华文明转型，解决人类面临的普遍性问题。前者被称为"一带一路 1.0 时代"，后者被称为"一带一路 2.0 时代"。"一带一路 2.0 时代"开创欧亚大陆时代 2.0 时代——陆海联通、海洋时代 2.0——深海时代，从地理大发现到时空大发现。"一带一路 2.0 时代"空间拓展到赤道、北极，延伸到南美等，以开放包容精神，开创新的全球化，将中国传统"天地人"思维拓展到"天地人海空网"，实现人机交互、天地一体，万物互联，打造 21 世纪人类新文明，推动中国成为新的领导型国家，通过再造世界而再造中国。

在"世界经济论坛"2017 年年会上，习近平主席再次强调了在亚太经合组织领导人非正式会议上提出的看法，要让经济全球化进程更有活力、更加包容、更可持续。我们要主动作为、适度管理，让经济全球化的正面效应更多释放出来，实现经济全球化进程再平衡；我们要顺应大势、结合国情，正确选择融入经济全球化的路径和节奏；我们要讲求效率、注重公平，让不同国家、不同阶层、不同人群共享经济全球化的好处。[1]

这就阐明了中式全球化的努力方向。当然，中式全球化让全球化呈现中国色彩，绝不是中国一家饱览天下。中式全球化是新型全球化的选项之一，并不

---

[1] 新华社 2017 年 1 月 18 日电。

排斥其他形式的全球化，且坚持共商、共建、共享原则，需要世界各国共同努力，进程绝不会一帆风顺，更不是想当然就能实现的。"一带一路"倡议建设所面临的种种风险，为此做了注脚。

总之，"一带一路"倡议具有历史的合法性，因为丝绸之路是两千多年存在的，并不是新生的；有现实的合理性，要搞基础设施，要推动实体经济走出低迷，要消除贫富差距；还有未来的合情性，要引领国际合作的方向，探索新的合作模式，扬弃了西式全球化，通过打造绿色、健康、智力、和平丝绸之路，共商、共建、共享利益、责任、命运共同体，将来可能或正在开创"中式全球化"。

# 全球化大趋势与特朗普执政下的中美关系

文 / 张蕴岭[1]

从欧洲极右翼势力泛起、"英国脱欧",到高举"美国第一"大旗的特朗普当选美国总统,国际经济形势发生很大变化。针对国际形势的变幻,中国明确表示,经济全球化符合世界各国的根本利益。我们将坚定不移地走和平发展道路,反对各种形式的保护主义,深入参与全球治理进程,引导经济全球化朝着更加包容互惠、公正合理的方向发展。

什么是全球化?简单地说,其真实含义就是世界市场的开放与链接。第二次世界大战后,以美欧国家为主建立了推动市场开放的国际机制——关税与贸易总协定(以下简称GATT)。美国出于打开欧洲市场的需要,积极推动GATT下的市场开放谈判,后来,越来越多的国家加入这个组织,包括发达起来的日本,也包括大批发展中国家。随着一轮轮谈判回合取得成功,世界市场的开放度也越来越大,最终形成我们今天看到的以WTO为框架的全球性市场的开放。

"冷战"结束以前,苏联和中国都没有加入这一谈判进程中。"冷战"结束

---

[1] 张蕴岭:中国社会科学院学部委员,国际研究学部主任。

后，世界市场的政治分割消除，更多的国家要求加入该组织，1994年，GATT改名为"WTO"，即世界贸易组织。如今，世界绝大多数国家成为WTO的成员。由于WTO的谈判是多边性质的，因此，也称其为多边机制。该机制的一个基本原则是无歧视原则，即市场的开放对所有成员适用，不能采取有差别的待遇。同时，WTO作为一个国际组织，具有法律功能，即以法律为基础，解决贸易争端，如果一方认为其他方违反了WTO的相关规定，那么可以去起诉，起诉之后会有判决，判决做出之后具有法律效力，必须遵守，而不是采取相互报复的办法。

当然，世界市场的开放还得益于各国实施的自主开放发展战略，也有的说是政府的"市场友好政策"，即支持市场作用，推动市场开放，包括通过谈判的方式构建两个国家间，或者几个国家间的自贸区（FTA），由此促进投资和商贸活动开展，利于公司进行跨国的投资和商贸活动。市场开放构建了基于国际分工的经济网络，使各国经济变得相互依赖。

有了WTO这样一个开放的体制，越来越多的国家和地区加入到这个体制中，世界各国和地区之间就变得更加开放、贸易障碍越来越少，商品、服务、资金等的流动也变得更加自由和便利，由此，世界经济的增长加快。发达国家通过对外投资获得了更大的市场空间，后起国家通过参与获得了缺乏的资本和技术，这样，从整个世界来说，经济发展加快了，从公司方面来说，机会多了，成本降低了，利润增加了，看似大家都得到了好处，这就是全球化的利好。

从经济增长角度，在市场开放条件下，资源得到更好的配置和利用，同时，由于绝大多数国家都加入了世界多边体系，市场的空间更大了，从而获得了经济发展的规模效应；这样，公司可以在一个更加开放的地区和全球市场环境下从事投资和其他经营，这使得很多公司发展成为跨国公司，一些小的公司也通过这种全球参与，加入到国际分工中，进而促进了国际分工的进一步发展。从经营角度来说，就是通过削减关税和非关税减少了贸易和投资障碍，交易和投资成本得以下降，商品价格相应地也就更加便宜，在此过程中无论消费者还是生产者都得到了好处，最终国际贸易和投资得到了巨大发展，并带动了整个世界经济的发展。

另一个重要利好是从发展角度，也就是说市场开放使得后起的国家通过参与得到了好处，后起国家发展经济有"瓶颈"——缺钱、缺技术、缺市场，全球化背景下，缺钱有人来投资，缺技术管理通过投资可以学到技术和管理经验，缺市场可以先不为自己生产，而为世界生产，这样，经济的起飞就可以加快实现。后起国家通过加入多边机制，解决它们发展的资金技术市场"瓶颈"问题，实现跳跃式的发展。这就是为什么第二次世界大战以后，世界经济在开放的条件下取得了非常快速的发展，也解释了为什么国际贸易能够拉动经济增长。

在全球化时代，国际贸易最突出的特点是分工型交易。在当今的国际贸易中，一半以上都是零部件交易，也就是说一件产品是由来自不同国家的一个一个零部件，最终组装成一个最终的产品。在这一过程中，有多个国家参与。所以我们看到，国际贸易的增长速度大大快于整体经济增长的速度，在大多数年份它的增长率都是两倍于经济增长率，这一数据的含义就是，国际贸易拉动了经济的增长。与此同时，由于生产分工，国际投资也增长得非常快速。国际投资过去主要集中在发达国家，后来也扩散到发展中国家，发展中国家成为吸引外来投资越来越重要的市场，因为很多生产环节都转移到了发展中国家，这样，国际投资的增长也成为推动发展中经济体经济增长的重要因素。

当然，任何事物都有另一面。全球化也带来很多问题。在我看来，至少有三个大问题。第一个就是资本输出国家出现"产业空心化"。发达国家的企业产业转移之后，尽管扩大了外部的市场经营空间，但同时也造成了发达国家产业空心化。大量的制造业转移到生产成本更低的发展中国家，产品的生产成本得到了降低，消费者能买到更便宜的商品，但问题是，产业输出方如果没有其他的新兴产业去及时弥补，就业就成了大问题，原本在这个领域里面就业的人就没活干，导致失业，失业之后要么变得穷困，要么靠吃社会保障。社会保障是不能让接受者变得富裕的，只能保证基本的生活。以美国为例，伴随着美国的产业转移，美国中产阶级出现整体性收入下降，中产阶级的数量也在萎缩。因此，一方面"产业空心化"会造成一批人失去原有的工作，如果失业者没有新的技能就不能适应工作环境的改变；另一方面如果新的产业没有及时弥补上来都会造成失业的恶化，进而引发社会不稳定。不仅是美国，其他发达国家也有这样的问题。

第二个是全球化不能普遍"受益"，有些国家和地区即便开放了市场，也没有足够的优势条件吸引投资和发展对外贸易。在这类国家中，有资源的主要是依赖单一的资源开发，而资源贫乏的国家被排除在国际分工之外。所以，我们看到，尽管总体上世界经济得到了快速增长，世界的财富实现了大幅度增加，为数众多的国家从中受益，但也有相当一批国家和地区被"边缘化"，被排斥在发展进程之外。由此，世界的贫富差距变得更大了。20世纪70年代，德国前总理勃兰特就主持写过《增长的极限》，提出过这个问题，但这个问题没有得到很好的解决，富国和穷国的差距在拉大。

第三个是财富越来越向少数人集中。在开放的情况下，有能力的公司拓展成大跨国公司，有能力的人可以充分施展能力，积聚财富。这样，世界的财富越来越向少数公司和少数个人集中。于是我们就看到，越来越多的公司富可敌国，越来越多个人拥有的财富也多得惊人，出现了财富占有的1%和99%问题，也就是大多数财富为1%的少数掌握，而99%的人只拥有很少的财富。

鉴于此，反全球化的运动一直是全球化发展的伴生物。在当今形势下，即便我们维护全球化的大趋势，大格局，但对于反全球化的声音也要给予重视。

全球化带来的问题怎么解决,这就需要政府政策。

在新形势下,希望中国在"逆全球化"趋势中站出来。为什么是中国?有两个原因,一是中国的经济已经发展到足够强大,能对世界产生重大影响;二是中国需要。中国需要通过参与全球化,来实现我们国家的进一步发展。在经济进入新常态的大背景下,总体来说,中国还是需要依赖开放框架来继续调整。结构调整,有一个传统的办法,就是将过剩产业转移出去。但是,中国的这个量很大,谁来接替?还有,把污染的东西甩出去,谁来接?因此,要研究怎么才能更好地、在互利的前提下进行转移。

中国提出的"一带一路"倡议是基于开放与合作的新理念,既要开放,又要合作,共同发展,共享成果,这样可以纠正自由主义理念下的市场开放。我国企业"走出去",以新的方式转移产能,通过拓展新发展空间的方式实现转型,不是简单的"甩包袱",转移出去了事,而是拓展新的产能,与当地开展产能合作,助力当地发展,我将其总结为开展新型发展合作。新型发展合作的突出特点,一是大家共同参与;二是发展产能合作,这个"能"就是"能力",培育当地能够发展起来的能力。"一带一路"倡议提供了一个新的平台空间,是政府搭建的、有法律保证的大平台。在这么大的区域内,机会很多,但机会需要开拓,需要抓住利用。原则上说,只要对方愿意且有合作的能力,就可以规划,可以推进,不单是经济,文化、教育、医疗卫生等领域都可以去开拓。

特朗普当选出乎很多人意料,无论对美国,还是对世界,都不适应,挑战性很强。为什么呢?因为特朗普和他的团队,带着不同的理念执政,就是要做不同。不同就是与前任,甚至与所有的美国总统都不一样,"不按规矩出牌",大家就觉得很难对付。

在经贸领域,特朗普不相信多边机制,不相信区域安排,而多边、区域正是美国第二次世界大战以后打造的重要的平台,多边机制是 WTO(原

GATT），区域安排有北美自贸区（NAFTA），还有刚谈成的TPP。他想要干什么呢？他搞"美国第一"，就是要从美国的最大利益重新审视原来的机制和安排，基本理念是过去搞这一套美国吃亏了。重新审视后如何办呢？推行所谓的互惠安排，说明白些，就是美国不能让对方"占便宜"。在经贸领域，要纠正贸易不平衡，这是他竞选时期要做的，凡是对美国有顺差的国家都要重新谈，谈不拢就实行单边制裁，或者退出协定。特朗普把创造就业放在突出位置，要通过减税，让企业回归美国经营来激发美国的经济活力。这些措施与对外经贸措施结合起来，主要是要增加美国的出口，减少贸易逆差。应该说，特朗普的新政影响还是很大的，对此，我们要有足够的思想准备和应对措施预案。

中美关系如何发展，令人关注。习主席与特朗普会晤，所取得的成果还是不少的。最重要的是稳定了中美关系的大局，即不冲突、不对抗和保持协商的大局。具体一些说，就是确立了四个对话商谈的框架，双方同意通过协商谈判达成共识。通过这四个框架，几乎把中美保持对话、合作、商谈所涉及的大问题都包括了。不过，目前的对话框架还是与前不同。以往的战略和经济对话主要是找合作点，把可以合作的项目列出来，采取落实行动，而特朗普执政下的框架，可能是着眼于找不同点，通过讨价还价，看看能不能达成共识，如果达不到，美国可能就单边去做，这种方式必然会激化矛盾。

就贸易问题而言，特朗普期待中国要采取真行动，让美方"满意"，所谓"百日议程"，体现了特朗普的方式，搞"时间表"，如果这个"时间表"里面谈不出什么东西来，可能下一步就会来单边的，对此，我们要做好准备，争取谈得拢。当然，中美之间实现机械的贸易平衡也不可能，调整需要时间，中方的贸易顺差还会有，这样，美国就会继续不断地施加压力，甚至采取单边行动。

其实，中国方面也可以主动做一些调整，比如对那些出口占比大的产品，可以考虑做一些限制，在谈判中主动拿出来，争取主动，这样中国也可以对美国提出要求，比如放宽技术限制。

其实，拉动内需，增强创新，减少出口在拉动经济中的作用，这些是可以做的就是跟我们的改革方向是一致的，我们自己也要加快这种调整的步伐，变压力为动力，加快产业调整，这一步可以做得更好。

当然，中美之间的关系不是美国一家说了算的，利益是相互的，中国手里也有牌可打。作为商人出身的特朗普，讲究务实，对利益的考虑成分重，而利益总是相互关联的，如果对中国不好，对美国也不见得就有利。中国有与美国打交道的经验，两国之间的对话机制很多，有双边，有地区，也有全球的，特朗普可能会放弃一些，但也不可能全扔掉。中美关系不会破裂，两国也不会发生大对抗，在许多问题上，两国有重要的共同利益。特朗普有个性，有不同的执政理念，但国家管理不是他一个人说了算的，尽管是不同的政府，基本的东西还在那里。因此，对新形势下的中美关系不要太悲观，中国的定力主要在自身。

# 特朗普的贸易政策与 WTO 的未来

文 / 屠新泉[1]

作为多边贸易体制的创建者和领导者，美国既希望最大程度利用 WTO 的制度谋求国家利益，又不想被其所限制，历史上屡次发生不执行争端解决裁决的情况。特朗普作为美国第一位商人总统，其强烈的个人风格对美国对外贸易政策产生巨大影响。美国可能不会退出 WTO，但是反建制力量的贸易保护主义主张一定程度上对 WTO 机制的运行和争端解决机制裁决的执行造成负面影响。面对特朗普政府的"新贸易政策施政重点"，中国应该积极面对，运用贸易争端解决机制维护中国的利益。

美国总统特朗普在竞选时曾在 NBC 电视台的《会见新闻界》（Meet the Press）节目中表示，"这些贸易协议都是灾难。WTO 也是一个灾难。"他威胁将带领美国退出 WTO。成功当选美国第 45 任总统后，美国宣布退出跨太平洋伙伴协定（TPP），退出《巴黎气候协定》，退出联合国教科文组织（UNESCO），重新进行北美自由贸易协定（NAFTA）谈判。在逆全球化

---

[1] 屠新泉：对外经济贸易大学中国 WTO 研究院院长。

浪潮下,打着"美国优先"大旗的特朗普对多边贸易体制的态度引起广泛关注。美国是否会退出WTO?是否会继续执行WTO的裁决?中国应该如何应对?

## 一 历史上美国对WTO的态度

美国是当今社会全球经济治理结构的创造者,而美国对于国际法和国际公约的态度则是坚持秉持以国家利益为标准的原则。国内法与国际条约处于同等地位,但贸易和人权领域国内法优先级高于国际条约,例如,人权领域和贸易领域的国际条约不能在美国法院直接适用。对于WTO争端解决裁定的执行也需要考虑美国的利益平衡。简单地说,美国既希望最大程度利用WTO的制度谋求国家利益,又不想被其所限制。

美国是WTO的积极倡导者和主要参与者之一,一直积极支撑WTO规则的实施和谈判的开展。借助WTO开放的原则,美国成功地打开了世界尤其是众多发展中国家的市场,制定了符合自身利益的"游戏规则"。美国是最频繁使用WTO争端解决机制的成员,自WTO成立至2017年10月24日,根据WTO的统计,美国作为申诉方的争端解决案件共115起,占案件总数的21.6%,是WTO争端解决机制最积极的使用者。

美国也是WTO中被诉次数最多的成员,作为被诉方的案件共130起,占案件总数的24.4%。美国在争端解决机制裁决执行方面有着丰富的实践经验并建立了完善的法律执行体系,为其规避WTO的限制提供了国内法的保障。1994年美国加入WTO时曾面临来自国内的压力,为了尽量减少WTO协议对美国的主权造成的威胁,美国在争端解决机制裁决执行制度设计上采取了非常保守的态度,属于非自动执行的行政协议,意味着WTO争端解决实体

（Dispute Settlement Body，DSB）的裁决在美国国内法的效力需要依赖相关的执行法案或法规，其执行必须通过国内立法或者行政程序。不仅是联邦法，DSB裁决对州立法也无法直接适用。《乌拉圭回合协议》明确规定在其与国内法冲突时，美国国内法优先。除非国会或者政府有意修改与WTO协定不一致的法律法规，否则与美国国内法冲突的WTO协定和规则在美国国内无法律效力。历史上，美国不执行WTO争端解决裁决的案例时有发生。根据WTO的相关统计数据，1995—2017年，WTO根据《关于争端解决规则与程序的谅解》（DSU）第22.6条对拒不执行裁决的被诉方授权报复的情况共发生了21次，这些被执行的WTO成员包括美国、欧共体、加拿大和巴西，其中，除了欧共体的4起、巴西1起、加拿大1起外，其余的15起均是针对美国。

作为超级大国，美国习惯了自身的霸权地位，它提倡全球化、自由化并建立国际贸易组织来保障自由贸易的实施，为其产品和剩余资本打开国际大门。但是随着新技术革命的开始和发展中国家经济迅猛增长，美国的统治地位受到了挑战。而越来越多的WTO成员了解并熟悉了WTO贸易争端解决机制，当其产品进入美国市场受阻时，便通过向WTO争端解决机构上诉来达到目的，这进一步削弱了美国对国际贸易体系的控制，使得美国对WTO心生不满。事实上，美国在要求他国遵守WTO规则并积极使用争端解决机制打开他国大门时，自身却利用国内法对贸易伙伴进行单边主义的制裁。

## 二　特朗普时期美国对WTO的态度

特朗普作为美国历史上第一位商人总统，与美国传统的政客有一定差别。特朗普是个反建制派，他的上任标志着美国外交"杰克逊主义"的回归。特朗普的个人风格，如"交易思维""军人情结"以及漫长的"学习周期"等，对美国的外交政策产生了重大影响[1]。美国是否会退出WTO？从美国的法律上来看，特朗普作为总统有权力这么做，但是我个人的观点，特朗普不至于采取这么极端的举措。

首先，特朗普的"商业思维"渗透于美国的内外决策。如果退出WTO，美国将不得不与其他163个成员国，尤其是重要的贸易伙伴分别重新谈判，基于对交易成本与收益的计算，这种做法不符合特朗普实用主义的考量。

其次，特朗普漫长的"学习周期"使得其外交政策具有突发性和不确定性。作为美国历史上第一位既不具备政治经验又缺乏军事经验的美国总统，特朗普对国际政治局势和外交决策缺乏经验和认识，经常"语出惊人"。

种种因素下，美国退出WTO的可能性并不大。但必须认识到，反建制力量的贸易保护主义主张一定程度上对WTO机制的运行和争端解决机制裁决的执行造成负面影响。相比于能够保障美国利益最大化的双边谈判，耗时漫长、需要多方妥协、达成均衡的多边安排不是特朗普的第一选择，对待WTO的日常工作更加冷漠。

美国可能会拖欠WTO的会费。美国已经不是第一次拖欠国际组织的会费，据路透社报道，截至2017年7月，美国拖欠联合国会费已高达8.96亿美元，历史上美国也曾多次拖欠联合国会费。1995年10月，美国拖欠联合国正常会费和维和经费总额14.3亿美元；2015年10月，美国拖欠联合国常规预算8亿美元，占所有拖欠款的84%。2017年10月12日美国国务院宣布美国将退出联合国教科文组织时，仍拖欠会费5亿美元。美国正在进行全球战略收缩，尽可能"卸包袱"，以腾出手解决美国国内的经济负担。虽然美国目前仍然是WTO第一大会费国，2017年需缴纳会费2200万美元，占WTO总预算

---

[1] 刁大明：《特朗普政府对外决策的确定性与不确定性》，《外交评论》2017年第2期。

的 11.24%，但从 2010 年至今，美国缴纳会费的数额和占比逐年降低，缴纳意愿下降，WTO 不得不宣布三年内不增加预算[1]。

另外，中国必须高度警惕美国不执行 WTO 上诉机构的裁决。美国遵守国际法和国际条约的前提是以国家利益为先，2017 年美国贸易办公室（USTR）发布的美国贸易政策议程确立了新的施政重点，即捍卫贸易政策领域的国家主权、严格实施美国的贸易法律法规。美国指出 WTO 争端裁决不应增加或删减美国在 WTO 协定项下的权利或义务，当 WTO 的裁决不利于美国时美国可以不遵守 WTO 裁决对美国的裁定，"不会自动导致美国法律或实践的改变"。此外，如果 WTO 争端解决机构运用的多边协议规则的解释损害了美国运用反倾销、反补贴、"201 条款""301 条款"时，美国可以无视 WTO 的解释，严格执行美国贸易法。在秉持"美国优先"的原则下，美国可能无视或暂缓执行 WTO 的裁决，无论是历史还是现实，都给了世界一个警告。

## 三　中国的应对策略

美国不配合 WTO 争端解决机制的工作，甚至公开拒绝执行裁决不仅直接关系到中国的重大贸易利益，更直接关系到 WTO 作为多边贸易谈判和争端解决平台的公信力。作为 WTO 最重要的"武器"，争端解决机制具有重复博弈性质，如果美国不遵守"游戏规则"，将会动摇国际社会对 WTO 公信力的信心。

中国作为世界第二大经济体，自加入 WTO 以来，积极适应 WTO 贸易规

---

[1] Document for Committee on Budget, Finance and Administration, WTO, WT/BFA/W/402 以及 WTO Secretariat budget for 2017（https://www.wto.org/english/thewto_e/secre_e/budget_e.htm.）。

则并迅速成为 WTO 争端解决机制最积极的使用者之一。2017 年 8 月 18 日，美国宣布对中国启动 301 调查。而此前美国做出过承诺，美国根据"301 条款"做出的决定将依据 WTO 争端解决机构专家组或上诉机构裁决[1]。面对特朗普政府提出"新政府贸易政策施政重点"，中国应该如何应对。

首先，无论从历史记录还是现实状况看，美国无视 WTO 争端裁决结果并非不可能发生，这不是新鲜事，特朗普"反建制派"的鲜明特征，其任期内美国不执行的记录可能会更加恶劣。不过 WTO 的仲裁解决耗时长，特朗普的任期内能解决的案件数量有限，需要执行的数量可能会更少，因此我们要以更客观的态度来看待这个问题，301 调查并不一定非常严重。相对而言，中国目前正在 WTO 上诉的美国关于中国市场经济地位的案件受影响会更大，乐观预计两年内可能有结果，我现在的看法是中国基本上应该能够赢得这个诉讼，但美国有可能不执行 WTO 的裁决。

其次，中国应该积极利用多边贸易体制下的国际准则和规则来约束美国。在 WTO 法律框架下，各成员国有义务及时有效地履行 WTO 争端解决机构所做出的裁决。美国不执行 WTO 的裁决有违国际契约精神，损害 WTO 的公信力，也对美国法治国家的形象有损。对于不履行 WTO 义务、拒绝执行 WTO 裁决的行为，中国将坚决反对并严厉指责。中国应请求世界贸易组织成立争端解决专家组，迫使其执行相关裁决，必要时可以根据 WTO 协定附件 2《关于争端解决规则和程序的谅解》中的第 21 条和第 22 条进行报复措施弥补损失。中国自加入 WTO 以来，作为被诉方的争端解决案件共有 39 起，与其他成员国相比，中国的执行情况是最好的，中国秉着善意履行国际法律义务的态度，诚信地履行了 DSB 每一个裁决，体现了中国强大的执行力和坚决执行的态度，

---

[1] 杨国华：《服从 WTO——世贸组织"美国贸易法 301 条款"案评析》，《国际贸易》2002 年第 5 期。

这来源于中国诚实守信的文化传统以及信守国际义务的国际法律传统，更体现了中国尊重 DSB 的裁决、支持 WTO 体制的态度。这也为中国积极参与全球经济治理、提升话语权提供了机会，树立中国在国际上负责任大国的形象。

最后，针对中美双方急需解决的问题，应以问题为导向，积极开展与美国的双边谈判。特朗普一贯秉持实用主义，运用"商业思维"谈判的概率很高，极有可能采取跨议题交易的方式进行。

# 未来十年中国经济将发生十大变化

文 / 徐洪才[1]

未来 10 年甚至到 2030 年之前，对中国而言仍将是一个和平、发展与合作的战略机遇期，中国通过扩大开放，促进体制改革创新，实现经济可持续发展。但是，如果走封闭的老路，很多改革可能落不了地，中国也可能与战略机遇期擦肩而过。

对党的十九大之后，或者说未来 5—10 年的中国经济走向，我有两点基本判断。

第一，仍然是一个战略机遇期，和平、发展、合作仍将是当今世界的主题。这个战略机遇期我们将如何把握？我觉得，必须通过扩大开放倒逼改革。眼下改革进入深水区，剩下的改革多是难啃的骨头，如何攻坚克难、将改革事业进行到底？我认为，通过扩大开放倒逼改革是现实可行、也是无奈的选择。

第二，随着中国经济发展及其在世界经济中地位提升，中国经济将出现十个方面的重大变化。

---

[1] 徐洪才：全球化智库（CCG）特邀高级研究员，中国国际经济交流中心副总经济师。

第一个变化，在2027年前后，中国经济（GDP）规模将超过美国经济（GDP）规模，位居世界第一，美国退居世界第二。[1] 在这一时期，中国经济继续表现为"新常态"，经济增速重心持续缓慢下移，即潜在经济增长率下移。在2020年之前，中国经济增速不会低于6.5%；2025年可能回落到5%左右；2030年可能只有4%，然后在3%—4%稳定较长一段时间。按照这一"L形"走势，到2027年中国经济总量将超越美国，成为世界第一，是非常可能的。在实现这一目标之前，中美两国战略摩擦和博弈会加剧，因此，双方都需要自觉管控冲突风险，避免掉进"修昔底德陷阱"里。

第二个变化，在2023年前后，中国人均年收入超过1.2万美元，进入世界银行认可的高收入国家行列，届时中国将成功突破"中等收入陷阱"。2016年，中国人均年收入已经超过8000美元；未来几年，只要老百姓收入增长与经济增长保持基本同步，这个目标就可以实现。当然，大家可能更关心中国经济能否实现可持续、包容性增长，或者说中国社会各阶层收入和财富两极分化能否有效缩小？应该看到，未来在促进经济效率提升的同时，如何有效兼顾公平，让更多中国老百姓分享到经济发展和改革红利，确实存在很多挑战。

第三个变化，到2020年，中国进入创新型国家行列。中国经济进入新常态之后，创新驱动正在成为经济增长第一推动力。但是，国有企业创新动力不足和科研体制僵化这些老问题，仍然束缚着中国生产力发展潜力的充分发挥，深化国企改革和科研体制改革势在必行。2016年，中国政府发布《"十三五"国家科技创新规划》（以下简称《规划》），提出到2020年，国家综合创新能力世界排名进入前15位，迈进创新型国家行列；科技进步贡献率从2015年的

---

[1] 该数据为作者判断，参见《专家析未来10年中国经济10大变化：GDP将超美国》，2017年9月14日，中国新闻网（http://news.sina.com.cn/c/nd/2017-09-14/doc-ifykyfwq7329887.shtml.）。

55.3%提高到60%；知识密集型服务业增加值占GDP比重达到20%，专利申请量较2015年翻一番，全社会研发投入强度达2.5%。《规划》还提出建设高效协同的国家创新体系，从培育充满活力的创新主体、系统布局高水平创新基地、打造高端引领的创新增长极、构建开放协同的创新网络、建立现代创新治理结构、营造良好创新生态六个方面提出总体要求，以形成创新驱动发展的实践载体、制度安排和环境保障。如果《规划》能够得到有效执行，进入创新型国家行列目标应该可以实现。

第四个变化，到2025年，中国将从制造业大国转变为制造业强国。最近两年，中国政府开始力推《中国制造2025》。当前，中国制造业规模居世界第一位，上下游产业链比较完整，在某些局部领域，如航空航天、高铁、核电、高压电输送等，已经达到世界领先水平，但也存在大而不强、创新能力不足、生产模式粗放、资源利用率低等问题。在推动中国制造业转型升级过程中，要处理好服务业与制造业关系，以生产性服务业发展推动制造业转型升级。要处理好"硬件"与"软件"关系，重点攻破薄弱环节。要处理好政府与市场的关系，将政策发力点集中在基础共性和战略性领域。按照促进大中小企业协同、上中下游产业合作方向，聚焦智能制造，抓好创新人才和"工匠精神"培育，加快推动中国制造业优化结构和转型升级。其中，提升自主创新能力尤为关键。

第五个变化，中国互联网产业或数字经济取得世界领先地位。2016年，中国网民数量已达7.31亿，其中95%的网民通过手机上网。以市值合计超过5000亿美元的腾讯和阿里巴巴为首，中国互联网科技企业已位居世界互联网企业前十行列。腾讯业务范围覆盖网络游戏、通信等多项业务，显然是行业翘楚。腾讯以微信平台，推出网上支付等业务。近年来，阿里巴巴一直在积极实施多元化经营战略，将触角伸向互联网市场、金融服务等领域。随着中国每年出境游人次达1.2亿，支付宝迅速成为全球化程度最高的网上支付服务之一。

2017年7月，在德国汉堡召开的G20峰会把数字经济作为拉动全球经济增长重要引擎。中国正在实施"互联网＋"战略，对传统产业进行改造，发掘传统行业发展潜力。我认为，在互联网领域，中国最有希望实现"弯道超车"，成为世界第一。

第六个变化，中国经济对外保持基本平衡。长期以来，中国经济一直对外失衡，特别是对美国存在巨额贸易顺差。未来中国外贸顺差将呈现逐渐收窄趋势，最近几年已初现端倪。随着服务业扩大对外开放，中国服务贸易逆差将扩大，整体外贸顺差收窄。中国经济实现再平衡，包括解决中美贸易不平衡问题，需要通过扩大中国服务贸易逆差，对冲货物贸易顺差来解决。中国资本账户开放的趋势不可逆转，但必须遵守稳中求进的基本原则、坚守不发生系统性金融风险的底线。随着"一带一路"倡议国际合作稳步推进，中国企业加快走出去，中国经济将进一步融入全球经济。在这个过程中，人民币将面临一定的贬值压力。从外部环境看，目前美联储已进入加息周期，美元也进入了升值周期。过去十几年，中国人民银行发行货币总量较大，在资金池相对封闭的情况下，超量发行货币对人民币汇率影响不大。但是，如果进一步扩大开放，人民币汇率贬值压力将增加。当然，随着中国综合国力增强，人民币国际需求将持续增加，因此也会促进人民币升值。综合各方面影响因素，人民币对"一篮子货币"汇率将保持相对稳定，进而促使中国经济对外保持基本平衡。

第七个变化，人民币加快国际化，开始在国际货币体系中发挥与中国经济地位大体一致的作用。现在在中国对外贸易中，人民币结算已经达到30%左右；对外投资直接使用人民币的规模也在扩大。2016年人民币加入国际货币基金组织（IMF）特别提款权（SDR）篮子货币，是一个标志性事件，标志着国际社会期待人民币成为世界第三大储备货币。随着人民币国际化，特别在"一带一路"倡议沿线进行产业布局过程中，人民币应该发挥更大作用。要以上海国际金融中心建设为抓手,充分发挥香港作为"一传手"角色,同时发挥其他传统国际金融中心的"二传手"作用,形成覆盖全球的人民币离岸业务网络体系。充当"二传手"的城市包括:欧洲的伦敦、法兰克福、卢森堡、巴黎,美国的纽约,还有亚太地区的新加坡、悉尼。人民币走进非洲可以考虑三个"点",一个是毛里求斯的路易港,一个是摩洛哥的卡萨布兰卡,另一个是南非的约翰内斯堡,形成辐射"大三角",将人民币输送进非洲。到2025年,人民币在国际货币储备中发挥10%的作用是非常值得期待的。随着人民币国际化,中国将从金融大国迈向金融强国。

第八个变化,中国加速进入老龄化社会,将面临一系列经济和社会问题。根据2000年11月底的第五次人口普查数据,中国65岁以上老年人口已达8811万人,占总人口的6.96%,60岁以上人口达1.3亿人,占总人口10.2%,以上比例按国际标准衡量,均已进入了老年型社会。未来十年,中国加速进入老龄化社会,生育率低、人口结构老化、社会保障制度落后、养老服务短缺等问题变得日益突出。随着人口老龄化,储蓄率下降和劳动力不足等问题都会对潜在经济增长率产生负面影响。近年来,事关老年人的各个方面话题正在成为社会关注的热点。社会不仅要满足老年人的物质生活需求,同时还要关注老年人精神和心理层面需求。然而现实中,不少老人虽有休闲娱乐意愿,却面临公共服务不足的尴尬。对企业来讲,市场空间巨大,但不知从何处切入;对社会而言,似乎各个阶层都对未来充满焦虑。对政府来讲,工作抓手并不多。面临挑战,必须提前谋划,果断行动,加快改革,补齐短板。

第九个变化,城镇化进程继续稳步推进。到2030年,中国城镇化比率达到70%,算是基本完成城镇化任务。在这个过程中,将会发生一些深刻的经济体制变化,例如,土地制度、户籍制度、社会保障和医疗卫生制度改革等,城市先进生产要素将与农村资源(如土地)进行深度融合,推动土地兼并和农业现代化。以产业化为核心，以新型城镇化为依托，推动产业化和新型城镇化"良性互动"，将有利于实现产业和城市的和谐统一，也是加快推进统筹城乡一体化的根本途径。2016年国家发改委发布《关于加快美丽特色小（城）镇建设的指导意见》（发改规划〔2016〕2125号），文件中提出鼓励国家三大政策性银行和其他金融机构加大金融支持，促进特色小镇发展。2017年，住建部又发布《关于做好第二批全国特色小镇推荐工作的通知》，第二批特色小镇推荐数量扩大到了300个。全国特色小镇建设如火如荼，进展很快。通过这种中国特色产业化和城镇化的同步发展，将促使中国二元经济结构发生翻天覆地的变化。

第十个变化，中国经济开放度进一步提高。目前，国际社会出现一股逆全球化的潮流。中国提出"一带一路"倡议，是在"共商、共建、共享"原则下，与所有"一带一路"倡议建设参与者开展平等合作。这不仅为国际社会提供了一个新的合作平台，为全球治理提供了一个新的公共产品，也为新一轮经济全球化提供了一个新的方案。这不像西方主导的老的全球化版本，会带来很多副产品，如财富两极分化、恐怖主义猖獗、颜色革命、社会动荡等。开弓没有回头箭，建立开放型世界经济趋势不可逆转。新一轮经济全球化新的特点是以投资拉动，而不像老的全球化以贸易拉动。加大基础设施投资、促进世界经济可持续发展是联合国提出的奋斗目标，G20成员国正在带头落实。2001年中国加入世贸组织之后，对外贸易规模快速增加成为经济增长主要动力之一。

最近几年，中国对外投资扩大。2016年年底以来，中国进出口恢复快速增长，主要原因是发达经济体开启了新一轮经济复苏。我们要研究当前全球经济出现的新特点，把握历史机遇，通过扩大对外投资，拉动贸易增长，实现互利共赢。到2020年，我们将形成6亿人口的中产阶级，这是一个巨大的消费市场，可以与世界各国分享。而且，中国愿意扩大进口美国高科技产品，同时也会扩大对美国投资，帮助美国搞基础设施建设等，这对纠正中美经贸不平衡有好处。现在中国外汇储备还有三万多亿美元，大家不必担心将来外汇储备不够。随着人民币国际化，人民币可以直接在国外使用，外汇储备需求必然减少。人民币走出去，可以扩大中国对外投资，在全球范围优化产业布局，中国经济在全球经济中的地位自然会提升。

# 积极构建促进亚非拉国家基础设施发展的战略性、国际化、公司化投融资及运营主体
## ——借鉴中新"苏州工业园"模式，组建中国与亚非拉互利合作的实体经济端区域性或国家级合作平台的有关设想

文 / 黄剑辉[1]

2008年全球金融危机爆发以来，中国经济可持续发展面临的内外部环境都发生了深刻变化且影响深远，适应全球政治、经济竞争格局的新变化，积极扩大中国对亚非拉国家的开放，加快构建中国会同欧美发达国家、世行等国际组织共同促进亚非拉发展中国家基础设施发展的新型投融资模式，以促进中国与世界各国的平等合作、优势互补、互利共赢、共同发展，日益成为各方共识，对提升中国作为全球负责任大国的软实力和硬实力均具有重大意义。从制约基础设施发展的主要矛盾和问题看，既有资金供给端的融资难问题，也有资金需求端基于相关国家平等互利、合作共赢，股份制、公司化、市场化运作，并能

---

[1] 黄剑辉：中国民生银行研究院院长。

够有效管控风险的投融资实施主体构建的问题。

近年来党中央、国务院高瞻远瞩、登高望远，推进了一系列重大战略举措，对缓解全球基础设施融资难问题，将发挥重大作用。除大力组织推进国家开发银行、中国进出口银行两家已有涉外政策性金融机构的深化改革、增强实力外，2014年7月16日，金砖五国发布联合公报，宣布成立金砖国家开发银行，启动资金为500亿美元，总部设在上海；2014年11月8日，习近平主席宣布，中国将出资400亿美元成立丝路基金，丝路基金是开放的，欢迎亚洲域内外的投资者积极参与，将为"一带一路"倡议沿线国基础设施建设、资源开发、产业合作等有关项目提供投融资支持；2014年11月11日在京闭幕的APEC（亚太经合组织）第二十二次领导人非正式会议，批准了《亚太经合组织互联互通蓝图》这一里程碑式文件，决心加大投入，构建全方位、多层次的复合型亚太互联互通网络，并明确在北京组建"亚洲基础设施投资银行"，帮助破解互联互通建设资金"瓶颈"。

根据近年的研究和思考，我个人认为，上述金融机构在实际运行后未来还需要认真考虑、积极研究创新基础设施建设需求端的"投融资主体、项目建设主体和相关项目建成后的运营主体构建"问题，这必将成为相关互联互通项目及亚非拉基础设施项目建设和运营过程中，需要认真加以研究的现实问题。本文基于对中国及亚非拉国家双方的发展需求及各自具备的条件及优势分析，借鉴中国改革开放40年来基础设施领域发展经验，以及中国与新加坡合作建设的苏州工业园区发展模式，研究提出了构建中国与亚非拉国家平等合作、互利共赢的新型战略性、系统性、公司化、市场化投融资合作平台——设立基于政府间合作框架，融入各方优势，整合各方资源，且股本及融资多元化、国际化的"基础设施发展公司"，并分析了推进这一新机制的可行性及预计成效，提出了相关政策建议。

## 一 中国未来10—15年将进入"内生驱动,全球布局"的新战略机遇期

战略机遇期,是一个国家在其所处的国内外环境中所拥有的、有可能获得快速发展的一段时期。很大程度上,这种机遇期是由一个国家的能力(利用外部条件的能力和自主发展的能力)以及外部环境所提供的机会共同决定的,是一个国家与其所处的内外部环境互动作用的结果。在一个国家发现和利用国际机遇的能力很弱的时候,即便是具有很好的国际环境,也很难得到较快的发展;只有内外部两方面的条件都具备的时候,一个国家才能够获得快速的发展。

综合内外部各方面因素分析,中国未来10—15年将进入"内生驱动,全球布局"的新战略机遇期,并呈现出特点鲜明的"新常态"。

### (一)从国际经验及中国自身发展历程看,给定国际环境,把握、利用和创造战略机遇期的能力可划分为三种类型

(1)国内的能力薄弱,无法把握和利用外部提供的战略机遇的情形(中国改革开放以前)。这类国家所处状况,国内发展缺少资金、技术、人才,需要大力引进和学习发达国家的经验,而自身又不具备足够的吸收消化国外先进技术和管理经验的能力,即便有良好的外部条件,也不能够充分地利用。第二次世界大战以后,1978年改革开放以前,全球经济进入了快速发展时期,日本、德国、韩国等国家都抓住了机遇,实现了经济腾飞,但中国改革开放前是在比较封闭的条件下发展,传统的计划经济模式限制了吸收消化能力,尤其是自主创新能力的提高。

(2)国内的能力达到了可以充分利用外部战略机遇的情形。改革开放以

后，市场化的改革以及对外开放使得中国国内能力的建设大大加快，国际机遇的利用能力也大为提高，技术引进和经济发展水平都获得了较大的提升。特别是，中国逐步获得了抵御不利的外部国际环境冲击的能力，如应对1998年东南亚金融危机，中国采取了一系列有效应对措施；2008年全球金融危机，中国出台大规模、一揽子应对措施，有效抵御了外部冲击，实现了自身发展。

（3）能够有效掌控内外部冲击，并主动创造自我发展空间的情形。而中国目前已进入这个阶段，并将不断充实其内涵，持续提升其能力。

（二）中国未来10—15年将进入"内生驱动，全球布局"的新战略机遇期

改革开放40年以来，中国所拥有的战略机遇期，更多的是被动利用好外部机遇。而展望未来的10—15年，中国所拥有的机遇，更多的是一种在开放条件下的主动发展机遇。作为一个中等收入水平、相对开放的国家，中国既积累了强大的自我发展、内生驱动能力，也加快了全球布局、不断拓展发展空间的步伐。

（1）中华人民共和国成立以来，特别是改革开放以来的持续发展，中国已拥有了强大的自主发展、内生驱动能力。中国已建立了世界上最庞大的、门类齐全的制造业体系，并成为世界工厂。

（2）中国已处于大规模工业化和城镇化的中后期，既具备依靠自身能力建设一个现代化国家的基本条件，也具备积极参与全球发展的强大物质、技术、管理和人才基础。中国的教育和科技体系总体上能够支持目前的工业化和城镇化；建设和发展所需要的钢铁、水泥以及设计等中国都能够自我满足，而工程建设以及配套的相关产业已具备较强国际竞争力，并能够用世界上最有效的设计、施工和成本建设世界最好的高铁系统、高速公路网络、机场、车站、桥梁、隧道等。

（3）中国已深深融入世界经济、全球大家庭之中，初步构建了"两个市

场、两种资源"的发展模式。一方面，中国建设和积累了利用世界科技、管理、人才以及国际市场的强大能力和网络；另一方面，也积累和建立了雄厚的物质和金融基础。这种既融入世界，同时又能够有效抵御外部冲击的能力是很多国家不具备的。而这一特点，也是目前和未来10—15年，与改革开放初期有关特点相比的显著不同之处。

（三）新一轮"内生驱动，全球布局"战略机遇期将呈现出特点鲜明的"新常态"

习近平总书记2014年5月在河南考察时，明确指出，我国发展仍处于重要战略机遇期，要增强信心，从当前我国经济发展的阶段性特征出发，适应新常态，保持战略上的平常心态。结合习近平总书记提出的"三期叠加"，今后10—15年我国所处的"内生驱动，全球布局"的"新常态"具有若干核心特征。

（1）增长速度进入"新常态"。由于内外红利衰退，从高速增长向中高速增长换挡。从供给端分析，表现为人口红利消退，储蓄率出现拐点，潜在增速下降，劳动力比较优势丧失；从需求端分析，表现为全球化红利消退，全球经济从失衡到再平衡，外需和外资从涨潮到退潮。

（2）结构调整进入"新常态"。从结构失衡到优化再平衡。产业结构，将从工业大国向服务业强国转型；质量结构，将从"吹泡沫"到"挤水分"转型，致力于实现有效益、有质量的增长；区域结构，将从各自为战向协同发展转型，致力于打造"一弓双箭"发展新格局（"一弓"，是指贯穿我国东部一线的东北老工业振兴基地、京津冀经济圈和21世纪海上丝绸之路，基本涵盖了我国经济最发达的地区；"双箭"，是指横贯我国东、西部地区的丝绸之路经济带和长江经济带，连接了我国广袤且资源丰富的中、西部地区）；金融结构，将打破金融垄断，让利实体经济。

（3）宏观政策进入"新常态"。尽快消化前期政策副作用，并致力于从"西医疗法"到"中西医结合，中医为主"转变。财政政策，将从"挖坑放水"到"开渠引入"，重点是从建设型财政向服务型财政转型；货币政策将从"宽松货币"到"稳健货币"，致力于从"总量宽松"到"结构优化"；宏观管理模式，将由"需求管理"（西医）为主，向"供给管理"（中医）为主转变，核心是通过改革从制度层面打破制约经济社会发展的供给"瓶颈"，提升要素供给效率，拓展市场空间，对冲潜在增速下行压力，提高经济增长的质量，实现经济与社会、国内与国际的"包容性发展"。

（四）中国对外投资空间巨大

据商务部、国家统计局、国家外汇管理局联合发布的《2012年度中国对外直接投资统计公报》显示，至2012年年底，中国对外直接投资累计净额（存量）为5319.4亿美元，位居全球第13位，仅相当于美国对外投资存量的10.2%、英国的29.4%、德国的34.4%、法国的35.5%、日本的50.4%。

## 二 亚非拉发展中国家具有强烈的基础设施发展意愿，巨大的资金需求，但现有的投融资模式难以满足其发展需要

（一）基础设施落后是制约亚非拉国家发展的主要"瓶颈"

铁路、公路、机场、电力、电信网络等基础设施是一国经济发展的重要支撑，也是影响其核心竞争力提升的关键因素。良好的基础设施对降低人流、物流、信息流的时间成本和交易成本，促进农产品交易、工业化进程、旅游服务业发展等意义重大。据分析，2001—2005年与1991—1995年相比，基础设施投资促进发展中国家的年均增长率提升了1.6个百分点。

据有关研究显示，2013年亚非拉发展中国家基础设施缺陷广泛存在，全球大约有14亿人不能获得电力供应，8.8亿人没有安全的饮用水，26亿人不能获得基本卫生服务，估计有10亿农村居民的住所与公路的距离在2公里以上。

基础设施的缺乏不但影响到数十亿人的生活质量，还增加了交易成本，降低了市场效率，限制了生产率和产品质量改善，从而对创业、商业活动带来负面影响，削弱企业竞争力及国家整体竞争力。在撒哈拉以南的非洲，由于电力匮乏且不稳定，许多企业自己发电，平均成本超过发电厂的3倍，其能源成本占总成本的10%以上；由于路网密度低，交通成本占企业间接成本的16%以上。从而将相当部分撒哈拉以南的非洲居民隔绝在本国市场和国际市场之外。

### （二）亚非拉国家具有巨大的基础设施融资需求

据世界银行2011年的有关研究显示，发展中国家2013年的基础设施需求约为1.25万亿—1.5万亿元，而已落实的资金约为8500亿美元，资金缺口达4000亿—6500亿美元。亚行及麦肯锡公司预测，亚洲未来10年基础设施投资将达到8万亿美元，即每年约7500亿—8000亿美元。东盟2010年通过了每年2955亿美元的基础设施发展投资计划。非盟2012年年初通过了"非洲基础设施发展规划（PIDA，2012—2040）"，每年资金缺口达300亿美元以上。

### （三）现有的投融资模式难以满足亚非拉国家基础设施发展需要，融资总量严重不足及风险难以有效控制

总体来看，亚非拉发展中国家普遍存在此问题。从最具典型意义的非洲情况看，一方面，非洲政府财力薄弱，依靠自身力量难以支撑非洲基础设施建设。非洲当前经济发展仍然处在较低的水平，政府财力薄弱，处于财政赤字状态，尽管外债规模因近年被全球各国陆续减免后大幅下降，但当前依靠非洲国

家政府自身财力，无法支撑非洲基础设施建设所需巨额投入。另一方面，世界银行等国际金融机构现行的贷款模式不适用于非洲基础设施建设需要。世行贷款对象为各国政府，其每年贷款规模偏小，且多数投向非营利性的项目，不能从根本上解决非洲国家造血能力弱的现状，容易使非洲国家陷入外债累积的恶性循环，信贷风险也难以有效控制。

世行在2011财年（2010年7月—2011年6月）对非洲承诺优惠贷款和赠款总额71亿美元。在这些款项中，主要包括农业、教育、卫生等领域的援助，对非洲区域一体化投资项目贷款仅为10亿美元，距离2012—2020年PIDA优先行动计划所需680亿美元，即年均75亿美元有较大的差距。

## 三 中国具备促进亚非拉国家发展基础设施的多方面优势和有利条件，但目前尚未形成系统化有效投融资机制

从中国当前具备的有利条件分析，一是外汇储备规模巨大，2014年9月末外汇储备余额3.89万亿美元；二是高储蓄率。2013年年末，人民币存款余额达104.38万亿；三是具备在地域广阔、地质条件复杂地区推进基础设施建设的极其丰富经验；四是具备全球最强大的铁路、公路、机场、电力等基础设施项目施工能力；五是具备与发展中国家需要相适应的铁路、电力等经济适用装备制造能力。

从中国自身意愿分析，抓住当前中国具备的有利条件和国际契机，构建基于全球视野的战略思维，通过扩大海外基础设施投资，实现资本（外储及人民币）、技术、管理、中低端产能"走出去"，既有利于突破自身面临的发展条件约束，优化外需结构，提高GNP，促进中国实现可持续发展，也有利于履行中国作为全球经济大国责任，促进亚非拉国家发展和欧美国家走出危机。

近年来中国在亚非拉投融资规模增长迅速，但中资企业在亚非拉国家以工程承包为主，其主要原因是没有形成整合中国各方资源、系统性推进企业"走出去"，且能够有效控制风险的投融资模式和机制。

## 四　构建中国与亚非拉国家平等合作、互利共赢的新型投融资主体"基础设施发展公司"的总体思路及运行模式

### （一）总体思路

（1）设立模式。依据国际法及有关国家公司法，参照中国各级政府设立"城市建设基础设施平台公司"的模式，借鉴中国改革开放以来与欧美发达国家大量建立合资公司的经验，以及中国与新加坡在国家战略层面合资、合作建设苏州工业园区的成功经验，结合亚非拉各国实际，由中资企业以美元或人民币现金投资发起设立，亚非拉国家政府授权企业（机构）以现金或矿产资源入股，欧美企业或机构原则上也可以现金或在当地控制的资源适当参股，本着互利共赢、平等合作的原则，在亚非拉有关国家首都设立"××国家基础设施发展公司"（如坦桑尼亚基础设施发展公司），作为中国与亚非拉国家推进基础设施合作的战略性、公司化、市场化平台。

在具体实施过程中，可考虑根据区域性一体化发展进程需要，由易到难，因地制宜设立三个层级的基础设施发展公司（以非洲为例）。一是可由中非双方的地方政府授权各自有关企业，合资设立"地方级"的基础设施发展公司，负责实施地方性的基础设施项目；二是由中国与非洲单一国家的中央政府推动，授权各自相关企业，合资设立"国家级"的基础设施发展公司，负责推动全国性的基础设施项目建设；三是由中国与非洲多个国家的中央政府负责，授权各自企业，合资设立区域性（如南部非洲、西部非洲、东部非洲等）的基础

设施发展公司，负责推进跨国、跨区域的基础设施发展项目。

（2）管理模式。借鉴中国与新加坡合作推进苏州工业园的管理模式，引入多级政府协调机制，从政府层面就资源抵押及授权开发、基础设施规划及委托代建、财税优惠政策、信用增级等难点问题通过协商机制达成共识，并由作为执行层的"基础设施发展公司"同时负责资源开发、基础设施建设、融资及还款等，实现"借、用、管、还"一体化运作。

（3）风控机制。通过将高收益的资源产业与低收益的基础设施建设，整合至公司化的同一法人，并将政府明确抵押给金融机构的资源授权基础设施公司开发后获得还款现金流，从而突破由于政府负债高、偿还能力弱及基础设施项目建设自身周期长、回报低、还款现金流不足导致的融资难"瓶颈"。

（4）构建中国外储资金直接投资亚非拉基础设施的多种有效机制。除设立丝路基金模式外，还可以探索发挥现有的中投公司的作用等有效方式。例如，可发挥现有的中投公司的作用，进行相关模式构建：第一步，由外汇管理局直接向中投公司注入外储资金，或由财政部向国家外汇管理局定向发债，获得外汇资金后注入中投公司；第二步，由中投公司经尽职调查和风险收益分析通过后，将部分外储资金注入央企或具有一定规模的民营企业（中投公司相应获得央企或民营企业的股权，央企或民企以企业整体收益向中投公司分红），再由央企或民企向"基础设施发展公司"注资并获得其股权，通过此途径解决中国企业海外股本投资的外汇资金来源问题，即中方投入"基础设施发展公司"所需的股本资金来源问题及构建风险控制机制；第三步，中投公司通过两种方式注资国家开发银行等金融机构，主要解决国内金融机构向"基础设施发展公司"提供大额外汇融资的资金来源问题。一是根据国家开发银行的资本金补充需要，直接向国家开发银行注资适量资金（增持股本），再由国家开发银行等金融机构将其用于向"基础设施发展公司"发放贷款；二是由中资公司委托国家开发银行向亚非拉国家"基础设施发展公司"发放贷款，中投公司直接持有债权、获得相应收益，并向国开行支付管理费，国开行以机构整体信用提供还款保障。

（5）保障机制。通过东盟、非盟等多边机构或有关国家议会以法律法规确认的方式，授权设立公司并授权将有关矿产抵押给中资金融机构，从而避免政党更迭导致的风险。

（二）具体运行机制（以非洲为例）

（1）公司目标。促进非洲基础设施建设和矿产资源开发，使非洲拥有的资源潜力能够转化为实际发展能力，促进非洲经济发展和人民生活水平提高。

（2）公司理念。服务非洲政府基础设施发展规划需要，将基础设施建设与资源开发相结合，以市场化的运作方式，开展基础设施建设。公司总部设在非洲国家。

（3）股本总量及股东结构（下文涉及金额及股比仅为示例，具体可由有关方谈判确定）。初期注册股本暂按30亿美元（约190亿人民币，可根据工程需要，分年到位，第一年可考虑先到位3亿美元）考虑，中非双方各占50%。"中资企业联合体"（含央企及民企）以现金15亿美元（约95亿人民币，第一年可考虑先到位1.5亿美元，为加快公司设立进程，试点阶段该1.5亿美元也可考虑从商务部主管的外援资金中列支，授权中资机构持有）入股，非洲政府授权企业以相当于15亿美元（约95亿人民币，第一年可先到位1.5亿美元）的已探明资源（铁矿、煤矿）开采权入股。如用铁矿入股，15亿美元约相当于1500万吨，1.5亿美元约相当于150万吨。

（4）公司治理。建立现代化的公司治理结构，设立董事会（可考虑按15人）、监事会，可吸收外部专家担任独立董事；聘请国际会计事务所进行审计；

设置资产负债率指标最高限，防止过度负债。董事长、总裁可由中非双方轮流委派人员担任。

（5）融资机制。公司设立后，可向中方的国家开发银行等金融机构申请70亿美元（约450亿人民币，可根据工程需要分期到位），并由非洲国家政府报议会批准后，以约100亿美元的资源开采权（约相当于1亿吨铁矿）向中非提供质押。此质押矿产，由政府授权公司开发。

（6）矿产资源开发机制。公司设立后，首先由其下属的资源开发公司或实体，运用现金（含资本金及银行贷款资金）进行非方用于入股资源及政府授权用于银行贷款质押资源的开发，形成的矿产品通过事先与中方订立长期供货合同（价格可参照国际市场适当优惠）的方式出售给中方（也可酌情商定部分矿产在其国内市场销售或出口至其他国家），入股资源出售后获得的货款进入公司设立在中方金融机构的"公司账户"；质押资源开发后获得的货款进入非洲政府授权机构（财政部等）设立在中方金融机构的"政府账户"。

（7）基础设施建设机制。公司设立后，可同步启动非方发展规划中优先关注、委托公司代建的电厂、铁路、公路等基础设施项目的开发工作，所需资金由公司资本金及银行贷款资金支付，形成的资产先纳入公司资产负债表。

（8）矿产开发、出售后形成的"政府账户"资金的运用机制，以及基础设施建成后的平价、交割机制。资金首先用于向公司支付开采综合成本（按照"年实际开采直接成本＋年银行贷款利息＋年合理利润"的方式计价，并确定每年应支付总额），再用于按照国际通行的BT、BOT模式从公司收购已建成的基础设施项目的全部或部分资产（股权），收购价格按照"基础设施建设实际决算核定直接成本＋银行贷款利息＋事先设定合理利润"的方式确定。当非方只收购部分股权时，公司可继续参与基础设施项目的运营。

（9）银行贷款本息偿还机制。公司从"政府账户"获得的矿产资源开发综合资金收益及基础设施建设项目回购款项，首先用于支付银行贷款本息（公司设立初期矿产开发尚未形成现金流，公司贷款利息可先由公司用自有资金垫付），剩余部分用于公司运营和分红。

（10）公司利润获取及分红。公司利润通过两种途径获得：一是"政府账户"资金用于支付矿产资源开发的合理利润；二是回购委托公司代建的基础设施资产时，所支付的价格中包含的合理利润。公司利润可设定50%以上用于分红；另50%用于公司发展，成为公司资产负债表中的"净资产"。合理利润率、分红率应事先由中方与非洲国家双方商定相关规则。非方分红资金，可直接进入"政府账户"，用于还本付息等。

（11）公司上市。公司发展壮大后，可积极申请在我国上海、深圳证券交易所上市。

（12）中资退出机制。公司的存续时间或中方与非洲国家双方合作期限，可事先设定，并可根据中非洲国家双方合作进展情况协商进行调整。必要时，经双方协商，中方或非方均可按市场公允价将一定比例的股份转让给对方。

（13）税收优惠。公司所得税及个人所得税应给予适当优惠。

（14）出入境便利。非方应为中方管理人员提供相应便利。国家开发银行国别组人员可进入公司工作。

（15）利润汇出。非方对中方获得的分红资金，应予自由汇出政策。

（三）设立基础设施发展公司的可行性及成效分析

中国与亚非拉国家合资设立"基础设施发展公司"的方案，融合了中国改革开放40年来的多方面成功经验，考虑了政府、企业、银行各方的利益和诉求，发挥了中国与亚非拉国家各自的比较优势，能够实现双方的互利共赢和可持续发展。实施时，可根据不同国家情况邀请欧美企业及世行等国际机构参与，以开放型思维整合、调动各方积极性，可望实现有关各方的平等合作、互利共赢。

（1）从中国政府角度分析。该模式一是有利于履行中国作为全球经济大国责任，促进亚非拉国家发展和欧美国家走出危机，加强中国与亚非拉国家友谊，提升中国软实力；二是有利于实现中国外需结构性调整（由欧美日转向亚非拉），促进经济增长，实现资本（外储及人民币）、技术、管理、中低端产能"走出去"，为庞大施工能力、基础设施相关产业制造能力寻找到广阔市场空间；三是有利于拓展外储运用渠道，提高外储收益率；四是有利于加快人民币国际化进程。

（2）从中国企业角度分析。该模式有利于争取项目、锁定资源，发挥各自优势，整合国内资源，避免恶性竞争。

（3）从金融机构角度分析。该模式能够提升对国内外高端客户的影响力，实现在亚非拉国际业务跨越式发展，能够有效控制贷款风险。

（4）从亚非拉国家政府角度分析。该模式能够在不增加其本国债务总额的前提下，解决了基础设施建设严重滞后的问题，有利于未来经济腾飞；通过合资设立基础设施建设发展公司，引入中国的规划能力、资金实力、先进设计施工技术和管理经验，有利于提高自身造血能力，使其潜在的资源优势转化为现实的发展能力；有望增加大量就业机会，促进政局稳定。

（四）需解决的问题及对策

构建上述战略性、公司化投融资平台公司，从决策层面和操作层面看，还需要高度重视和着力解决若干问题。

（1）战略决策问题。促进亚非拉国家基础设施建设，构建新型投融资模式，推进战略性、公司化实施平台建设，能够有力地推进中国"走出去"战略、海外市场开拓战略、资源与能源战略、对外援助战略，有利于拓展外储运用渠道和人民币国际化，能够战略性、系统性地化解当前及中长期制约中国发展的多方面矛盾，对打造中国经济升级版，实现中国新一轮改革开放意义重大，但也涉及内外部多个方面的组织协调工作。建议将此项工作纳入国家相关战略，并纳入相关高层协调机构。

（2）外部协调问题（以非洲为例）。平台公司的构建及运作，需要非洲有关国际组织及非洲有关国家政府的深度介入，并成立专门委员会协调有关事宜，政府因素较为突出，而非洲部分国家政治局势动荡，方案实施周期长，面临的政治风险较大。应对策略：一是优先政局稳定、与中国关系良好、发展意愿强烈、资源较丰富的国家（如安哥拉、南非、坦桑尼亚、埃塞俄比亚等）作为合作试点对象，先试点产生示范效应再推广；二是建议由外交部、商务部等政府部门出面，加强与非盟及非洲次区域组织的合作和联系，从外部环境对某一国家的履约形成压力，改善其信用环境。

（3）内部协调问题。设立国际性合资投融资平台公司，涉及国内跨行业大型企业之间的合作，需要考虑各合作方的利益平衡，各投资方的协调和磨合，达成一致意向并签署合作协议需要一定的过程。

（4）法律、会计问题。与亚非拉国家合资成立基础设施发展公司，面临不同的法律、会计环境，可以预见将遇到多方面的会计、法律问题，需要通过多次沟通、协调解决。建议由有关企业、金融机构聘请熟悉国际法及亚非拉国家法律、会计制度方面的专家，并通过按照现代企业制度，组成董事会、监事会，引入第三方审计机构等加以解决。

# 附录

2017年4月9日，由全球化智库（CCG）主办的第三届中国与全球化圆桌论坛在北京中国大饭店隆重召开。论坛以"十字路口中的全球化：中国的机遇与挑战"为主题，两百多位CCG理事、CCG学者专家和政、商、学界精英代表汇集一堂，深入探讨全球化发展的新形势，研判全球化进程中的新挑战，共同为决策制定提供参考，为促进包容性全球化贡献中国智慧。本书选取了部分与会专家观点，以飨读者。

## 龙永图：经济全球化出现新特点，解决社会公平问题是关键

（龙永图：CCG主席，原外经贸部副部长，博鳌亚洲论坛原秘书长）

近一二十年，中国对"全球化"的看法发生了重大变化，过去人们对此可能有一点半信半疑，现在大家普遍认为中国确实要参与"全球化"，有些人甚至提出来中国以后要引领"全球化"。不管怎么样，"全球化"在中国是相当正面的，这是好事，说明中国对外开放的意识大大提升了，这是很重要的象征点。

### 经济全球化的三大要素出现新特点

我们今天讲的"全球化"首先定义为"经济全球化"。我们没有讲一般意义的全球化，政治的、社会的、文化的我们不涉及，我们主要谈经济全球化。什么是经济全球化？经济全球化基本上有三个要素：

首先，经济全球化怎么产生的？动力是什么？经济全球化有很多的动力，但是我认为，科学技术的迅猛发展是经济全球化最重要的动力。从IT技术一

直到最近以"互联网""人工智能"为代表的技术，科技的力量是一个客观的力量，是不以人们的意志为转移的，科技无国界，科技的力量是第一生产力，因此全球化的动力主要是科技。有些人说是市场的力量，人性的力量，但是归结到底经济全球化推动的力量是什么？我认为主要是科学技术。

其次，那么经济全球化怎么实现的？载体是什么？经济全球化主要通过跨国公司的全球贸易实现，所以经济全球化的载体就是跨国公司，特别是大规模的跨国公司，它们通过国际贸易、国际投资来实现和推进经济全球化。

最后，经济全球化到底在干什么？基本内涵是什么？我认为经济全球化的基本内涵主要是全球产业的转移和全球产业的调整。比如，过去几十年，制造业大量地从发达国家转移到发展中国家、新兴国家，人力资源技术转移形成了产业结构的调整、资源的重新配置，大规模的全球配置。

### 动力新特点：从信息技术向互联网技术转变

全球化的动力出现了哪些新特点？科学技术现在是什么样的？将来又会以何种科技继续推动全球化？毫无疑问，现在是以互联网为代表的新的技术为潮流，那么将来人工智能会不会进一步推动全球化？我个人认为，现阶段全球化动力新的特点就是从过去信息技术向现在的互联网技术转变。

### 载体新特点：中小企业也成为全球化的载体形式之一

经济全球化的载体过去是以跨国公司为主，但是由于互联网的产生，成千上万的中小企业因为通过互联网能够在信息的获得、技术的获得，贸易和投资方面和大的跨国公司一样参与全球贸易和投资，形成了经济全球化新的载体形式——不仅仅是跨国公司，成千上万的中小企业也成为全球化的载体形式。所以我们要聚焦中小企业，关注中小企业在经济全球化中的作用。

**内涵新特点：产业链的延伸和产业链网络体系的建立**

从经济全球化的内容、实质上来看，过去经济全球化主要是全球整体产业的转移——制造业、钢铁，从美国、欧洲主要转移到了新兴发达国家，主要是一些大的产业转移和产业结构的调整。我认为新的内涵特点主要是产业链的延伸和产业链网络体系的建立——制造业的转移，发达国家把制造业转移到新兴国家，科研技术留在自己国家。因此，现在产业链细分，调整产业特点，研究产业链、工业链是研究经济全球化很重要的一个部分。

**全球化的问题在于解决社会公平问题**

有些人认为全球化正在逆转，有些人认为全球化已经不复存在了，那么，我们应该如何客观、全面、准确地判断当前经济全球化出现的一些新的趋势和现状？习近平主席在 G20 峰会上说全球化受到了一些挫折，这是对经济全球化的一种评价，但挫折还谈不上是经济全球化逆转。对此，我们也要分析一下为什么出现一些挫折，为什么在欧洲和美国出现了反全球化的趋势？

挫折与波折的主要问题不在于经济全球化本身，而在于政府怎么应对全球化而产生的各种社会阶层变化的。不同社会阶层在经济全球化当中得到利益的不公平，因此，如何处理社会不公平的问题，这是解决全球化继续发展一个很重要的问题。

十八大以后，中央非常注意社会的公平公正，把精准扶贫当成重中之重，解决地区不公平的问题、发展不公平的问题、分配不公平的问题。国家出台的雄安新区战略也旨在通过区域化的战略解决发展的不平衡问题，因为发展不平衡问题的背后就是社会不公平、不公正的表现之一。中国现阶段没有出现反全球化的潮流，而且全球化越来越正面。这种现象的背后，就是因为我们正确、及时地处理了全球化所带来的一些负面的东西——特别是分配不公的问题。虽然在中国的经济全球化中也存在一些问题，但是总体上而言，大家对中国改革开放还是非常正面、拥护的。这是共识，因此如果我们没有正确处理好区域发展不平衡的问题，没有处理好由于发展所带来的经济全球化和改革开放成果公平分享的问题，中国也可能会出现像西方一样反全球化、反改革开放的声音。

因此我觉得"处理好公平分配的问题"是中国的重要经验，西方国家在处理反全球化时应该要借鉴中国的经验，这同时也是中国对推动经济全球化很正面的贡献，我们应该关注、研究中国这些年来是如何处理社会不公平、不公正的问题的？怎么处理更多老百姓、基层人民能够分享改革开放的成果、分享全球化的成果的？出现社会不公平、不公正的问题挫折原因为何？中国又做了哪些努力？

### 中国在全球化方面起引领的作用还没到时间

有些人认为中国要取代美国引领全球化，但我觉得还没有到这个时间点。现在中国既没有力量也没有意愿引领经济全球化，当然在一些领域、一些方面中国也可以起一些引领作用，但是从整体上来讲，中国若要真正开始引领经济的全球化，还有很多事情要做，有很长的路要走。

在全球化的动力方面，也即科技方面，虽然中国现在少数领域已经处在世界领先地位，但我们和西方发达国家的科技发展相比还有相当大的差距。

在经济全球化的载体方面，我国五百强企业越来越多，但是很多企业是大而不强，核心竞争能力还不够，所以我们中国的企业作为全球化的载体引领作用还不够。

从经济全球化的内涵来看，从中国经济产业链的分工来分析，大多数还处在产业链的中低端。中国作为全球化最重要的代表，在全球产业链的分布中全面进入一些重要产业链的高端领域还需要很长的时间。

### 何亚非：全球化是大合唱而不是独唱

（何亚非：CCG 联席主席，中国外交部原副部长）

我们生活的世界和全球化是处在历史的十字路口，是进还是退？新旧秩序正在转换之中，新旧格局也正在进退之中。对中国来说在这么一个新的历史起点上，如何来看待全球化带来的机遇和挑战是我们对外制定战略的重要考量。这个世界变得越来越复杂、变化越来越多，是因为国际关系的行为主体增多了，全球治理的议题也越来越多，国际规则已经有些不适合全球化的发展，需要改写。全球化也遭遇了前所未有的逆流，在这样混沌的趋势中间要找出全球化下一步发展的轮廓、核心的要素，对我们制定相应的政策和对策，制定与时俱进的外交方略非常重要。所以我首先想谈一下全球化的特征，简单地归纳为有"三个不变、三个变"。

"三个不变"是指：

（1）全球化的历史不会终结。大家记得"冷战"结束的时候美国学者福山说过西方民主自由思想体系已经胜利了，别的政治制度都失败了，所以历史也就终结了。这几十年的历史发展表明，没有像他所讲那样。世界多极化、经济全球化的势头越来越强，以联合国体系为核心的多边主义也在发展，经济全球化已经把各国结成了利益共同体。随着生产要素在全球流动，信息技术革命迅猛发展，世界市场的形成、全球治理体系的完善，这些基本符合全球利益的生产链也好、贸易投资安排也好，这些制度性的规范并没有因为全球化的变化而消失，反而因为生产力的发展和科技的进步使全球化变得不可逆。

（2）中国所代表的发展中国家整体力量在上升，改变了对比，实现了几百年以来前所未有的东西方大趋同。全球经济重心逐步地变成多元化，从发达国家向新兴经济体转移，无论是政治、经济还是军事安全，国际关系民主化、全球治理的东西方共同治理历史潮流不可逆转，发达国家和发展中国家可以真正平等地参与全球治理和国际规则的制定。中国很可能成为第一个来自东方的发展中国家在全球治理全球化中间发挥非常关键的作用，发挥一定的引领作用。

（3）孕育全球化、保障全球化的国际体制、机制等制度性安排。这主要说第二次世界大战胜利以后建立的国际秩序和制度安排不会消失，只会继续存在下去，并且根据全球化的变化进行一些调整，进一步趋于公正、公平、合理。这当中主要是给予发展中国家更多全球治理的发言权和决策权。

"三个变"是指：

（1）主导者美国在变化。因为美国是全球化的主导方，美国现在想改变游戏规则。过去认为全球化是美国化，后来全球化因为自身的发展、自身的理念普惠性增加了，惠及的行为体增多了，这偏离了美国自己设定的美国化的轨道，发展中国家受益了，全球化出现的问题西方发达国家政府并没有很好解决，国家之间贫富差距的问题，社会部分阶层因为全球化的冲击利益受到损害的问题，美国现在所判断传统意义的全球化过时了，要改变游戏规则，目的是重新分配利益，防止被新兴大国超越。美国大选的"黑天鹅"事件已经造成了美国社会的政治激化、社会分裂，社会反精英的情绪也比较严重。如果就美国这些社会剧烈的变化而得出结论说美国政治制度出现了一些危机，也不为过。这些"黑天鹅"事件现在在欧洲很可能被复制，所以整个西方世界确实面临一个何去何从的问题。

（2）全球治理全球化指导思想出现了空白，需要新的指导思想、新的方案，以前是美国主导下的，以经济新自由主义为指导思想的黄金时代。所谓全球化、全球治理、经济发展模式都被指导思想格式化、模板化。历史总是这样的物极必反，凡是采纳新经济自由思想的国家都遭到了重大的困难，经济停滞、社会动荡，就连美国也难以幸免，金融危机的发生就是一个很好的例子。这就使得全球化指导思想和理论基础被动摇了，或者说出现了破碎化，全球治理严重滞后于全球化变化，负面因素累积，逆全球化的势头上升。

（3）新兴经济体、发展中大国，特别是中国借全球化的东风坚持走符合国情的发展道路，采纳自己的发展模式迅速地发展起来，这个不仅改变了中国自身的面貌，也深刻地改变了世界。这里特别值得一提的是，中国经济发展、政治稳定、社会和谐现实证明中国所选择的发展道路、发展模式，特别是中国依赖可靠的政治制度保障经受了历史的考验，很多国家希望中国能够提出新的全球治理、全球化的新思路、新方案，也希望搭乘中国发展的快车跟上全球化的步伐，这点我们应该有足够的自信。

中国综合国力的上升要求中国深入地参与全球治理，并且提供力所能及、有效的全球公共产品。我觉得我们在提供全球公共产品方面正在做出新的努力还是不太够的。深入参与全球治理，提供全球需要的公共产品是全球化新时期中国作为一个大国要成长的必然路径，是一条必然的道路，这也是中国对自身和世界发展规律的正确认识。大家看到中国为此做出了巨大的努力，既维护现有国际秩序和全球治理的体系，联合国、G20、亚太经合组织这些机制也在发挥作用。同时我们也对全球治理体系、全球化一些不合理的地方提出了可行的改革方案，2016年我们主办的G20杭州峰会，2017年又主办"一带一路"倡议的峰会和金砖国家的峰会，都标志着中国将进一步深入参与以及在部分领域引领全球治理。

这里特别值得一提的是，习近平主席近年来提出了一系列的全球治理新思想和新思路，以共商、共建、共享的精神建设"一带一路"倡议。建立全球伙伴的关系网络以替代军事同盟。在人类利益共同体的基础上建设人类命运共同体，这些都是对全球治理未来发展方向性的思路，指明了全球化发展的方向，全球化不是一两个国家的事情，应该是大合唱而不是独唱。我们今天讨论全球化问题，看看全球化下一步怎么走是非常恰当的题目，因为中国的未来与全球化密不可分，中国参与乃至引领全球化也是中国处在目前这个历史阶段之必然，是中国自身的选择也是历史对中国的选择。

## 陈启宗："全球化"需要有规则，中国仍需走自己的路

（陈启宗：CCG联席主席，香港恒隆地产董事长）

无可否认，今天中国站在一个十字路口上，那么如何能够让我们清醒地知道前面的路该怎么走？唯一比较可行的方法就是看历史，回想历史，或许从历史的角度来看全球化会带给我们一些启示。2000年前丝绸之路以中国为东端的起点早就是全球化的先锋，丝绸之路是为了贸易，贸易带来了全球化，全球化带来了人的相互接触和文化交流。近代科技的发展是今天经济全球化最主要的动力，科技不会以人的意志为转移，唯一能让它倒退的是人之间的不和与战争，它们使得全球重新洗牌，而科技是不可逆转的。

### "全球化"是一个循环，不会一成不变

全球化永远是一个循环，人性所及一定是有循有环的。从两千多年前的丝绸之路开始，中国就是全球化的领行者，但是到了1410年左右又开始有逆转了。所以1410年之前的中国基本上是全球化的，是领先者，1410年之后恐怕很多方面就滞后了。西方基本上在丝绸之路开始没多久就战乱连连，虽然可以说是开放的，但全球化进展也比较缓慢。

今天很多人都说美国是全球化最大的推动者，但是美国的立国之本是"闭关主义"而不是全球化。第一次世界大战期间美国迫于压力站上了世界舞台，1919 年以后立刻又回到自己的"壳"里去了；美国当初没有加入国际联盟，也根本不是会员国，那时候没有站在全球化的前沿，而 1929 年，经济大衰退再次把美国推到世界的前面。继而第二次世界大战之后，美国又好像成为全球化的推动者了。因此，从历史来看，美国在全球化中的地位不是一成不变的，所以现在有所谓"逆全球化"的表现，我们也不必大惊小怪。

再看欧洲，第二次世界大战之后欧洲好像是往"全球化"的方向走，但走着走着就走循环了，英国的脱欧可能就是个开始，我个人认为，欧盟在未来十年之内很可能有重组的可能性，重组也许是所谓"逆全球化"的表现。因此，我们不要以为"全球化"的趋势是完全不会改变的。近年来，中国是全球化的得益者、受益者，也是贡献者，我相信在这方面中国还要继续扮演相当重要的角色。

**全球化需要有规则**

有人认为国际贸易增长很慢，但那是假象，美国在过去几年间逼很多美国企业在美国境内设厂，使得国际贸易国内化，贸易总量没减少，不过国际贸易减少了，以前是卖给外国人，现在是卖给自己人，这是国际贸易减少的原因之一。有人说贸易战不会发生，但是美国绝对会在未来一二十年成为世界制造业大国，正如 20 世纪 50 年代美国就是制造业大国一样，再过一二十年同样的事情还会发生，原因就在于美国是唯一一个具有资金、技术、管理、土地、资源、能源、人才等所有生产要素的国家，唯一缺少的就是廉价劳动力。但是随着科技的发展，廉价劳动力变得不那么重要。

全球化需要一个有规则、有秩序的世界，这都是第二次世界大战之后以美国为主导的世界秩序所安排出来的。几十年过去了，美国虽然还有很多活力，但也相对衰落了一些，中国崛起确实改变了世界，这个规则改变是不可避免的，所以西方担心中国要颠覆它们的游戏规则，其实这绝对不是一回事，中国是在弥补它们的不足，把世界变成"冷战"的丛林，中国一定要极力避免，既要保护投资者利益，又要保护尊严，也不要落到"冷战"的情况。

还有两点。一方面是中东问题。中东问题会带来能源问题，俄罗斯很多年来在欧洲是没有一席之地的，俄罗斯需要应对能源价格的问题，还有其他很多国家对俄罗斯制裁等。但是近几年俄罗斯的话语权越来越大，奥巴马政府的软弱是原因之一。美国还有另外一方面的问题。如果美国的金融毁灭了，我们的经济体也就毁灭了，世界大部分的东西也就毁灭了。全球化是不可逆转的，但是战争可以把它逆转，此外全球金融的崩溃也会把一切重新洗牌。我们要极度小心金融全球化，资本市场不能全面开放，只能是局部地开放，这反而会保护整个世界经济体，完全放开有可能把整个经济体破坏掉。

**美国不可能完全"逆全球化"**

在"全球化"这个问题上，现在好像有两个分化：美国在某个程度上是往孤立、往"逆全球化"方向走；而其他国家，俄国、印度，甚至欧盟，因为每个国家太小了，所以不可能完全"逆全球化"。因此，美国可能在某个方面慢慢孤立自己，而世界其他国家会继续往全球化走。但是美国也不可能完全"逆全球化"，也许会在政治方面自己"关起门"。美国是个很特别的国家，它是不想付联合国经费的，不喜欢付就不付，喜欢付就付，到现在为止联合国经费还是拖欠的，但美国金融商业却不会放弃全球化市场。因此所谓的"逆全球化"，也只是对内美国国内经济要"照我的规则"，但出去做生意赚钱还是非常全球化的。世界就是如此，循环往前，有进有退，中国要思考在这个大环境之下该如何自处，用长远的眼光思考如何在大局面里制胜。只有中国综合国力加强了才能立足于世界，站立得稳。

### 金融全球化要走中国自己的路

谈全球化，在中国内地谈跟在美国谈是两个世界。在中国内地谈，大家谈的基本上是实业，制造业，好像那就是世界全球化的大去向，但其实几十年前，美国的大公司就已经把他们的制造业拉到全球去了；在美国谈全球化，多数谈的是金融的全球化，这样的差异很值得我们思考。

如果讲到创新，一个不得不提的方面就是中国在什么事情上不能创新，也不要创新，那就是金融全球化。因为我们与西方世界不同，西方社会有很多的资金，科技的进展就是西方世界慢慢地金融全球化。1985年金融大爆炸后，从伦敦开始，这个领域主要趋势基本上就是去监管化，这给世界带来了极大的灾难。1997年，亚洲也未能幸免，当时的金融危机使整个亚洲市场都受到了极大的损害。2008年金融的全球化把西方的经济体差不多打垮了，因此这方面中国一定要小心谨慎。金融的全球化千万要走自己的路，不能跟着国外走，这不仅对中国的经济体带来好处，也会对世界的经济体带来好处。

### 全球化的负面效应需要更多关注与研究

在全球化的诸多方面中，有一个方面是绝对值得我们考虑的却很少有人做的，那就是研究科技所带来的不良的影响。大家都在谈科技创新怎么好，却鲜有人研究它所带来的负面影响。当然，研究这个并不是反对创新，反对科技，而是会对全球化有更加全面和清晰的认识。

从工作岗位的角度来看，大家都知道科技创造了很多行业，但是确实也破坏了很多就业岗位，这已经是一个大问题了。比方说，现在的机器人已经可以代替人类做很多工作了,而且还不会出现罢工问题。那中国作为一个人口大国,当一切的就业岗位都被科技取代以后,或者很大一部分被取代以后该怎么办?13亿人口如何生存?这些问题都值得我们继续研究下去。

## 刘燕华:通过规则体系来治理全球化,中国在全球气候治理中要体现大国担当

(刘燕华:CCG顾问,科技部原副部长,国务院参事,国家气候变化专家委员会主任)

### 全球治理应该体现全球化,通过参与规则体系来治理

国际上全球治理的规则有哪些体系呢?按照我的理解一共有四个。一是联合国体系,这是第二次世界大战之后建立起来的,原则是一致性,这个体系包容性很大,而且原则也很好,但是到目前为止联合国这个体系运行效率非常低,约束性不强,而且通过这么多年,联合国体系变成一个庞大的官僚机构,运作能力已经开始在下降。二是WTO体系,WTO体系是一些国家先加入制定规则,后面一些国家必须要抬高门槛,这就是WTO体系,现在很多商贸还是按照这个体系运行的。三是区域性体系,APEC、上合组织、欧盟,它们在区域范围内是一种规则。四是行业性组织,现在很多行业组织也相当活跃。这四类体系是全球治理制度的制定者和管理者。我们参与全球治理必须要与这四类组织有紧密的联系,此外,我们要积极参与G7、G20等体系,才能真正谈到参与全球治理。

### 气候变化是全球热点问题

气候变化是全球问题的热点,气候变暖关系到人类赖以生存的地球的命

运。科学研究的全球共识是，由于工业化过程中人类使用过多的化石燃料，排放了自然净化能力之外的二氧化碳，致使全球气温上升，结果会造成海平面上升、冰川融化、极端天气等一系列不良后果，气候变化已经远远超过经济问题、政治问题。气候变化谈话已经持续二十多年，2015年全球达成了《巴黎气候协定》，目标是把温度较工业化前水平升高控制在2℃以内，要形成各个国家自愿减排模式，采取行动。2018年开始一直到2023年全面实施，实行资源减排的模式，解决技术和资金的问题。到目前为止《巴黎气候协定》已经被绝大部分国家批准了，这在国际制度安排中是生效的。

**中国应坚决走绿色发展道路，在全球气候变化治理中体现大国担当**

中国的态度是非常明确的，一是坚决走绿色发展的道路。二是中国在气候变化全球治理中要发挥积极作用。中国正处于深度的结构调整期，雾霾治理关系到民生，转变粗放的经营方式提高质量关系到产业结构，不管国际上出现什么问题中国会始终坚持把自己的事情做好。

中国是一个负责任大国，中国在2008年和2015年分别对世界进行了承诺：承诺我们的二氧化碳排放强度要大幅度降低，到2030年中国要达到排放的峰值，这些承诺就是中国准备达到的目标。国家主席习近平2017年1月在联合国日内瓦总部发表演讲的时候说道："《巴黎气候协定》得来不易，中国将继续采取行动应对气候变化，百分之百承担本国义务。"因此，中国在国际事务中参与国际气候变化治理以身作则是最有说服力的，中国积极应对气候变化是全球的事情，同时也要体现负责任大国的担当，在全球治理中要充分体现公平、公正，为全球气候制度做出安排。国际社会对中国也有所期待，中国也会通过量力而行起到我们的作用，这是我对中国气候变化政策的理解。

国际治理的内容和形式发生巨大变化，应使"和"文化在国际体系中发挥作用

在科技革命飞速发展的当代，国际治理的内容和形式正在发生巨大的变化，这一变化有两个方面，一个是国际治理已经开始从有形资源向无形资源深度渗透，无形资源指的是 IP 地址、基因注册、通信频道、空间轨道、消费信息、市场流通，等等，这些是看不见摸不着的。但是在国际问题上还没有进行过划分和重组，因此，无形资源的分配是今后国际制度安排中的焦点问题，这些问题不解决就可能会对有形资源，会对经济社会产生巨大影响。

另一个是新的科技革命正在影响社会和国际中各种各样的关系，物联网、人工智能、量子通信、新材料正在改变所有的生产方式和生活方式，同时对管理制度也提出了更新的要求。现在往往是管理水平跟不上科技发展的速度，所以国际治理一定要朝这个方向转化。

过去 200 年来国际规则的制定基本靠西方国家主导，是以西方价值观为基础的，结果往往是"按下葫芦起了瓢"。中国今后在全球治理中将会起到更多的作用，中国的文化是"和"，但"和而不同"，我们要寻找共同点、扩大共同点，实现互惠、共赢、互利。中国推出"一带一路"倡议已经开了一个好头，这种思想和原则将在国际话语体系中发挥作用，将会为中国更广地参与全球治理起到作用。

## 魏建国：世界各国都会在全球化进程中获利

（魏建国：CCG 顾问，商务部原副部长）

全球化是一盘大棋、长棋，世界各国都会在全球化进程中获利。

（1）全球化是当前全球范围内配置资源、人力和市场的最佳选择。纵观人

类历史是从绿洲经济发展到江河经济，从江河经济发展到路桥经济，再发展到现在的海洋经济，可以说地球上只要有海洋、有江河的地方都不可能不参与到这次历史上全球资源、能力和市场的大配置中来。

（2）目前全球化经济存在南北差距，存在收入差距，存在失业增加、经济恢复迟缓、中产阶级缩小、气候变化等，这不能归罪于全球化，这不是全球化造成的。

（3）中国对现有的全球治理和现有的国际体制始终是努力改善，派人修改条例，改是真正改进它，推它往前，而不是彻底地、颠覆性地改变它。

（4）全球化是一盘大棋、是一盘长棋，中国将协同美国和其他发展中国家、发达国家努力下好这盘大棋。

## 郑永年：全球化终结是个伪命题

（郑永年：CCG学术专家委员会主任，新加坡国立大学东亚研究所所长）

### 全球化终结是个伪命题

传统意义上的全球化遭遇了诸多问题，逆全球化现象层出不穷，主要表现在全球的贸易增长低于GDP的增长。但是，我们不能机械化地认为美国资本流出、美国走向世界就是全球化，而资本流入美国就与全球化相悖。因为全球化是双向的，如果美国有更好的方法吸收外资进入、跟中国竞争也是刺激全球化进程的一种方式。大家认为英国脱欧是全球化倒退的现象之一，但如果英国脱欧能实现和欧盟的良性竞争，反而能赋予全球化更大的动力，因为欧盟出现了大国化现象，内部体系亟待重构，如果有外在的压力触动，也未尝不是一件好事。

全球化的发展不会停滞，技术、互联网、新兴国家的全球化都在进行。立足今日，中国比任何一个国家都需要全球化，因为西方国家也曾经历这个阶段：随着经济发展，国内市场饱和后，必须研究如何更好地融入国际市场。中国自身具备良好的条件，无论产能、资本、技术都必须走出去，走出去跟国内建设绝不相悖。全球化终结论正如之前的历史终结论一样，是伪命题，诸如印度等其他新兴国家的全球化进程刚刚开始，完全没有终结的态势。只不过全球化有其自身的发展步调，就如同股票市场，时高时低，但总是呈螺旋式的上升、一步步向前迈进，这是很自然的规律，当然，中国当前所扮演的角色是至关重要的。中国能否在全球化进程中扮演重要的角色，关键在于国内治理能否实现可持续发展。如果国内治理问题无法得到良性解决，尚未"独善其身"何来"兼济天下"，中国如何进一步推动全球化？所以我认为中国实现国内的良好治理是全球化的最大动力，特别是提升内需将大大推动中国走向全球化。

### "习特会"开启了更好的可能性，阻止了更坏的可能性

这次"习特会"，我的个人解读是中美关系经历了从不确定性到确定性，再到现在相对乐观的不确定性的过程。对中国来说，不确定性有其利处；如果仅有确定性，中美关系只会持续走低。特朗普当选具有不确定性，不确定性意味着中美关系存在着走高和走低两种可能。我认为，"习特会"开启了更好的可能性，阻止了更坏的可能性。

那么，哪些不确定性是趋向乐观发展的呢？从全球化来看，我们不能只看到美国的贸易保护主义，还应看到其对全球化的积极引领。美国的行为或许会为中国创造一种与国际资本竞争的压力。美国的外流资本现在要回流，回流的同时还要吸引国际社会的优质资本，我们应该如何跟美国竞争？这种压力无论是对中国还是其他国家的发展和历练都是一件好事情。

中国还没到写规则的时候，要推动发展导向的全球化

近几年中国受西方全球治理模式的影响太大，总想着自身要去塑造规则，正如美国 TPP、TTIP 也强调书写规则。但奥巴马政府的问题便在于，美国现在的规则塑造趋于意识形态化。美国此前对国际制度的成功构建，就在于美国的经济优势和广大国内市场，若美国国内市场变狭窄、经济实力下降，没有权力支撑的国际规则是无用的。因此中国还远未到塑造国际规则的时候，当前中国对全球化的推动不应是规则导向，而应是发展导向。逆全球化的现象并不仅仅在于以前的规则存在问题、规则缺失或规则过多，而在于很多规则都是限制发展的，比如 TPP 目的不是推动经济发展，而是推动西方政治全球化。中国下一步应注重推动"一带一路"这种发展导向的倡议，并在发展过程中塑造规则，而不是提前写好规则让其他国家适应和接受。

## 茅忠群：中华文化是构建人类命运共同体的智慧和途径，中国企业家应体现中国担当

（茅忠群：CCG 资深副主席，方太集团董事长）

中华文化是构建人类命运共同体的智慧和途径

人类社会发展的终极目标应该是：世界大同、天下一家！但当前人类仍然面临着三大问题：贫穷、战乱和文明冲突。1972 年英国伟大的历史学家汤因比在《展望 21 世纪》中说道："人类必将因过度的自私与贪婪而迷失方向，科技手段将毁掉一切，加上道德衰败和宗教信仰衰落，世界必将出现空前的危机。"他还认为："解决人类 21 世纪的社会问题，唯有中国的孔孟之道和大乘佛法。"当代最负盛名的科学家霍金预言："科学技术已成为人类的巨大包袱，如果人类不检点自身，将有可能活不过这个千年。"他最新的预

言是：人类将在 200 年内灭亡。1988 年，75 位诺贝尔奖获得者在法国巴黎发表宣言："人类要在 21 世纪生存下去，必须回到 2500 多年前去汲取孔子的智慧。"

由此可见，上述问题的根源就是人类过度的自私与贪婪，解决当今人类问题的根本之道在于构建人类命运共同体。而中国在这个方面可以发挥不可替代的作用，因为中华优秀文化是解决以上问题的唯一可行的智慧和途径。

中华文化是中华民族在 5000 年的文明进程中，以"仁爱、平等、和谐、中庸"作为自己的核心价值，以"修身齐家治国平天下"作为自己的使命追求，以"世界大同、天下一家"作为自己的终极目标，并以博大包容的胸怀吸纳世界各地的先进文化，在数千年的时间里把中华各族人民团结成为一个命运共同体的大家庭，积累了大量的团结各族人民、构建人类命运共同体的宝贵实践经验。这在人类文明史上是绝无仅有的。这对于今天人类所面临的问题提供了唯一可以借鉴和实践的中国智慧和中国方案。

从 2013 年的莫斯科国际关系学院到雅加达，到 2016 年的 APEC、G20，再到联合国纽约总部、日内瓦总部，习近平总书记上百次提到了打造人类命运共同体，并在万国宫全面系统地阐述了如何构建人类命运共同体的中国方案，其核心是以平等为基础，以开放为导向，以合作为动力，以共享为目标。2017 年 3 月 23 日人类命运共同体重大理念首次载入联合国人权理事会决议。这是因为今天的世界早已经是你中有我，我中有你，一荣俱荣，一损俱损。过去的思路已经被证明不能解决当今人类的问题。而中国为人类文明进步提供了唯一可行的道路：那就是世界各国一道，共商共建共享，摒弃丛林法则，超越零和博弈，最终实现人类命运共同体。这是前无古人的伟大创举，也是改变世界的中国智慧和中国担当。

2017 年中国"两会"结束后，世界各国媒体也对中国给予了高度评价，基本达成以下共识：认为中国是世界变革创新的压舱石，世界和平稳定的助推器，世界经济发展的推进器。

**中国担当离不开中国企业家的担当**

作为一名企业家，我认为中国担当离不开中国企业家的担当。中国企业家可以在经济和文化等领域为世界做出重要贡献，体现中国担当，为实现中国梦贡献力量。习近平总书记指出，中国应该对人类社会有更大的贡献，更大的担当；我们要实现的中国梦不仅造福中国人民，而且造福世界人民。所以，中国企业家可以从三个方面体现中国担当：

首先，进一步增强自己的使命感。中国企业家要进一步把"修身齐家治国平天下"作为自己的人生使命，做企业也是一种治国的实践，既要满足并创造顾客需求，同时要积极承担社会责任，导人向善。

其次，加快壮大自己企业的实力。企业的实力包含硬实力和软实力。硬实力是指企业的核心能力和经营结果；软实力是指吸收和代表了中华优秀传统文化的企业文化。

最后，优先到"一带一路"国家去投资。中国企业去海外发展，要优先到"一带一路"国家去投资，吸收当地就业，发展当地经济，依法贡献税收，弘扬中华文化，善待当地员工，让员工获得物质与精神两方面的幸福。

可以预见的是，中华文化将逐渐被全世界所认同，并与其他文化互相融合，和而不同。历史上诸多民族和国家最后形成一个文明和谐大家庭的共治景象将在全世界再现，全球二百多个国家构建成为一个地球村的人类命运共同体将得以实现。

## 王石：中国企业家应在全球化进程中做出表态

（王石：CCG 资深副主席、万科创始人兼董事会名誉主席）

经过改革开放，尤其是 1992 年之后，中国已经是全球化非常重要的一个部分。这可以理解为，我们在中国做的事情就是全球化最重要的部分，只要中国还继续改革开放，全球化是不可能逆转的。

### 中国企业在全球治理中积极担当

从 1983 年到深圳至今，我的体会是过去的三十多年是一个不断融入全球化的过程，我们在国内的各种体会也就是全球化的一部分。这里我想谈谈两次参加气候大会的感受和我个人的一次经历。

我第一次参加全球化会议是哥本哈根会议，那次是《京都议定书》之后大家重新博弈，进行新的碳减排协商。我们对那次会议寄予厚望，但实际上结果比较令人失望。因为美国没有做出承诺，而且还认为中国承诺得不够，所以觉得那次会议是失败的。

当时温家宝总理在会上代表中国表态，我们两位企业家和一位秘书长组成中国代表团参会。由于第一次参与这样的国际会议，我们不知道去哪里宣传《北京宣言》，也不知道怎么租办公室。后来我们是找了志愿者做听众，在廊道里代表 100 位企业家宣传了这份宣言。

机缘巧合，当时和中国代表团团长解振华住同一家宾馆。他问我，中国代表这样的表态国际上还不满意，中国企业家怎么看？我说我举双手赞成碳减排，因为这代表未来，绿色经济就是未来。他觉得很感慨，说谈判之所以艰难，就是因为怕中国的企业没有竞争力。我的表态也给了他信心，他愿意尽量保证给我们企业有缓冲空间。当然，中国的表态不会因为我一个企业家的表态而怎样，国家的谈判压力在于我们企业的竞争力。我们的企业竞争力的确和国际上有差距，但是我们支持碳减排的态度是坚定的。

后来，我作为两位企业家之一，代表100位企业家出席了摩洛哥气候大会。特朗普上任后（对气候变化政策的）态度非常强硬。至于中国是什么态度，中国会不会当"旗手"这些问题，我是企业家，不能代表中国政府表态。但是形势比人强，中国有一句老话是"听其言而观其行"。就我们自己的表现而言，2016年我们100位企业家代表了25万位企业家，预计2017年会代表40万到45万位的企业家，但关键还是质量，不在数量。

**国际化也要考虑如何传播**

在这里分享一个国际化的例子。克林顿基金会设立了一个"全球清洁炉灶"项目，目标是将妇女从炉灶解放出来，妇女解放出来儿童就解放出来了，这么一来清洁炉灶问题就变成解决妇女问题、儿童问题了。

我有幸被邀请加入这个项目，成为中国的两位理事之一，另一位理事是解振华先生。我接触项目后发现，由于和联合国合作，它们的资金非常充足，推广也做得非常好。但是实际上，清洁炉灶就是一个小炉子，没有特别的过人之处。其中最有说服力和创新性的是小炉子的热和发电可以给手机充电，其他方面则如中国三四十年前的产品。中国农村清洁炉灶的沼气、太阳能、风能已远远走在它们前面了，我们在这方面是有竞争力的。

了解到这些后，我非常肯定中国的作用要开始发挥出来了。回国后我们组织了一个团队在中国开展这个项目，比它们做得好得多。而且我们不仅在中国做，还马上在其他地方推广。所以总的来说，很多东西是埋在深山中我们不知道。

如何国际化，不仅要考虑怎么做，还要考虑怎么传播，怎么找"点"，这些都是非常重要的。

## 傅成玉：中国企业要从自身体系入手打造国际化竞争力

（傅成玉：CCG顾问、中国石油化工集团公司原董事长）

### 先加入，才有机会发挥影响

全球化本身没错，但是全球化带来的利益不仅在国家之间分配不均衡，在一些国家内部的分配更不均衡，所以导致了贸易保护主义、民粹主义。

我们要推动的全球化与原来不同了。美国推动上一轮全球化的时候有其特定的环境。那时候主要是发达国家需要走出去，要求其他国家开放市场，让贸易自由化、投资便利化，而不是像中国这样的发展中国家要走出去。但是我们在这个过程中主动地融入进去了。

很多方面我们要改变一个观念，不要先说去领导、去制定规则。我们要先加入，加入以后才有机会说话，有机会去影响机制的改变。包括讨论TPP的时候，我记得我们当时就说过中国应该先加入。就像加入WTO的时候，大家都认为"狼来了"，为什么加入以后我们发现自己没有吃那么大的亏？不加入，你永远没有话语权。

### 中国企业要从自身体系入手打造国际化竞争力

这一轮的加入有一个什么问题？无论是发展动力的问题，还是治理滞后的问题、发展模式的问题，中国目前是要解决自身竞争力问题。全球化最后解决的是国家和国家的竞争力、企业和企业的竞争力，不是为全球化而全球化。没有一家企业是为全球化而运营的，是为了增强自己的竞争力。

目前，中国企业在大而不强的情况下，其实竞争力并不强，但是也已经比

20年前、30年前的竞争力提高了很多。中国企业在有些领域，特别是制造领域、建设领域、基础设施领域还是比较强的，但是这种强还不能够使我们在世界上打造高端竞争力。中国企业应该围绕打造竞争力来不断做强自身。

习近平主席讲我们要打造人类命运共同体，现在国际上的治理机制并不是人类命运共同体的机制，治理的规则也不是。我们目前还拿不出这样一套治理体系，所以还是需要通过融入、影响，经过几十年，甚至更长时间逐渐接近这个目标。

中国在国际上的整体实力上去了，但企业实力并不强，所以我们还是以打造自身竞争力为主。不要认为走出去就是"国际化"，也不要认为我们在几个国家投资就叫"国际化"了。中国人还没有完全接受现在"国际化"的理念，中国企业还没完全建立"国际化"的理念、"国际化"的管理、"国际化"的运行机制，要花点儿时间，把自己内在的国际化体系建立起来，这就是国际化竞争力。在这个领域，中国企业要打造自己国际化竞争力，要从自己的体系入手。

## 王琳达：民营企业家要跟着国家"抱团出海"

（王琳达：CCG副主席，怡海集团董事局主席）

"一带一路"倡议实际上是全球化最好的战略之一，我谈几点这三年在"一带一路"倡议沿线中东欧国家的体会。我去那里的时候根本就不认得那边的人，但是一个国家发洪水，我提供了捐款。我在塞尔维亚发现，因为缺少资金，它们的一个幼儿园六年都没建成，我把剩下所需的33万欧元捐给它们。我没有想到，这个小小的举措得到了它们国家和政府、人民对我们的认可。2016年我跟着习近平主席去塞尔维亚访问，所以当地人对我的信任感就更强。我现在跟它们国家不但合作地产项目，还合作教育和高科技项目。接下来还和白俄罗斯等国的大企业一起合作。

我们是香港侨商,我们这些海外华人华侨具备语言优势,还懂得国际上的很多规则,以及与当地社会的关系。华人华侨一定要跟当地商会组织交朋友,跟它们一起共生存,跟海外的那些企业一起共享,这就是习近平主席提出来的命运共同体,一起分享成果,才会使我们受欢迎。

民营企业家在"走出去"之前,首先要找像 CCG 这样的智库机构合作。为什么?因为我们如果不懂得当地的文化、地理、历史、法律法规,等等,就容易走弯路。我们要做好自身准备,抓住"一带一路"倡议这个机遇,民营企业家要跟着国企、央企一块抱团出海。最后,民营企业家在"一带一路"倡议中希望有一些金融方面的政策,如外汇管制方面的政策。

### 李学海:中国企业的全球化是大势所趋

(李学海:CCG 副主席,美国威特集团董事长,美国百人会大中华地区共同主席)

中国企业的全球化从改革开放开始到现在一直在进行,只是在不同的阶段、不同的业态、不同的市场,以不同的模式在进行。三十几年前,中国企业出口创汇的方式是代工做一些低端价值的产品,逐渐到企业家开创品牌,自主创造产品,从服装、玩具,一直现在做到电子、高科技的产品。近年来不少企业走出去,在欧美国家并购和取得专利技术、品牌等,形成了跨国企业集团。有多少优秀跨国企业是衡量一个国家是否经济强大的重要标志,这些跨国企业有央企、国企,有上市的,有民营的,都是根据市场需求变化而发展的。中国企业的全球化是大势所趋,因为有这样的大市场。

"一带一路"倡议是中国企业三十几年来全球化过程的一个延续,只是扩大了地域范围,扩展了新市场,创造了更多的产品。这不仅在于基础建设,也不只是央企、国企、上市公司的事,民营企业、中小企业都要根据自身业态、资源、网络参与其中。

## 宋志平：积极应对新全球化的挑战和机遇

（宋志平：中国建材集团董事长）

**中国企业的核心竞争优势是产品和技术的最佳"性价比"**

中国企业要明晰自己的定位。在全球国际化的过程中，中国企业的技术和装备水平如何，应该担当怎样的角色。经过三十多年的改革开放，中国企业在国际上投资或参与建设项目的技术和装备大多数已达到全球中高端水平。当然最高端的技术和装备仍掌握在一些欧美发达国家的大企业手中。

中国企业的核心竞争优势是产品和技术的最佳"性价比"。相比而言，中国企业的装备质量和技术水平都非常好，深得客户信赖，价格还便宜。全世界60%的水泥装备都是由中国建材提供的。回想30年前，中国几乎连一条生产线都不会建，装备还得从德国、日本等地购买，而现在不同，很多跨国公司都向中国企业采购。

中央提出的"一带一路"倡议对中国企业的发展尤为重要。"一带一路"沿线国家大部分是发展中国家和中等发达国家，我国多年积累的城镇化、工业化经验很适合它们，同时这些国家也需要中国企业。中国企业可以带着这些宝贵的经验、先进的技术和精良的装备走出去，快速获得当地市场的竞争优势。我们常讲优势竞争，中国企业要深入挖掘自身优势，充分发挥强项，而不是什么都去做。着眼未来，这些国家会是发展较快的地区，中国企业要顺应时代潮流，在"一带一路"倡议建设中发挥积极作用。

### 中美企业要加强合作

中国企业可以加大引进美国企业的高端技术、高端装备，进一步提升自身工业水平，毕竟现在全球很多高新技术都还是集中在美国。

中国企业中高端装备也要开发美国市场，做到"你中有我、我中有你"。美国企业能到中国投资，中国企业同样也能去美国投资，因为那里有我们的客户和市场，还能免去长期远距离的运输成本。如果在美国有长期的市场，基于客户和市场等因素的考虑，中国企业也应赴美进行投资，这样还有助于解决中美贸易平衡的问题。中国建材旗下的中国巨石在美国南卡州建设了大型的玻纤生产基地，得到了当地舆论界的好评。

中美企业要联合开发第三方市场。中国大企业和美国跨国公司应密切合作，联合开发"一带一路"倡议市场。中美企业不能互相排斥，不是"我来你走"，而是要建立长期良好的合作关系，共同开拓新市场，真正实现互利共赢。

## 汪潮涌：全球化为中国未来经济的发展注入新的活力

（汪潮涌：CCG 副主席，信中利资本集团董事长）

### 全球化以一种全新的姿态出现

最近关于逆全球化的话题有些言过其实，特朗普上台以后，美国的全球化并没有真正发生逆转，据我的观察，目前全球化有三个特点。

一是全球化的内容越来越丰富。从市场、产品、产能、资源、科技、资本、人才这七个纬度上，我们可以看到全球化目前的趋势愈演愈烈、不可逆转。

二是全球化的角色在发生变化。过去的全球化是欧美主导的、单边的，今天的全球化是欧美、中国多方主导的。从单边到多边，从单向到双向，这是全球化新的特点。

三是中国在全球化过程中起的作用越来越大，尤其是中国提出的"一带一路"倡议。我们绝对不要把它定位成是中国的战略，它是一个新的全球分工协作的大战略，所以欧美也必须要参与到中国提出的"一带一路"倡议里面来。"一带一路"倡议建设在中亚、东南亚、非洲这些欠发达国家未来基础设施投资带来的机遇，美国、欧洲同样可以从中受益。例如，随着大量的机场建设，空客、波音飞机会卖得越来越多，通用电气的发动机也会卖得越来越多。所以"一带一路"倡议不仅仅是对中国的经济有战略性的意义，对全球其他国家同样有价值。

**全球化为中国未来经济的发展注入新的活力**

全球化为中国企业带来五个方面的机遇：科技与模式创新方面的机遇、市场与产业转型方面的机遇、消费与服务升级方面的机遇、资源与资产重组方面的机遇、资本与人才价值提升的机遇。

从我们投资的角度来看，这些年来中国科技企业在全球化的领域里面已经开始成为全球规则的制定者、市场的引导者、价值的创造者。以华为、中兴、腾讯、阿里巴巴等为例，这些新兴的科技创新企业已经在全球化里面代表中国的企业输出产品、输出科技、创新，甚至商业模式。例如，腾讯的微信，中国本土以外的用户已经超过3个亿，微信里面的很多内容、应用，不仅仅是基于中国用户的红利和本地化应用的场景，在技术上、在使用的方便性和效率等方面也超过硅谷同类的企业。我们的智能手机也有优势，像之前小米在印度与印度总理共同发布和展示，这也是代表着中国企业国际化过程中的新角色。

全球化没有逆转。全球化是以一种全新的姿态出现，以中国作为主导者之一的姿态出现，也为中国未来经济的发展注入新的活力。

## 陈永龙：中美进入相互塑造阶段，需要克服理念问题

（陈永龙：太平洋国际交流基金会秘书长、中国驻以色列原大使）

这次"习特会"晤可用三句话概括一下：相见相知建立友谊之旅，虚实结合坦诚对话之旅，未来发展定向问路之旅。

中美在地缘政治和地缘经济等方面，不是 A 角、B 角的问题，也不是对手的问题，而是不可或缺的国家关系问题。中美关系进入了一个新的阶段，即进入了一个相互塑造的阶段。在塑造自己的时候，同时也塑造了对方，进而两国一起塑造着世界。

中国当年改革开放，不仅是对美国等西方国家开放，而是向市场经济开放。中国的改革开放不是简单地模仿西方，而是结合中国的国情。现在改革开放已经取得了一定的成绩，中国智慧、中国方案、中国品牌得到了肯定与欢迎。如今我们也可以在世界上发挥作用。第一大国和第二大国到了在塑造自己的时候也相互塑造对方的阶段。

双方需要克服一个很难的问题，就是理念问题。美国侧重于同盟或盟友关系，中国主张发展伙伴关系。如果在盟友和伙伴关系的碰撞中进行对接，克服了盟友和伙伴关系的羁绊，那么将来中美也有可能结伴同行。

我感觉对于中美关系可以归结三句话，一是定力；二是引力；三是动力。对于定力，关系表现好的时候，还是要保持清醒，不好的时候也要沉住气，不要单向发展，要双向；引力就是相互塑造，相互吸引；有了这个共识就可以发挥动力，动力就是要去做，要有行动。

## 崔洪建：各国都在谋求自己的全球化

（崔洪建：CCG特邀高级研究员，中国国际问题研究院欧洲所所长）

就欧洲而言，一体化可以推广、提升就是一个全球化的方向，欧洲内部的四大流动、四大自由是理想的全球化愿景，但从外部来看一体化本身也有对全球化阻碍的一面。英国脱欧对于脱欧派精英而言，是顺应全球化的潮流，成为全球化往前推进的一部分。现在欧洲的问题在于能否合作，欧洲内部处于非常激烈交锋的状态，矛盾从精英内部开始已经上升到政治和政策层面。所以从今年开始，接下来我们首先要做的是，尽量团结和争取欧洲内部仍然支持全球化和自由主义的精英分子。我们还要关注到，这种全球化的逆也好顺也好，某种程度上是和西方国家左右内部之争的钟摆效应相符合，所以我们要去把握这个规律。

具体来说，我们要做好事情，要准确把握全球化的未来趋势，需要了解几个方面的问题：意愿和能力差距的问题，政策宣誓和政策实践中间的差距问题，算好政治、经济、可持续的"三本账"。在全球化的背景下，光做好"自己的事"是不行的，还要兼顾自己的海外利益，什么是"自己的事"也需要重新定义。

## 何宁：美国总统与美国政府的所作所为跟体制相关

（何宁：CCG特邀高级研究员，商务部美大司原司长）

国际上现行的所谓国际规则很大程度上是基于原发达国家国内规则而发展、扩散到国际社会的，因此国际规则与这些发达国家国内情况并无较大冲突。利益冲突只是在某些判例中偶尔存在。美国政府和中国政府在经济活动方面的影响力有巨大差别：美国商界的行为主要是基于自身利益的考量，而不是听到总统说什么就做什么，而且美国无法打乱自己搭建的结构。美国总统和美国政府的行为主要与其体制相关，决策在绝大多数的情况下都是体现各个阶层、各个领域不同的利益。因此中国一定要"听其言，观其行"，等美国政府或总统的言论付诸实践了，再做出适当反应。

## 霍建国：大胆走向世界舞台中央，要讲述中国的故事

（霍建国：CCG特邀高级研究员，商务部国际贸易经济合作研究院原院长）

在出现反多边体制动向的大环境下，中国支持多边体制的立场是一种引领，受到广泛赞赏和支持。而建立国家影响力和全球化引领作用并没有一个时间节点，我们需要积小胜为大胜，处理好每一个国际事务，得到大家的认可，这种认可就是影响力。

我们现在还不具备引领全球化的基本驾驭水平和能力。我们真正缺的是人力资本，缺少一大批能够适应和驾驭国际事务的人才。我们没有别的选择，要认定自己的路，继续扩大和深化改革开放。

## 贾文山：从跨学科角度看全球化

（贾文山：CCG学术委员会专家，中国人民大学新闻学院特聘教授）

从跨学科角度看全球化，我认为现在中国已经进入了初期的中式全球化阶段。我定义的中式全球化是：中国全球关联性，中国全球利益的存在，建立中国全球影响力和中国全球领导力的过程。

在领导力层面上，我们已经提供了理念，政治上有联合国，它是领导之一；经济上我们有亚投行、"一带一路"倡议。习近平主席从G20到APEC，以及有可能在"一带一路"倡议高峰论坛上都会系统阐述新型全球化。

## 金灿荣：特朗普并不反全球化，而要对美国更有利的全球化

（金灿荣：CCG学术委员会专家，中国人民大学国际关系学院副院长）

特朗普说的不等于他能做到的，他能做到的还是非常有限。特朗普并不是反全球化，而是要求对美国更有利的全球化。它们在全球化中得益很多，只是内部分配出了问题，为了平息中产阶级的愤怒想从中国等国家拿回利益。

## 张燕生：全球化受阻，中国要做好自己的事情

（张燕生：CCG学术委员会专家，国家发改委学术委员会委员）

作为开放市场化驱动、创新驱动的全球化受阻是事实，全球化受阻的根源在于全球化存在三个缺陷，一个是公平的问题，一个是创新的遗忘，一个是与全球化相匹配治理的遗忘。

当全球化进入下半场，风险明显大于机遇，中国应该怎么办？中国应该把90%的精力放在国内，做好自己的事情。要想重构以公平为基础、以共享为基础、以包容为基础的国际经济的新秩序，现在还缺少共识。习近平主席说"一带一路"倡议是中国接下来相当长一段时期的规划，作为全球经济再平衡一个重要的行动它会推动新全球化的到来，但是这需要相当长的一段时间。

## 吕祥：全球化处在一个过渡的时期

（吕祥：CCG特邀高级研究员，中国社会科学院世界政治研究中心特邀研究员）

我认为所谓全球化是在航海大发现和工业革命之后实现的又一全球互动。这个过程早已开始，看马克思、恩格斯的《共产党宣言》对这一点的描述，到目前为止我认为还是非常准确的，尤其对资本的全球化来说，我觉得"资本无所不在"这样一个本性的描述仍然是成立的。

我们现在正在进入全球化第三个时期。最早的全球化是殖民时期，然后是在战后形成的以WTO等所谓的世界规则为基础的时期；现在可能处在一个过渡的时期，即"后WTO时代"，这是一个正在展开的时代。

在特朗普之前，我们看到奥巴马准备搞两个大洋协议——TPP与TTIP，试图在WTO之外另起炉灶，把两个大洋的贸易体系规则树立起来。所以我觉得未来美国退出WTO也是有可能的，但是削弱WTO的作用是一定的。

从世界地缘政治的角度说，我觉得现在正处在一个巨大的过渡期的后半段，前半段是战后美苏争霸，然后是冷战结束，这时已经处于一个过渡期。现在世界正在向中美G2的方向发展，实际上未来的世界格局应该是一个G2和G20这样的发展趋势。用我们传统的观念来描述，G2就是古代所说的连横的概念。这个世界如果进入G2时代就是进入连横的时代，这将会是世界的福音。

未来看什么？习近平主席说唯一正确的选择是合作。未来美方唯一正确的选择是扩大它的供给能力和供给面，扩大就是要放宽高科技产品的出口，寻找新的出口领域。

## 孙杰：金融机构应为"一带一路"倡议发挥供血功能

（孙杰：CCG特邀高级研究员，中国证券投资基金业协会原会长）

金融行业要提高对"一带一路"倡议的认知水平。我们看到很多机构已经大举研究和投资于国内那些走到"一带一路"倡议行业里面的产品，比如上市公司这一类的产品。但是这个恐怕还不够，还要进一步出击，并提高认识水平。"一带一路"倡议不仅是简单提出来的一个"走出去"战略，而且是一个吸取了诸多历史经验教训，避免修昔底德陷阱的一个重大举措。

### "一带一路"倡议金融领域的"三大方阵"

金融机构应该为"一带一路"倡议发挥供血功能。现在供血基本上是"三大方阵"：公募基金，包括国际上的世界银行、亚洲开发银行、亚投行、丝路基金；大型的国有银行和国际机构；另外就是市场上的金融机构。第一方阵、第二方阵步入市场之后，第三方阵中的一些公司没有跟上。但是我们可喜地看到，2016年有一些公司已经深入举办研讨会和调研活动，开始调查一些项目。

公共部门应该提供一些制度。我们一些部门为了防止金融风险，管得比较严格一些，但是"一带一路"倡议不放开手脚，不承担一些风险是做不成事的。当时哥伦布出海，他是意大利人，本来在意大利应该拿到资金，意大利没有给他资金，结果西班牙给他资金，造成了世界上的一个大发现。我在西班牙看到他们证券交易所的一个穹顶，上面居然有17个分块，全部是亚非拉的一些国家的名称，说明金融资本市场一开始就具有强烈的国际化色彩。所以我希望我们不能失去金融界国际化这个最初的属性。

最后，一带一路"中走出去的企业一定要发挥人才的作用，人才方面要给最大限度的支持和保障。

### 孙永福："一带一路"倡议聚焦中亚与中东欧

（孙永福：CCG高级研究员，商务部欧洲司前司长）

**中亚地区在"一带一路"倡议中具有重要位置**

2013年，习主席在访问哈萨克斯坦的时候提出了"丝绸之路经济带"这一概念，后期又发展为"海上丝绸之路"，在这之后"一带一路"倡议才形成。为什么中亚那么重要？大家知道，古代的丝绸之路正是通过中亚跟中国与世界联系在一起。中亚是一个地理位置非常重要的一个地区，也是过去被忽略的一个地区，在世界政治舞台和经济舞台上，都是知名度相对不是很高的地区，但中亚地区对中国非常重要。

为什么这样讲？一是我们的资源、能源重要的来源地在中亚地区，而这些国家，特别是哈萨克斯坦、吉尔吉斯斯坦、塔吉克斯坦、土库曼斯坦、乌兹别克斯坦，要么中国是它的第一大贸易伙伴，要么俄罗斯是它的第一大贸易伙伴。也就是说，过去这些国家曾经是俄罗斯的后院，过去受苏联的影响比较深。所以与这些国家的合作，进而连接欧洲，对于我们来讲是非常重要的。另外，这些地方也需要出海口。"一带一路"倡议实际上有一个很重要的方面，就是道路要相通。我们有这种需求连接欧洲，那么这些中亚国家也需要中国，比如说哈萨克斯坦，通过我们连云港的出海口，实际上就跟日本、韩国，把它的农业连接在一起。

所以中国要重视与中亚国家的合作，因为这里边除了上文提到的5个国家以外，还有俄罗斯、外高加索三国、白俄罗斯、摩尔多瓦和乌克兰。这个地区12个国家，各自有不同的特点。无论是俄罗斯还是中亚五国，它们都是资源、能源的一个重要的来源地。就我们的天然气进口而言，中亚地区已经占到了50%的比例，所以这个地区跟中国的合作有千丝万缕的各种机制。

**"一带一路"倡议的中东欧合作可以和"容克计划"相融合**

丝绸之路要通向欧洲，最终我们要到达那个发达的地区。我们与欧洲的联系，从某种角度来讲，也是一个非常重要和长期的关系，因为欧盟是中国第一大贸易伙伴，也是非常重要的外资的来源地。目前我们从"一带一路"倡议的角度，特别有一个中国"16+1"这样一个机制，也就是说，与中东欧16个国家开展合作。跟16个国家开展合作是有一个重要平台的。欧盟新一届的领导有一个所谓"容克计划"，撬动350亿欧元的资金，其中有一个很重要的领域就是在基础设施方面，这个跟我们"一带一路"倡议的想法是不谋而合的。所以我们通过这样一个平台，可以跟欧洲有机地结合起来。

实际上资金的融通也是很重要的一个方面，我们在"16+1"的这样一个机制下面，要照顾到这16个国家发展本国的一些需求，我们还要注意在一个大的环境之下就是为中国与欧盟的整体合作，赋予一个新的内涵，发展我们的"一带一路"倡议基础设施建设，包括一些产能的合作。产能的合作我觉得如果我们的企业更关注的话，在中亚地区可能是更有前途的一个方面。基础设施方面，我们现在比较重要的一个项目就是塞尔维亚和匈牙利铁路，我们已经签署协议，正在积极推进当中，将来还有可能延伸到马其顿，再向南欧的一些国家连接起来。所以"一带一路"倡议通过中亚连接欧洲，重点要考虑"16+1"这样一个概念。

**产能合作应根据国别状况并注意选择标准**

国际产能合作方面要注意地域的选择和国别的选择。中国在产能合作上可能跟沿线一些国家有10年、20年的差距，这是分国别的。我们有些沿线国家比我们的技术可能还要领先，所以在选择的时候一定要注意。另外一个是标准——在中亚合作，可能要使用俄罗斯的标准和技术；在欧洲的合作，可能要注意欧洲的标准。

### 统一远期的利益和近期的利益

对于全球化的定义，谁做全球化的引领者，或者谁是全球化的领袖都不是很重要。说到底，参与全球化的积极性，或者是愿意不愿意引领全球化、逆全球化与其受益程度才是密切相关的，如果参与过程中利益受损就会选择退出，或者选择某种程度的反对。美国就是如此，感觉在全球化过程中利益受损，中国在某种程度上被大家推向前面，特别是进入WTO以后，美国觉得中国受益很多，引发了中美贸易的不平衡，使得美国的失业加剧。这种逻辑并不正确，美国的大企业也不可能向着逆全球化的方向做错误的资源配置。中国现在谈到的"一带一路"倡议是全球化理论当中一个新观点，这种观点、这种倡议能否被大家接受，就在于在"一带一路"倡议推进过程当中沿线国家的利益是否能够最大化。如果其他国家在"一带一路"倡议推进过程当中感觉到中国利益受到了特殊的保护而沿线国家的利益受损，就不可能参与其中。在推进过程当中，中国要把长远利益和近期利益有机地结合起来。

### 进一步推行改革开放

通过改革开放中国经济上发展确实取得了全球瞩目的成绩，但坦率地讲，我们要想做全球化的引领者，差距还很大。所以我们要继续深入改革开放，做好自己内部的事情，为今后真正全面地参与全球化打下一个良好的基础。我们现在也是有很多机遇的，中国在跨境电子商务方面做得是很不错的，比如俄罗斯 80% 的电子商务进口产品来自中国,现在俄方也在制定一些规则,如进口关税、增值税,中国在规则的制定等方面,可以在某种程度上起到引领作用。

### 焦涌:"一带一路"倡议 为基建投资带来最佳机遇

(焦涌:CCG 常务理事,中外建城市建设投资股份有限公司董事长)

"一带一路"倡议沿线国家最大的特点,是跟比中国经济落后 10—20 年的经济体中的市场机遇有关的。它们的城镇化发展程度非常低,投资占 GDP 的比重不到 30%,有的是 20% 左右。另一个机遇,是中国产能过剩的需要和利用外汇储备的需要。

什么样的企业最适合于这个阶段"一带一路"倡议的发展呢?我认为基建投资是目前阶段"一带一路"倡议非常好的机遇,因为中国的基建行业是可以做全产业链输出的行业。中国经济高速增长了 30 年,不仅给中国基建类的企业创造了巨大的发展空间,同时储备了非常强劲的实力。目前中国基建行业在整个"一带一路"倡议沿线国家的投资超过了 1260 亿美元,占全球"走出去"企业投资的 51% 以上。我们 2016 年的海外地产类的投资已经超过了 180 亿美元,超过了美国对外的地产类投资。[1] 这说明什么?说明基建行业在"走出去"过程中的优势非常明显。

当然我们也面临几个挑战,一是"一带一路"倡议沿线国家包括四大文明和三个世界宗教的发源地。这些国家的宗教多元化,这是我们走出去面临的很

---

[1] 商务部网站《2016 年对"一带一路"沿线国家投资合作情况》对外承包工程方面,2016 年我国企业在"一带一路"沿线 61 个国家新签对外承包工程项目合同 8158 份,新签合同额 1260.3 亿美元,占同期我国对外承包工程新签合同额的 51.6%,同比增长 36%;完成营业额 759.7 亿美元,占同期总额的 47.7%,同比增长 9.7%。( http://fec.mofcom.gov.cn/article/fwydyl/tjsj/201701/20170102504239.shtml. )。

大的问题。我们要有柔性心态,要用善心拉动本地,用我们的文化输出去构建我们的优势,这一点非常重要。同时我特别认同互联网先行的观点,因为互联网本身就是基础设施的一部分。我曾经讲过一个观点,就是所有的企业都会是互联网企业。所以"走出去"的过程当中,我们也要打破传统思维,构建互联网的思考方式和思考模式走出去。

"一带一路"倡议走出去的过程当中,要做好这个体系和架构的整体设计。2016年的"一带一路"倡议基建投资出现了边际效应递减的情况,也就是2016年比2015年少了18%左右。这是因为我们外汇换汇的管制,包括跨国私募基金都受到了影响。很多项目的回款周期,往往延续到项目结束后一定的时间,此外还需考虑地缘政治。希望我们的"一带一路"倡议能够第一时间提供信息,从而对于我们企业走出去有所借鉴,有所参考。

**黄仁伟:"一带一路"倡议是纠正全球化中失衡现象的重大举措**

(黄仁伟:CCG学术委员会专家,上海社会科学院原副院长)

### 中国要带头克服全球化带来的生产关系和上层建筑的矛盾

目前全球化出现的问题是全球生产力布局和全球生产关系矛盾发展的结果。30多年来的全球生产力布局发生了根本的改变,从西方国家为主的产业链、供应链、资金链转化为发展中和发达国家共同的产业链、资金链、供应链。这样一个转变已经发展到现在这种程度的时候,全球大的生产关系没有发生变化,控制资金、控制技术、控制高端技术的国家还是在那里按照50年前的规则办事,这个矛盾现在非常尖锐。

全球化产生了全球的财富转移。全球财富转移里面很大的一块,是发达国家的财富向不发达国家转移以后,发达国家得到利润的比重减少了。这个比重减少以后，出现了发达国家内部中产阶级和社会保障系统这两个支柱的削弱，这两个削弱恰恰是现在发达国家"黑天鹅"现象的根源。发达国家既不能调整自己的各种生产关系，也不能调整它的上层建筑，所以民粹主义以及产生民粹主义的这些国家的政客在这一段时间就得逞。但是这些人或者这些现象不可能解决全球化的根本矛盾，所以这是当前全球化中"逆全球化"的一个核心问题。我们要抓住这个机会，带头克服全球化带来的生产关系和上层建筑的矛盾。

**"一带一路"倡议是纠正全球化中失衡现象的重大举措**

"一带一路"倡议是针对全球化中严重失衡的一种重大的平衡措施。导致全球化严重失衡的很大破坏因素就是"热钱"。全球"热钱"流动达到了几十万亿甚至上百万亿美元的规模，但是它们不到实体经济去、不到基础设施去、不到发展中国家去，而是哪里有利可图到哪里去，然后再席卷财富而走，到了哪里，哪里就是泡沫，离开哪里，哪里就是金融衰退和危机。

中国把资金流向基础设施、流向发展中国家。我们用1万亿元左右的资金，带动全球几十万亿的资金向基础设施、向实体经济、向发展中国家转移，这对全球化来说是莫大的贡献。现在暂时还没看出这么大的效果，但是美国也认识到不加入"一带一路"倡议是美国的战略失策。特朗普这样的一种态度都转变过来，在我们全球化、"一带一路"倡议面前表现出某种积极的姿态，不用说，现在"一带一路"倡议是世界上在全球化的逆流面前唯一一个亮点。

中国既是一个倡议者，又是执行者。中国在基础设施领域掌握了全面的比较优势，我们有资金、有装备、有技术、有人力，世界上没有第二个国家可以同时掌握要素这些的。所以"一带一路"倡议既在宏观上是重要的，在微观上对我们也是有利的，对我们企业来说也有极大的发展空间。

总之，全球生产力和生产关系出现了一个新的矛盾的转折点。"一带一路"

倡议是纠正全球化中失衡现象的一个重大举措。

**金鑫："一带一路"升级版，该怎样"跳起来摘桃子"？**
（金鑫：中联部当代世界研究中心主任，"一带一路"倡议国际智库合作联盟理事会秘长）

"一带一路"倡议就是针对"弱全球化"盛行，贸易保护主义盛行，区域经贸碎片化所开的"中国药方"，3年多来取得了很多的成果。经过3年多的发展，低垂的果实、"容易摘的桃子"已经摘完了。下一步"一带一路"倡议进入了"精耕细作"的阶段，就需要跳起来摘桃子，需要在体制机制各方面有一些新的举措。我认为，"一带一路"倡议要打造升级版，要出大成果需要在三个方面着力：

**"一带一路"倡议要淡化"中"字，突出"共"字**

在理念打造方面，要适当地淡化"中"字，要突出"共"字。"一带一路"倡议是中国提出来的，倡议是中国提的，但是一定要变成各国的共同行动和共同方案。所以下一步大家要共同参与，往这个方面努力。具体怎么努力？不仅仅是中国和沿线的国家要对接，还要推动沿线国家之间也互相开放。同时我们还要把发达国家请进来、参与进来，因为"一带一路"倡议不能变成一个发展中国家的结合体，一定要把发达国家带入进来。同时我们还要把"一带一路"倡议相关的理念和联合国开发计划署、联合国教科文组织，以及一些区域性的联盟组织对接起来，把我们"一带一路"倡议的理念变成这些国际组织的一些相关议程。这样我们可以立足一个更高的制高点，变成国际社会的自觉行动。同时要强调共商、共享、共建，而不是援建，要改变一些发展中国家"等、靠、要"的心态，不要认为是分红包，而要形成一种共赢的发展态势。

在机制化建设方面，要响应国际社会的需求，搭建功能性的平台。比如，很多国家都曾表示，它们要搞"一带一路"倡议合作却不知道找谁。所以我们下一步通过高峰论坛召开之后，是否要考虑常态化运作，秘书处是否要进入一些补充的功能性领域搭建平台？是否要分行业、分领域来建立一些合作网络？我想现在有很多中国的资金，包括海外的资金，它们在寻找项目。所以我们要搭建一个很好的平台，来降低信息交互成本，提高合作效率。

### 按国别设计合作，精准对接"一带一路"倡议

在合作方面把握两个关键词，就是精准和对接。我们要按照国别来设计合作，考虑所在国家的资源禀赋、人口资源状况、区域的辐射力进行合作。应该把对方请进来，共同来商量，现有的20多个合作协议怎么去对接？有的国家自己的市场还没有搞清楚，这个时候需要共同来商量。尤其是邻国之间，要做出中国的考量，这是精准对接。不要一哄而上，防止出现重复建设的情况。另外就是要慎重，下一步应该鼓励国企、民企、上下游产业链抱团出海，搞集群式的发展。"一带一路"倡议现在到了这种程度，应该有序地走出去。同时要把民间投资，国企、央企都带出去。非政府组织也要发挥作用，在沿线国家的项目所在地，有些事情企业不能做，可以投入专用资金，让非政府组织来做一些公益事业，做一些轻资产的项目。我想这样的话，会发挥协同效应。

### 政府部门和行业协会应发挥作用

对于一个企业来说，判断这个国家的产能是否饱和很难。国家发改委等部门可在这个层面共同研究，大概需要多少产能。而且这些产能不仅仅是部门之间的，而是把社会专家、企业都加入进来研究，例如，某个国家需不需要某种

产能，需要多少产能。这样可以防止企业盲目冲进去，一哄而上。国家要发挥指导作用，这将有利于可持续发展。

对于企业自身来讲，下一步行业协会的作用要发挥出来。行业协会在国内发挥作用还不是很充分，但是在国外发挥作用应该是有很大的空间的。所以，下一步国家要发挥行业协会在海外的作用，来统筹协调。要避免恶性竞争，我们有些项目边际效应很低，就是由于恶性竞争挤压了效率空间，导致很多银行不对非优质行业贷款。

**汤敏：从"一带一路"倡议的视角看全球化**

（汤敏：CCG 副主任，国务院参事，友成企业家扶贫基金会副理事长）

全球化是一定会继续下去的，但可能要根据各国的情况做一些调整，使它更有生命力，而且使各方面得到更大的利益。除了基建领域，以下领域值得关注：

（1）跨境电商的问题。中国跨境电商发展非常快，而且有巨大的潜力，很多其他国家的跨境电商刚刚开始起步，我们可以与之合作，甚至建立一些跨境电商试验区等。跨境电商还有一个好处，能够有利于解决政府最担心的年轻人、大学毕业生的就业问题，同时跨境电商还可以把很多原来没有的一些产品都很快做起来。

（2）互联网金融。所有的这些发展中国家的金融都比较弱，中国在互联网金融、互联网支付这方面发展很快，互联网有很多问题，但是至少我们可以把互联网支付这些互联网金融服务快速推广到这些发展中国家，不一定非要去用我们的支付宝去占领别国的市场，可以联合起来做它们的"支付宝"，可参考我们与印度的合作的方式。

（3）互联网教育。这里所有的东西核心就是怎么样进行培训，而且必须是有效的培训，互联网教育在中国发展还是相对较快的，而且我们有很多这样的经验，包括中小学教育，怎么把最好的教育送到比较贫困的地方，解决教育不公平问题。

## 易珉：以包容性、模式创新、合规推动"一带一路"倡议基础设施合作

（易珉：CCG常务理事，香港铁路有限公司中国业务首席顾问）

第一个关键词"I"，是基础设施，"Infrastructure"。我们可以看到，"一带一路"倡议大概有一半能够靠铁路来实现，或者说用铁路来互联互通。但是从建设铁路的角度来说，全球基础设施和铁路建设没人能赚到钱，这是我们面临的非常大的挑战。

当然"一带一路"倡议有两个层面的意义，政治层面在这里不探讨了，政治层面是不计代价的。但是如果从商务的层面进行讨论，"一带一路"倡议修建基础设施要考量如何能够盈利，如何能够赚钱，这对中国企业"走出去"有最重要意义。

现在国内很多城市在修高铁、城铁、地铁，靠的是PPP的模式，即私人资本和政府的伙伴关系，或叫混合所有制相结合的关系。但是不要忘了，我国自身在PPP模式方面没有立法。"走出去"后我们就是私人资本，跟当地的国家进行合作时，就变成了私人资本和政府之间的混合所有制，这件事情本身就是我们"走出去"的一个亟须考虑的因素。

从更务实的方面，我们要考虑修建铁路沿线的国家，一些国家的基础设施，还有社会结构跟中国相差20多年。我们不可能建成了铁路之后就能盈利，如何能够可持续地发展下去？

第二个关键词是工业化，"Industrialization"。中国"走出去"产品中，例如，很多高铁车厢、高铁技术、信号、互联网等，有一些工业化的东西还是不

够。比如，一个螺丝就可以造成很大的系统性问题，这都是"走出去"过程当中潜在的问题。我们需要能够把一颗螺丝做到精益求精，这是很重要的因素。

第三个关键词就是关于文化的包容，"Inclusiveness"。"一带一路"倡议沿线有些是伊斯兰国家，他们居民出行的模式，很可能不像我们一样每日起早上班，他们外出的目的比如说可能是去朝拜，或者任何其他的事情。基础设施的设计要研究当地居民的特点，而不是我们认为应该修一条铁路，或者应该在哪里修一个车站，因此文化包容非常重要，这也是我们获得的经验。我们在英国、瑞典斯德哥尔摩等地都修建过铁路，以及在运营地铁中，我们都遇到过很多文化包容方面的问题。

第四个方面是，我们如何能够在模式方面创新，"Innovation"。其实我个人认为，最大的创新不在于科技创新，而是模式创新，有了模式创新，我们才能有创新的人才，有了创新的人才，才能有创新的科技。如何促进"一带一路"倡议沿线国家的人才模式创新，推动PPP合作模式的创新，如何实现政府之间合作的创新，都是我们需要研究的领域。

第五个关键词是合规，"Compliance"。中国企业"走出去"经常会遇到合规问题，这也是我们遇到的新问题。企业"走出去"花很多钱，最后由于某些因素被罚几亿美金，导致辛辛苦苦挣的钱全"打水漂"。

"一带一路"倡议是"共存"，然后才是"共赢"。因为"一带一路"倡议不是一两年能实现的，而是半个世纪到上百年，甚至几个世纪投入的大工程，我们不要把一件事情干得虎头蛇尾，得先保证能存在下去。当"共存"能够实现的时候，再想办法打造"共赢"。

## 张醒生：把中国互联网优势推向"一带一路"倡议

（张醒生：CCG 副主席，道同投资有限公司董事长，永续自然资源保护公益基金会理事长）

在"一带一路"倡议和全球化的具体实施当中，着眼要虚一些，眼界要高一些；但是落得要实一些，要低一些；要像下围棋，别像下跳棋。我身边有很多的企业家朋友，在三年前看到"一带一路"倡议以后就认为是一个商机，很多人没经过一个围棋的战略谋划，就冲进了"一带一路"倡议的地区，很多人就"下了跳棋"。

中国无论是国有企业还是民营企业，最好要有"联合舰队"的思维，而且不仅把我们的过剩产能要带出去，还要把文化、教育、环境也带出去。有很多企业规模非常大，在国外投资也很大，结果就是因为一些小事把人家的环境破坏了，结果全部陷在里面，这样的案例是很惨痛的，所以要虚实结合。

### 将互联网优势带入"一带一路"倡议

如果把中国的互联网优势像云彩一样照在"一带一路"倡议的天空中，中国的企业、中国的影响、中国的势力就变成了这个社会离不开、甩不掉、没办法对抗的一个软实力。

如果我们的"BAT"三家企业在国家的支持下能够把"一带一路"倡议作为优先战略，保护我们的硬投资，可能就可以事半功倍。比方说，在中东地区，阿拉伯国家用得最多的互联网交流工具是微信，而不是脸书和推特，因为那是美国人做的东西，在很多中东国家对美国的文化有一种天然的抗拒力。我自己在互联网领域投资，我觉得这个商机，真的比投一条铁路、一个矿山的成本小得多，但是其影响和其稳定性，尤其是对中国国家战略的保障和中国企业的保障将是一个巨大的裨益。

### "5G 时代""一带一路"倡议的机会

在未来 3—5 年内，人类在信息产业上又有一次洗牌的机会，就是"5G 时代"的来临。中国首次历史性的在 5G 标准中占据了世界制高点，但是我们这个民族有没有机会，利用"一带一路"倡议的机会，把数字"一带一路"倡议真正走向全球，这是一个悬念。物理的"一带一路"倡议固然重要，但是影响我们全人类未来几十年最重要的可能还是大数据、人工智能等技术。用朱民的话来讲，这是人类的最后一场战争，中国抓住得了吗？

## 周华龙："一带一路"倡议合作呼唤多维度交流

（周华龙：CCG 副主席，东和昌集团有限公司董事长）

我想表达四点内容。

第一，要加强顶层设计和对话，"一带一路"倡议的分区域合理布局，统一管理，避免中国企业内部竞争，互相残杀。在这个领域，有很多民营企业和央企互相竞争过于激烈，对于整个中国企业的竞争是不利的。

第二，按照"一带一路"倡议区域发展水平，分层次梯度合作，优化节点。刚才有的嘉宾讲到，我们在关键技术、制造、销售、服务和品牌等不同领域分工合作。我们的企业在"一带一路"倡议过程当中，要分析当地这个国家在"微笑曲线"中所处的位置。中国已经脱离了"微笑曲线"的制造环节，而巴基斯坦，可能刚刚达到"微笑曲线"的制造分工。

第三，加强全球化的扶持力度，以政治影响和财政政策引导资本，重于疏，轻于堵。我们有时候往往是"一拥而上"，而不是通过优化资源配套来决定。所以我认为，应该加强全球化的扶持力度，以政策引导资本的流向。

第四，加强文化与宗教的作用，熟悉当地风土人情，巩固"一带一路"倡议多维度的交流，而不是单纯依赖经济驱动。我们所有的人际关系，包括企业和企业之间的关系，一定要进行多维度的交流和引领。单一关系的交流和引领是不牢固的。通过慈善，通过文化，通过宗教，通过经济合作，一定会形成多维度的交流和引领。人民之间是这样，企业跟企业之间是这样，国家跟国家之间也是这样。所以，"一带一路"倡议合作在于百花齐放，而不在于孤芳自赏。

## 王辉耀：中国可在全球治理中有更多担当

（王辉耀：CCG主任，国务院参事）

2016年，包括英国脱欧、特朗普胜选等全球性的冲击事件不断，给世界带来了很多不确定性。中国通过过去40年的改革开放，参与全球化并从中受益，成为世界第二大经济体，在当前的大环境下，也面临新的机遇和挑战。同时，世界各国面对经济持续低迷对中国也存在巨大的期待，中国以往的发展经验、发展道路、发展模式和新的探索实践，能为世界各国的共同发展提供诸多建设性的解决方案，并通过加强沟通与合作，积极促进全球治理体系的不断完善。

**全球化进程经历"三大浪潮"，中国需在后两大浪潮占据主动**

总体上来看，全球化的发展经历了"三大浪潮"，它们分别是"货物的贸易""金融资本市场"以及"人才流动的全球化"。

全球化进程的第一波浪潮是"货物的贸易"。中国改革开放初期的几百亿美元到现在几万亿美元，这一波浪潮里面中国赶上来获益，中国成为全球最大的货物贸易国，这波中国是走到了最前面，也是中国为什么对全球化有这么深的体会，在第一波全球化里面获得了巨大的好处。

全球化进程的第二波浪潮是"金融资本市场的发展"。这个进程是从荷兰17世纪第一个股票市场开始，有了远洋贸易就带来远洋的金融，带来了股票市场包括资本市场。这一波的全球化优势主导国家仍然是发达国家，特别是以美国为首的发达国家占绝对的优势。

全球化进程的第三波浪潮是"人才流动的全球化"。人才全球化浪潮的发展势头十分迅猛，不管从移民还是高科技的流动还是其他各个方面。但是我们也应该看到一点，对比前两个浪潮，第三个浪潮的发展还存在很多问题与机遇：货物流动的规则制定者是WTO，资本流动的管理者是IMF，然而，对于人才的流动全球化，现在还缺乏一个国际范围的规则制定和管理机构。

这三波全球化浪潮中国也只赢了第一波，我们还有两波没有跟上：最近经济资本有所收紧，人民币自由化还差很远；在人才全球化方面，中国现在是吸引全世界人才比例最低的国家，外国留学生到中国来留学的比例现在也是全世界最低的国家，更不用说外国的人口。中国未来全球化很关键的是人才的全球化，如果没有人才的全球化，我们未来要推动全球化、参与全球化、支撑全球化是非常难的。

### "人才的环流和循环"已成为中国企业参与全球化发展的新趋势

改革开放以来，随着中国参与全球化的进程，中国企业也在不断提升全球化的程度，实现了全球化跨越式的发展，并仍有非常大的发展空间。

尽管现阶段全球化存在种种波折，我们应该看到全球化仍是不可逆转的客观规律。面对此起彼伏的逆全球化浪潮、世界经济的复苏乏力、各种不确定性增强的复杂形势，中国企业需要练好"内功"，提升自身的国际竞争力和跨国经营指数，迎接全球化新阶段的挑战，发挥更加积极的作用，审时度势，谋划新的国际化发展之路。

在企业人才竞争力方面，中国的企业和中国的科研机构要把人才库放大到世界范围内发展。现在中国很多的跨国公司都在海外，为吸引人才，我们可以考虑把人才放到海外，建立研发中心。现如今包括华为、阿里巴巴等很多的企业也开始对人才持有"不求所有，但求所用"的观念，可见"人才的环流和循环"已经成为中国企业参与全球化发展一个新的趋势。

再者，中国企业需要新的定位，拓展国际视野，更多参与到全球化中，并做好国内市场与国际市场的结合，在技术、资本等各个方面加强与世界各国的合作。包括像中美之间基础设施领域和能源领域的合作，实现互利共赢。"一带一路"倡议为新一轮的全球化起到助推作用，也为中国企业的全球化带来重大机遇。我相信，随着中国更加广泛深入地参与到全球治理中，中国企业也更多地在世界舞台发声，在可持续发展领域发挥更大作为。

**美国人才战略的收紧对于中国是一个机遇**

从人才全球化的国际环境上来看，随着美国特朗普总统上台，美国的人才政策有所收紧，例如，签署了限制穆斯林的政策，包括最近对于移民签证也做了新的限制。所以，站在全球化角度看"人才国际化"的问题，的确出现了新的挑战。但是，国家的竞争说到底是人才的竞争，作为一直以来的世界强国，美国最大的核心竞争力还是在于人才，也即懂得如何汇聚天下英才。

中国一直以来都十分注重人才培养，对人才的重视程度已经提升到"科教兴国""人才强国"等国家战略的高度。特别是在习近平主席上任以来，他已经 100 多次提到人才的问题，可见我们政府对于人才的重视达到了前所未有的高度。"广纳天下英才为我所用",这也是中国对于人才战略的期待。

### 国际化人才培养与教育

人才是无边界的,真正的人才流动性是非常高的。我们通常说的人往高处走,水往低处流。国际人才全球定价,因此无法通过什么样的一种体制能够把人才束缚住。改革开放是一个很伟大的成就,对内恢复高考,对外派留学生。现在越来越多的中国学生踏出了国门,这种"大进大出"的局面对于中国全球化人才培养十分可观。

然而更重要的是,我们真正要把全球的人才吸引到中国来。中国的"青年海外高层次人才引进计划"是比较成功的国家人才计划。但是这个"青年海外高层次人才引进计划"如何更独立地发挥他们的作用?那就是要发挥他们的学术独立性,培养他们的学术独立性。现在11批"海外高层次人才引进计划"已经有了大概七千多人,然而外国专家的"海外高层次人才引进计划"大概是四五百,大概不到10%。我们虽然放宽了他们的年龄,华裔的年龄上限是55岁,外国的是65岁,还有相当一部分人才在华的时间不长。我们要思考如何能够使他们长期地留下来,吸引他们在中国,这样的话对于我们的发展会有非常大的好处。

同时,我们未来培养什么样的人才,教育是一个非常核心的要素。未来在教育的领域,我们怎么样更多地培育全球化的人才,也是中国现在面临的一个非常重要的问题。我们现在学生国际化的程度,包括来华留学生的比例,现在还是全世界最低的,我们现在来华留学生人数跟国际上还有很大的区别,因此,培养国际化的人才是中国全球人才战略非常重要的一个方面。

### 中国"人才国际化"的成绩与突破

从中国国家政策的角度来看,我们这些年来在建立全球竞争力的人才优势上面有了很多突破。2016年是中国国际化人才政策的突破年，2016年1月份，国家出台了关于北京20条的人才政策，CCG也全程参与研究，并参与进行了具体的实施。北京20条人才政策使得中国人才国际化收益颇丰：如外国留学生来华留学，外国的博士直接拿绿卡，签证落地。现在这些政策已经推广到了国内自贸区，包括在北京、上海、广东、福建等地。此外，随着外国人服务管理的意见、外国人永久来华等一些文件的出台，中国的国际人才引流趋势也十分可观。我相信今后在国家各有关部门的支持下，中国的人才国际化能够取得更大的突破。

现阶段，中国一方面对内吸引人才，开创全球化的人才布局，包括"一带一路"倡议国家战略的开展等。因此我们还要进一步思考怎么样更好地吸引并培养来自世界各国的留学生？如何吸引跨国公司的人才到中国来？如何把外国的海归人才利用起来？另一方面，在国际上，我们要向国际组织输送更多的人才。那么怎样才能让中国的国际人才遍布全世界？我们还要从全球的角度来考虑，全球布局中国人才的全球化战略。

**中国可在全球治理中承担更多的责任与担当**

习近平主席在达沃斯世界经济论坛上系统阐述了中国的全球化主张，包括指出经济全球化为世界经济增长提供了强劲的动力，促进了商品和资本的流动，促进了科技文明进步和各国的交往，有利于各国互惠互利。

中国是WTO等现有国际机制的参与者和受益者，现有体系对所有成员国有约束也有保护，有利于中国参与全球化，我们需要坚定维护和充分发挥现有机制的调节作用，在此基础上再共同推动国际机制的不断完善。与此同时智库也通过对全球治理、全球化战略以及人才全球化的研究，发挥更多政策咨询作用，通过二轨外交推动国际交流与合作。

因此，通过全球货物、货币以及人才的流动和发展，中国需要承担更多的责任与担当，和世界各国一起，特别是与全球重要的经济体一起，共同为推动和完善全球化做出贡献。

## 王直：跨国生产活动提高了生产力，给发展中国家带来机会

（王直：CCG 特邀高级研究员，对外经贸大学全球价值链研究院教授）

作为经济学家，我还是喜欢从经济学的角度看全球化。生产的方式是由于技术的进步、通信成本和交通运输的降低造成生产由一个国家厂房的生产分布到不同的国家，是跨国的生产活动。这种生产方式的出现大大提高生产力，也给发展中国家带来了很大的机会。过去发展中国家出口的是初级产品，没有制成品。出产制成品需要一套生产体系，由于生产的分解化，一国只承担其中的一个环节，能够使发展中国家在很短的时间内大规模的工业化。这种生产的方式肯定是先进的，带来了生产力的提高，但也确实带来了分配上的问题。

到底全球化进行到一个什么程度？所谓的逆全球化到底是在什么意义上讲的？从统计数据上讲，有的人是可以用中间产品贸易来衡量跨国的生产活动，我们跟 WTO、OECD、世界银行有一个研究，引用了过去 20 年的数据，把生产活动分成了两类：一类是没有跨国生产活动的；一类是有跨国生产活动的，一国生产的东西并没有完结生产活动，又到别的国家去进一步进行生产，价值链的过程就是跨国的生产过程。统计上来讲，目前非跨国的生产活动从 20 世纪 90 年代起一直下降，2009 年是一个大的转折点，在 2001—2009 年之间最快的增长是一种复杂的价值链活动，是跨境两次以上的增长活动；2010—2011 年的差不多；2012—2015 年还有增长但非常小，没有出现大幅度的负增长，真正负增长只有在 2009 年一年。全球的生产活动，跨境的生产活动缓慢，这些数据

还太短，但我们心里要有数，跨境的生产活动只是减缓了，并没有出现负增长，只是 2009 年一年是负增长。今后几年怎么样，我们还要看数据。

分配带来的问题有很多权利的不对称，但是技术的进步，电商的出现实际上是改变了这种权利的不对称。平台公司的出现造成了下一轮在未来过程中间，新的技术出现，是不是能够为我们构建更包容的全球价值链，或者是跨国生产分工活动带来了一个机遇？我想这个机遇是存在的。

## 薛澜：中国全球化人才战略面临转折点

（薛澜：CCG 学术委员会专家，清华大学公共管理学院院长）

从全球人才战略这个角度考虑，我讲三个观点：

第一，人才战略首先要从教育开始。

我们面临的一个很大的挑战是，我们怎么把现在开始形成的全球观变成全社会的共识，或者变成一定主流的共识。我觉得我们还未见得形成这样的共识。大家看特朗普想逆全球化趋势而动，实际上美国全社会的共识是美国融入全球化进程很深，全社会用各种方式在制约着它，让它不能向后退。其实中国全球化现在面临的挑战是，我想国家领导和各方面已经有了积极融入全球化进程的决心，但是我们社会在全球化的共识方面有没有形成？所以我觉得可能要从教育开始，让社会形成一个主流的共识，这方面我们还有比较长的路要走。

第二，中国全球化的人才战略是不是也到了一个转折点？

这个转折点跟中国经济一样。大家现在讲中国经济要从 GDP 转向 GNP。大家也讲日本经济前些年的转变，当时青木先生给我们做过一个分析，虽然日本经济增长速度放缓了很多，但实际上日本前些年在海外打造了相当于一个日本的 GDP。中国现在面临着经济发展、企业走出去的局面，我们可能也要改变我们的观念。原来我们的人才 GDP 的观念是想把人拼命吸引到国内来；现在我们可能有时候还要吸引我们的人到国外去，到中国的企业，或者国际组织，或者所有可能跟中国发展相关的一些机构或者是企业去工作。

第三，全球化其实是去除国界和各种界限的过程。

我们在促进人才发展方面到了一个新阶段。原来我们人才稀缺，所以我们用各种各样的计划吸引一些人回来，给他们创造更好的条件，相当于创造了小的圈子或者是界限。但是现在也许到了一个转折点。我觉得可能现在好的计划还可以继续进行，但是更关键的是要创造更好的环境，打破界限，真正让它形成一个比较无形的，来去自由，各方面都很便利的环境，这样，人才才能真正发挥他们的作用。

### 薛永武：实现中国人才战略的优先、优化、统筹、持续发展

（薛永武：中国海洋大学教授、博士生导师）

#### 全球化体现了人类社会发展趋势

黑格尔有句名言，凡是合乎理性的东西都是现实的；凡是现实的东西都是合乎理性的[1]。在全球化的历史过程当中出现的很多问题，所谓的逆全球化也好，别的什么化也好，都不会逆转全球化的历史发展过程。全球化体现了人类社会发展趋势。在全球化过程当中，世界各国人民通过主动、自觉的交流，信息共享，资源共享，人才共享，互相取长补短，促进世界各国人民的共同发展。我特别赞成"共生效应"这个词，这是我们最终的理想大同社会。当然，

---

[1] ［德］恩格尔：《法哲学原理》，范扬、张企泰译，商务印书馆1961年版序言，第11页。

这会是一个漫长的历史过程。

**人才战略的四个"发展"**

一是人才战略的优先发展。在中国的体制内,我们各级主要领导,主要是书记、省长、市长,党政两个"一把手",还有组织人才部门,都高度重视人才战略,但是仅此而已。其他的副职,其他的一般老百姓,很多人认为人才战略与我无关,是党和政府的事。鉴于这样一种考虑,我们的人才战略远远没有落到实处,存在着"雷声大雨点小"的现象。

二是人才战略优化发展。尊重人的全面发展,注重全面提升每个人的整体素质和多种能力,优化人才的生命质量,发挥人才的最大效益。

三是人才战略的统筹发展。统筹发展包括很丰富的内涵,不同种类、不同层次的人才之间都需要统筹发展,包括文、理、工人才的统筹,人文环境与自然环境的统筹。近几年来我们重理轻文的现象造成了非常严重的问题,我们需要引起高度注意。

四是人才战略的持续发展。人才战略不是台球战略短平快,而是马拉松,需要长远性和持续性,注重厚积薄发,要避免短期行为,避免竭泽而渔。我们希望在以人为本的基础上,进一步确立以人才为核心的人才理念,要特别重视建立核心人才队伍。

## 王阳:让全球人才"为我所用"

(王阳:CCG副主席,赛伯乐投资集团总裁)

**放眼全球,吸引人才**

美国看的是全球的人才,不是只看美国的人才。IBM在全球有50多个研发中心，每个国家、每个区域的人才都有它的特点。德国的研发中心、日本的研发中心和中国的研发中心所代表的一些特征都是不一样的，甚至美国本土西海岸和东海岸的人才也是不一样的。所以我觉得中国在全球化过程中，应该放眼全球的人才。中国的企业需要全球的人才，我认为最快的捷径是通过收并购。华为 5G 定标准的权利，不是华为在中国的研发中心做出来的，而是华为在国外的研发中心做出来的。

我相信中国的未来一定会非常好。如今很多中国家长总是把自己的孩子送出去。这批孩子将来无论是留在当地继续工作还是回到中国，都会是中国非常强有力的全球化人才库。但中国大学在吸引海外留学生方面做得有欠缺。从长远来看，我们应该算一下我们人才的顺差和逆差，就像计算贸易的顺差和逆差一样。所以中国应该大大开放自己的学校，跟国际的学校相接轨，吸引更多的海外学子到中国来留学。这是我对全球化人才的一个看法。

### 建立平台，让全球人才"为我所用"

公司与公司竞争虽然是人才的竞争，但是公司的格局已经不一样了。今天的公司企业是无边界的，并不是说这个人才在你的公司就是为你工作，而是说，要建立一个生态系统，建立一个平台，让全球的人都为你工作。我们国家也可以建立这样的平台。举个例子，在美国，在 IBM，人工智能的开发平台 Watson 是一个开源的开放平台，谷歌的 TensorFlow 也是一个开放平台，全球的人才都可以在上面开发。人才不需要离开他们的岗位，就能为我所用。海尔在这方面做得非常好，它就做到了企业无边界。我们怎么样让中国的人才变得无边界？

## 张首晟：未来必是大数据的时代，提升青年人才学术品味和独立性

（张首晟：CCG学术委员会专家，斯坦福大学终身教授，丹华资本董事长）

### 科技创新会促进中国的和平崛起

中国现在处在一个非常激动人心的复兴时期。如果我们观察过去所有的历史，就会发现每个国家的崛起，必然导致战争。但是今天中国的崛起，要在整个人类历史中创造一个先例，就是和平崛起。因为现在大家真正的关注点在科技，真正争的资源是科学和技术上的创新。科学是一个无限的江山，不是在领土上的争夺。所以整个科学的创新是会促使中国和平崛起的一个方式。总的来说，中国在软实力方面需要大大地提高。现在利用好全球化的机会进行科技创新，也是中国对整个世界文明的一种贡献。

谈起创新，最近值得大家注意的是人工智能的领域。人工智能这个概念虽然在50多年之前已经被提出来，但最近得到了日新月异的增长。这里有三个大的趋势，包括计算能力不断的推进，大数据的产生，以及人工智能的算法。在摩尔定律上面和算法上面，中国贡献得是远远不够的。但是中国有一个特点，就是人多，上网的网民多，所以大数据一定是在中国产生的，这是中国的资源。在人工智能这个领域，随着整个产业链的推进，用人工智能这个大的趋势，中国能够数学、化学等基础科学的发展。这的确会带来一个美好的愿景，也会给中国创新带来一个新的活力，科学这个无限江山也将为世界历史做出新的贡献。

### 人工智能，机遇远大于挑战

从Machine Learning到Machine Teaching，机器根据我们大数据的行为，的确取代了很多人的工作。但是回顾人类历史的话，我们会发现一些原本不需

要机器作业的工作，我们依旧发明了机器，如在种田方面，我们用机器种田替代了人工种田。但唯一不同的就是现在摩尔定律越来越快，人工智能替代越来越快。

但人工智能反过来讲，也是给教育带来了机会。教育最缺憾的问题是没有针对每个人个性化的教育，因为每个老师教的办法不一定跟学生自己学习的办法匹配。但是有了大数据、人工智能就不一样了：例如，我在网上看了很多电影之后，机器就能够知道我喜欢看哪一类的电影；同时经过学习，它就知道我用哪一种方式更方便。所以我们可以通过大数据来做 Machine Learning 观察一个人怎么学习，又可以将数据结果用于 Machine Teaching。比如现在大家讨论的，把制造带回美国，谈何容易？很多美国人都没有受过微积分的教育，比起德国这些国家差很多。但是现在有了 AR 眼镜，技术不高的技工也能够做技术含量较高的工作。因此，**Machine Learning** 走向 **Machine Teaching**，必然会导致很多工作的产生。

至于机器时代的道德问题，我认为其实道德观念对于人和机器人都是一样的，都可以从博弈论里面产生。最终可以利他，还可以利己。因此，在机器人时代，道德观念是不会被改变的。

### 依靠大数据是制定全球化政策的必然趋势

由于算法、深度学习和大数据的引入，现在已经是一个机器的设计算法的时代。而最终，全球化的政策依靠机器的智能来设计也会成为必然的趋势。比如清明节共享单车过渡涌入深圳湾这个情况，其实还是大数据应用得不够。

关于金融的未来，我觉得金融的发展对于整个科学和文明必然会带来很大的发展。我们可以问几个问题，为什么文艺复兴发生在佛罗伦萨？又为什么这里变为金融中心了？金融是非常值得关注的。我对于金融的未来也有一句话：

我相信数学，因为数学是上帝的语言。

### 中国科学家缺少"品味"与研究空间

我想我们国家人才计划里面最成功的是我们的"海外高层次人才引进计划"。"海外高层次人才引进计划"有两层意思，一部分是像我这样，我虽然不能完全离开斯坦福大学，但是过去一段时间，我几乎每年都在中国待几个月，和清华大学对接。我们比较了解国际学界在哪个领域现阶段最容易取得成果，所以我想，我们可以给国内提供很好的价值和帮助。

现在中国研究方面的人才储备很好，有非常优秀的学生；从国际竞争力来讲，我们在科技方面投资很大，在科技仪器方面处在世界领先地位。中国科学家们还缺少什么？我想是一种"品味"。他不知道在十条路里面哪一条路最终能够取得成功，这是大科学家和一般科学家最大的差别。中国过去的一些科技项目往往指导性太强，可攻方向非常特殊，这些研究产出的成果不太容易形成国际影响。我个人在研究一个新的材料——锡烯，我在全球范围开创了这个学科，有一定国际影响力。我把这个领域带到了中国，和清华大学的学生们一起研究，在短短的几年内，我们已经取得了国际性的成就。所以从比较资深的"海外高层次人才引进计划"交流当中，我想我们作为专家，能够起到重大的作用。

从更长远的历史角度来看，我觉得中国更成功的一个计划可能是"青年海外高层次人才引进计划"。因为我不是全职回到中国，但是我的学生辈已经全职地回到中国，他们都是非常有创意、非常有活力的年轻科学家。国内在某些科研领域支出的经费已经远远超过了美国甚至欧洲，但这些青年科学家面临的最大问题是什么？他们的确有国际工作经验，也有优秀的学生和好的科研经费。他们在国内碰到最大的问题，是缺少完全独立的科学研究空间。往往年轻人回来之后，就把他们编到一个已经比较成熟的，甚至有院士带领的科研团队里面，这样不利于年轻人发展。

我想这一点是美国在科研规划方面做得最好的。比如我们在斯坦福大学考核一位年轻教授的终身教授职位，这位教授差不多要做7年教授。这7年里，我们不主张他和我们系的一些资深教授合作，他一定要完全独立地做自己的科研项目。这7年当中，最核心的就是考察他学术上的独立性。如果能提一个建议的话，就是中国的科研机制还不够健全。青年千人学者或青年科学家很容易被编进一个比较大的学术组，这样不能体现出他的品位和自主选择学术方向的能力。

**吸引国际人才来中国**

总体来讲，我们还是要吸引国际的人才来中国。以我个人的了解，这一点中国做得非常不够。可能在五六年以前，"海外高层次人才引进计划"也是吸引了一些国外专家，据我所知，他们五六年以前到中国，现在基本上又全部离开了，具体是什么原因，我也不太了解，但是好像中国大学的包容性还是不够。

中国在国际化层面，在美国或欧洲国家缺少领导性的人才。在硅谷最近碰到一个明显的现象，很多跨国公司，像思科、微软、谷歌都请了印度籍CEO，请我们华人的不多。这一点在我们文化教育方面是一个非常落后的现象。有一种解释说，中国本土的发展远远好于印度，真正有才学的人都回到中国了。我觉得这也不足以解释。

我的结论是，中国教育体制还是有欠缺。可能一开始中国的人才在理工方面容易体现出他们的才能，但是一旦到领导层，他们人文的背景和情怀不够，使他们不能更上一层楼。这可能是中国教育体制文理不通导致的问题。另外，中国现在走向全球化和国际化，我们需要把很多人才吸引到中国，但在国际舞台上也需要很多人才，尤其需要在美国、欧洲的政府和跨国公司里能做到高层的人才。

# 后　记

本书收录了蔡昉、丁一凡、方晋、高飞、黄剑辉、黄平、黄仁伟、李奇泽、庞中英、苏浩、时殷弘、屠新泉、王义桅、徐洪才、张蕴岭、赵汀阳、周晓晶、朱民等知名全球化学者、评论家对全球化和"逆全球化"的观点，探讨"逆全球化"的深层原因、全球化的未来趋势，并从经济、外交、文化等方面提出全球化的中国方案。在此非常感谢各位专家、学者的智力贡献。

本书得到了北京东宇全球化人才发展基金会的支持。

在本书的成书过程中，全球化智库（CCG）的研究人员李文子、于蔚蔚、赵婧如、洪鑫诚等对本书的约稿和编辑工作做出了贡献，在此一并致谢。

借此机会，我们还要感谢中国社会科学出版社对本书的重视与推动，感谢中国社会科学出版社赵剑英社长，也要感谢责任编辑黄山对本书的顺利出版所提供的积极支持与细心配合。

由于编撰时间匆促，难免出现纰漏，欢迎社会各界批评指正。

王辉耀　苗绿

2018年8月于北京